외교정책론

김일수

박영사

책을 내며

2025년 현재 필자의 교수 정년이 정확히 5년 남았다. 1988년에 미국에 가서 학사, 석사, 박사를 마치고 10년 만에 귀국하여 한국 대학에서 교수생활을 한 지 어언 26년이 흘렀다. 30대 중반이라는 이른 나이에 대학에서 전임교수가 된 것이 엊그제 같은데 벌써 필자가 환갑이 되었다니 세월이 유수와 같다는 말을 실감하게 된다.

그동안 필자는 대학에서 국제관계이론, 외교정책론, 국제정치사상 등을 강의하였다. 강의교재로는 주로 원서를 사용했는데 다양한 책이나 논문에서 중요한 부분을 발췌하여 강의를 하는 형식이었다. 필자의 정년이 5년 정도 남게 되니 그동안 국제정치와 외교정책을 강의하며 생긴 강의노트를 정리하고 싶다는 마음이 들었다. 그러던 중 우연히 박영사와 출판 계약을 할 기회가 생겼고 '외교정책론'과 '국제정치론' 두 권을 출판하기로 약속하였다. 그러나 이런저런 일들로 집필이 미뤄지다가 이번에 외교정책론을 먼저 출간하게 되었다.

돌이켜 보면 10여 년의 미국 유학 기간 동안 필자는 다양한 학자들로부터 국제정치론과 외교정책론을 배웠다. 우선 학부와 석사과정 동안 이스턴 켄터키 대학교(Eastern Kentucky University)의 곽태환 교수님으로부터 4강의 한반도 정책, 북미관계, 남북관계 등에 대해 많은 것을 배울 수 있었다. 80세가 넘어서도 한반도 문제와 관련한 왕성한 저술, 기고활동을 하고 계신 모습을 보며 대단하다는 생각을 하였고, 이는 후배 학자들에게 귀감이 되고 있다.

마이애미 대학교(Miami University) 박사과정에 진학하면서 필자는 평생의 멘토인 베리오(Ryan J. Barilleaux) 교수를 만나는 행운을 얻었다. 베리오는 박사과정을 시작하는 필자에게 학자로서, 교육자로서 어떻게 연구하고 학생을 가르쳐야 하는지에 대해 모범을 보여 주었다. 그는 거의 매일 아침 8~9시에 연구실 문을 개방하고 학생들의 고충을 상담해 주는 것을 마다하지 않았다. 필자는 그로부터 미국 대통령이 외교 분야에서 갖는 역할, 권한, 한계 등에 대해 많이 배울 수 있었다. 그는 *The President and Foreign Affairs*, *The Post-Modern Presidency: The Office After Ronald Reagan* 등을 저술하면서 현재 미국 내에서 대통령학 최고 권위자 중 한 명이 되었다.

해이니(Patrick Haney) 교수도 필자에게 많은 도움을 주었다. 필자의 박사 학위 논문의 심사위원 중 한 명이었던 그는 국제관계가 주 전공인데, 그의 세미나를 통해 미국의 외교정책 결정과정에서 대통령, 외교 보좌관, 관료, 의회 사이의 다이내믹에 대해 자세히 배울 수 있었다. 해이니 교수는 미시간대학교 출판사에서 *Organizing for Foreign Policy Crises: Presidents, Advisers, and the Management of Decision Making*이라는 책을 출간하였고 미국외교정책의 권위자인 스노우(Donald Snow) 교수와 함께 *American Foreign Policy in a New Era*를 집필하는 등 왕성한 활동을 이어가고 있다.

닉(Laura Neack) 교수의 도움도 언급하고 싶다. 그녀의 외교정책세미나를 통해 합리적 행위자 모델, 비교외교정책 등 다양한 이론과 관점을 배울 수 있었다. 특히 닉 교수는 매주 내가 제출한 3~5장의 Reaction Paper에 대해 일일이 코멘트를 해줌으로써 필자로 하여금 외교정책 분야에 대한 관심을 갖게 해 주었다. 닉 교수는 *Studying Foreign Policy Comparatively*(4판), *National, International, and Human Security* (3판)

등 중요한 외교정책 이론서를 출간하면서 국제적 명성을 얻었다.

이 책을 완성하고 보니 아쉬움도 남는다. 처음 책을 집필하면서 가능한 쉽게 쓰려고 했는데 여전히 내용이 쉽지 않아 보이기 때문이다. 책의 부족한 점에 대해 지적해 주면 추후에 더 나은 수정본으로 보답하리라 약속드린다. 아무쪼록 이 책이 외교정책을 이해하고자 하는 분들께 조금이라도 도움이 되길 바란다. 이 책이 출판되기까지 많은 분들의 도움과 격려가 있었다. 우선 책 출판의 취지에 적극적인 지지를 보내 준 박영사의 안종만 회장님과 안상준 대표님께 감사드린다. 예상보다 길어진 집필에도 격려를 아끼지 않은 박영사의 김한유 과장님, 거친 문장을 꼼꼼하게 편집해 준 박세연 편집자님께도 감사드린다. 끝으로 필자의 가족들에게 감사의 마음을 전하고 싶다. 특히 재작년에 돌아가신 아버님이 몹시 그립다. 이 책을 통해 그동안 베풀어 주신 아버님의 은혜에 조금이나마 보답했으면 한다.

2025년 충북대학교 개신 캠퍼스에서

차례

총론

외교정책 연구는 오랫동안 국제관계 연구의 일부로 다뤄져 왔다. 그러나 국제관계이론이 체제 수준의 분석에 집중하는 동안, 외교정책 자체를 독립적인 연구 대상으로 삼는 시도는 많지 않았다. 현실주의 이론이 오랫동안 외교정책을 '합리성'이라는 가정 아래 설명해 온 것도 하나의 이유다. 현실주의는 국제관계의 복잡성을 간결하게 정리하고 직관적인 이해를 돕는 장점을 지닌다. 하지만 외교정책 결정과정에는 보다 다양한 변수들이 작용하며, 이를 단순히 합리적 선택의 문제로 환원할 수는 없다. 외교정책을 온전히 이해하려면 분석의 범위를 넓히고 보다 다층적인 접근이 필요하다.

이 책은 기존 연구가 체제 수준의 분석에 치우쳤다는 한계를 지적하며, 외교정책 연구에서 활용되는 네 가지의 분석 수준을 제시한다. 첫째, 체제 수준 분석은 국제체제의 구조적 요인이 국가 행동에 미치는 영향을 다룬다. 국가 간 연합의 성립과 해체, 권력 분포의 변화, 체제의 안정성과 같은 현상을 연구하는 데 유용하다. 하지만 이 접근법은 국가 내부의 요인이나 정책결정자의 역할을 제대로 설명하지 못한다는 한계를 가진다.

둘째, 개인 수준 분석은 정책결정자의 신념과 가치관, 성격과 같은 심리적 요소가 외교정책 결정과정에서 어떻게 반영되는지를 탐구한다. 같은 국가의 지도자라 해도 개인의 성향에 따라 외교정책의 방향이 달라질 수 있다. 민족주의적 성향이 강한 지도자는 보다 공세적인 외교정책을 선호할 가능성이 높고, 평화주의적 신념을 가진 지도자는 보다 협력적인 접근을 취할 가능성이 크다.

셋째, 국가 수준 분석은 외교정책이 국내의 정치적, 경제적, 사회적 요인과 어떻게 연결되는지를 탐색한다. 특정 정당의 이해관계, 관료 조직의 역학관계, 여론과 시민사회 등의 요소가 외교정책결정에 미치는 영향을 분석하는 것이 핵심이다. 국가 내부의 맥락을 고려하면 외교정책이 단순히 국제적 변수만으로 결정되지 않는다는 점이 더욱 분명해진다.

넷째, 기존 연구에서 상대적으로 간과된 그룹 수준 분석을 추가한다. 정부 내부의 특정 관료집단, 군부, 엘리트 네트워크 등이 정책결정과정에서 수행하는 역할을 살펴본다. 정책결정은 개인이 독립적으로 하는 것이 아니라, 특정 조직과 집단의 논리에 따라 움직이는 경우가 많다. 이 과정에서 집단적 사고, 조직문화, 네트워크가 어떻게 작용하는지를 분석하는 것이 중요하다.

외교정책결정은 단일한 원인으로 설명될 수 있는 단순한 과정이 아니다. 국제체제의 구조적 요인, 국가 내부의 정치적 맥락, 정책결정 집단의 논리, 그리고 개인 지도자의 신념이 서로 얽혀 외교정책을 형성한다. 이 책은 기존의 분석 틀을 확장하여 외교정책이 다층적이고 상호연결된 변수들에 의해 결정된다는 점을 보여 주고자 한다. 이를 통해 보다 입체적인 외교정책 연구의 방향을 제시하고, 기존의 단선적인 접근을 넘어서는 논의를 이어가려 한다.

외교정책을 연구한다는 것은 단순히 외교 활동을 분석하는 것이 아니라, 정책이 형성되고 결정되는 과정을 깊이 들여다보는 것이다. 1장은 외교와 외교정책의 개념을 정리하며, 이 둘이 어떻게 구별되면서도 상호작용하는지를 탐구한다. 외교의 역사적 발전을 살펴보며, 현대 외교가 과거와 어떻게 달라졌는지 분석하고, 공공외교, 경제외교, 문화외교 등 다양한 형태의 외교가 어떻게 활용되는지를 살펴본다. 외교정책을 수행하는 주요 수단 역시 변화하고 있다. 경제제재, 무역협정, 해외원조와 같은 경제적 수단뿐만 아니라, 군사적 억지와 강압외교, 방어전략 등의 군사적 수단이 여전히 중요하게 활용된다. 한편, 문화외교와 공공외교, SNS와 디지털외교 같은 새로운 방식도 점점 더 중요해지고 있다. 이러한 수단들이 정책결정과정에서 어떻게 작용하며, 각각의 한계는 무엇인지를 검토한다. 외교정책 연구의 발전 과정도 살펴본다. 비교외교정책 연구가 어떻게 외교정책의 차이와 공통점을 분석하는 데 기여했는지, 그리고 정치학뿐만 아니라 심리학, 경제학, 경영학 등의 개념을 차용한 연구들이 외교정책 분석을 어떻게 확장했는지를 탐색한다.

외교정책이 항상 합리적인 과정으로 이루어지는 것이 아닌 만큼 2장에서는 외교정책 연구에서 합리성이 어떻게 논의되어 왔는지를 탐구한다. 전통적으로 외교정책결정은 전략적이고 논리적인 과정으로 설명되었으며, 합리적 행위자 모델과 기대효용 이론이 이를 뒷받침하는 대표적인 접근법이다. 이 모델에서는 국가를 단일한 행위자로 보고, 효용 극대화와 기회비용을 고려하며 최적의 정책을 선택한다고 가정한다. 하지만 현실에서 정책결정과정은 그렇게 단순하지 않다. 정보의 불완전성, 제한된 시간, 그리고 정책결정자의 심리적 요인이 개입하면서 전통적인 합리성 가정은 흔들린다. 이를 설명하기 위해 제한된 합리성 모델, 사이버네틱 모델, 전망 이론, 폴리휴리스틱 모델 등이 등장했다. 제한된 합리성 모델은 완벽한 선택이 아닌 '충분히 만족할 만한 선택'을 하는 현실적인 방식에 주목하며, 사이버네틱 모델은 정책결정이 일방적인 판단이 아니라 피드백과 조정을 기반으로 이루어진다는 점을 강조한다. 전망 이론은 손실을 회피하려는 심리적 경향이 정책결정에 어떻게 반영되는지를 분석하며, 폴리휴리스틱 모델은 정책결정과정에서 비합리적 요소를 제거한 후 합리적 대안을 선택하는 방식을 설명한다. 또한 게임이론을 적용하여, 국가 간 협력과 갈등이 어떻게 형성되는지를 죄수의 딜레마와 치킨게임 등의 사례를 통해 분석하며, 매몰비용과 몰입 상승 효과가 실패한 정책을 지속시키는 원리를 탐구한다.

정책을 결정하는 것은 결국 사람이다. 그러므로 3장은 외교정책 결정과정에서 개인 수준의 요인을 다룬다. 전통적인 합리적 행위자 모델이 정책결정자의 개인적 특성을 고려하지 않은 것과 달리, 심리적 접근법은 정책결정자의 신념과 인지적 편향이 정책에 미치는 영향을 분석한다. 외교정책 결정과정에서 정보가 어떻게 수집되고 해석되는지, 그리고 오인과 거울 이미지가 정책 오류를 초래하는 방식이 어떻게 작동하는지를 탐구한다. 특정 지도자의 신념과 운영 코드가 정책 판단에 미치는 영향을 분석하며, 이를 실제 사례와 연결해 본다. 냉전 시기 미·소 관계에서 오인이 안보 딜레마를 심화시킨 과정, 이라크 전쟁에서 잘못된 정보가 정책실패로 이어진 과정, 9·11 테러 이후 미국의 외교정책 변화에서 감정과 신념이 정책 전환에 미친 영향을 검토한다. 리더십 스타일과 성격이 정책결정의 유연성과 협력 방식에 미치는 영향을 분석하며, 심리적 접근이 전통적인 합리성 모델이 간과했던 요소들을 어떻게 보완하는지를 설명한다.

그러나 개인적 요인만으로 정책을 설명할 수는 없다. 4장에서는 개인적 요인과 조직적 요인이 어떻게 결합하는지를 분석한다. 정책결정자의 심리적·인지적 특성뿐만 아니라, 관료제와 정부 형태가 정책결정과정에서 수행하는 역할을 탐구하며, 외교정책이 국내 정치와 상호작용하는 방식을 살펴본다. 외교정책이 단순한 국가 간 문제로 한정되지 않고 국내 정치적 요인과도 긴밀하게 연결된다는 점을 강조하며, 정책 결정에서 정부 조직이 어떤 영향을 미치는지를 분석한다. 특히 고위 정치와 하위 정치의 구분이 점점 흐려지는 현대적 사례를 다루며, 관료 조직과 정부 구조가 정책결정과정에서 어떻게 작용하는지를 검토한다. 정책이 국가의 전략적 목표에 따라 일방적으로 결정되는 것이 아니라, 다양한 국내적 요인과 상호작용하면서 형성된다는 점을 강조한다.

개인의 선택과 조직의 구조를 넘어, 외교정책 결정과정은 집단적 정책결정의 결과이기도 하다. 5장은 외교정책 연구에서 집단 수준의 분석을 다룬다. 정책결정과정에서 지배적 리더, 단일 집단, 복수의 자치그룹이 수행하는 역할을 탐색하며, 관료제와 조직문화가 정책결정과정에 미치는 영향을 평가한다. 집단의 역학이 정책결정에 미치는 영향을 분석하는 과정에서, 집단사고의 발생 조건과 대표적인 사례를 통해 비합리적인 정책결정이 어떻게 이루어지는지를 검토한다. 외교정책결정이 단순히 한 사람의 판단이 아니라 특정한 조직문화와 집단적 사고의 영향을 받는다는 점을 강조하며, 이러한 요소들이 정책 오류로 이어지는 과정을 분석한다. 쿠바 미사일 위기와 피그스만 침공 사례를 활용하여, 집단의 구조와 정책결정 방식이 정책 결과에 미치는 영향을 평가하며, 비판적 사고와 리더십 전략이 어떻게 집단사고를 방지하는 역할을 하는지를 살펴본다.

외교정책 연구에서 국가의 속성과 국제체제 내 역할을 이해하는 것은 정책결정과정의 핵심인 만큼 6장에서는 강대국, 중견국, 약소국이 각기 다른 환경에서 어떻게 외교정책을 펼치는지를 탐구한다. 강대국은 군사력과 경제력을 활용해 국제질서를 주도하며, 문화적 자원까지 외교 도구로 활용하는 경향이 있다. 미국의 사례를 중심으로, 고립주의에서 국제주의로의 전환, 그리고 봉쇄정책과 같은 전략을 통해 강대국이 외교적 우위를 유지하는 방식을 살펴본다. 중견국은 강대국과 약소국 사이에서 다자 협력을 촉진하며, 국제 분쟁의 중재자 역할을 수행하기도 한다. 이 과정에서 소프트파워를 적극적으로 활용하고, 틈새강국전략을 통해 영향력을 확대하려는 시도를 분석한다. 반면, 약소국은 생존 자체가 중요한 과제다. 제한된 자원을 바탕으로 피난처를 찾거나, 중립을 유지하거나, 강대국들 사이에서 균형을 잡으려는 헤징 전략을 활용하기도 한다. 외교정책과 권력 개념을 연결해 보면, 강대국은 구조적 권력을 바탕으로 국제질서를 설계하려 하지만, 약소국은 보다 유연하게 전략을 조정하며 환경에 적응해 나간다. 기존의 강대국 중심 이론이 약소국과 중견국의 외교정책을 설명하는 데 한계가 있는지를 비판적으로 검토하고자 한다.

외교정책은 국제적 요인뿐만 아니라 국내 요인과도 긴밀하게 연결된다. 7장에서는 외교정책 결정과정에서 국내 환경이 어떤 영향을 미치는지를 탐색한다. 정책결정자는 단독으로 움직이는 것이 아니라, 국내 정치적 압력과 다양한 행위자들의 영향을 받는다. 정당 이념은 외교정책의 방향을 설정하는 데 중요한 역할을 하며, 정부 정책의 우선순위와 대외 목표를 결정하는 과정에 깊이 개입한다. 여론은 정책결정자에게 압박을 가하기도 하고, 반대로 정책에 정당성을 부여하기도 한다. 랠리 효과와 같은 현상을 통해 외교정책이 국민적 지지와 어떻게 연결되는지를 분석하며, 이익단체가 특정 이해관계를 대변하며 정책에 영향을 미치는 방식도 함께 살펴본다. 싱크탱크는 정책 대안을 제시하고, 외교정책의 전문성을 보완하는 역할을 한다. 여기에 더해, 미디어는 외교정책 이슈를 특정한 방식으로 프레이밍하며, 여론을 형성하는 과정에서 강력한 영향력을 행사한다. 뉴 미디어가 등장하면서 정보의 흐름이 더욱 빨라지고, 정책결정과정에도 실시간으로 개입할 수 있는 가능성이 커졌다. 외교정책의 성공과 실패가 국내 정치적 지지에 어떤 영향을 미치는지를 분석하며, 정책결정자들이 직면하는 정치적 압력과 동기를 탐구한다.

국내 요인이 정책결정에 영향을 미친다면, 국제체제의 구조 역시 외교정책의 큰 틀을 형성한다. 8장에서는 외교정책 연구에서 체제 수준의 요인이 어떻게 작용하는지를 다룬다. 현실주의 관점에서 국제체제는 무정부적이며, 국가들은 생존을 위해 스스로를 지켜야 한다. 강대국과 약소국의 외교정책이 극성(polarity)에 따라 어떻게 달라지는지를 분석하며, 단극, 양극, 다극체제에서 세력균형이 어떻게 작동하는지를 살펴본다. 고전 현실주의는 힘의 정치와 국가의 본성을 강조하며, 신현실주의는 국제체제의 구조가 국가 행동을 결정짓는다고 본다. 방어 현실주의와 공격 현실주의의 차이를 통해, 국가가 왜 안보를 위해 힘을 증대하거나 팽창을 시도하는지를 탐구한다. 그러나 체제 수준 분석만으로는 모든 외교정책을 설명할 수 없다. 신고전 현실주의는 국제체제의 구조적 제약과 국내 정치적 요인이 서로 영향을 주고받는 방식을 설명하며, 국가들이 처한 환경과 국내적 요인이 어떻게 결합해 정책을 형성하는지를 강조한다. 현실주의의 한계를 보완하기 위해 자유주의와 구성주의를 함께 논의하며, 협력의 가능성과 관념적 요인의 역할도 함께 살펴본다.

21세기의 외교정책 환경은 전통적인 외교 방식만으로는 설명하기 어려울 만큼 빠르게 변화하고 있다. 그러한 현상에 대해 더 알아보기 위해서 9장은 외교정책 연구가 앞으로 나아가야 할 방향을 모색한다. 정보통신기술의 발달과 글로벌화는 외교의 개념 자체를 변화시키고 있으며, 비국가 행위자들의 영향력도 갈수록 커지고 있다. 공공외교, 문화외교, 디지털외교, 사이버외교와 같은 새로운 형태의 외교가 주목받고 있으며, 국가 간 관계는 더욱 복잡해지고 있다. 상호 의존이 심화되면서 외교정책 결정과정도 더욱 다층적이고 역동적으로 변하고 있다. 외교정책 연구는 이러한 변화에 대응하기 위해 기존의 이론적 틀을 확장해야 하며, 체제 수준, 국가 수준, 집단 수준, 개인 수준을 종합적으로 고려하는 새로운 분석 틀이 필요하다. 국가 중심적인 외교정책 연구를 넘어, 다양한 행위자들이 함께 만들어 가는 외교정책의 미래를 탐구하는 것이 앞으로의 과제가 될 것이다.

21세기의 외교는 더 이상 군사력과 안보 이슈만으로 설명될 수 없다. 경제, 사회, 문화적 요인이 점점 더 중요해지고 있으며, 국가 간 협력과 경쟁의 방식도 변화하고 있다. 경제적 상호 의존이 심화되면서 전통적인 힘의 개념이 확장되었고, 문화와 경제를 활용한 외교정책이 부상하고 있다. 국가들은 더 이상 군사적 수단만으로 국제사회에서 영향력을 행사하지 않는다. 무역 협정, 금융 시스템, 글로벌 공급망을 활용한 경제적 영향력이 외교정책의 중요한 도구가 되었으며, 문화와 소프트파워를 활용한 공공외교도 핵심전략으로 자리 잡았다. 국제 레짐을 통한 협력의 필요성이 더욱 강조되면서, 국가들은 독자적으로 움직이기보다는 다자적 틀 안에서 정책을 조정하고 협상하는 방식을 택하고 있다.

정보기술의 발전 역시 외교정책의 중요한 변수로 떠올랐다. 과거에는 군사력과 영토가 국가 권력의 핵심 요소였다면, 이제는 얼마나 많은 정보를 보유하고 있으며, 디지털 기술을 얼마나 효과적으로 활용할 수 있는지가 국가의 영향력을 결정하는 중요한 척도가 되고 있다. 사이버 안보, 데이터 주권, 정보 통제 등의 개념이 등장하면서, 전통적인 외교 방식만으로는 더 이상 국가 간 역학 관계를 설명하기 어려워졌다. 정보기술과 외교정책이 결합하는 과정에서 새로운 형태의 외교가 등장하고 있으며, 정책결정자들은 이러한 변화를 반영한 전략을 수립해야 한다.

이처럼 국제질서는 갈수록 복잡해지고 있으며, 외교정책 연구자들은 이러한 변화에 발맞춰 새로운 분석 틀을 고민해야 한다. 기존의 단순한 국가 중심적 접근에서 벗어나, 보다 넓은 시각에서 외교정책을 바라볼 필요가 있다. 국제정치와 외교정책 연구에는 여전히 다양한 이론들이 존재하지만, 안타깝게도 이론 간 통합이 이루어지지 않은 채 각각의 주장들이 분리된 상태로 남아 있다. 이는 외교정책 연구가 해결해야 할 중요한 과제이며, 특히 미국 중심의 기존 이론을 넘어 다른 국가들의 경험과 이론적 접근을 접목하는 작업도 필수적이다.

이 책이 정치학, 국제관계, 북한학을 연구하는 이들에게 조금이나마 도움이 되기를 바란다. 외교정책을 연구하는 과정에서 어떤 이론이 어떤 연구 주제에 적합하게 적용될 수 있는지를 고민하는 데 있어, 이 책이 길잡이 역할을 할 수 있기를 기대한다. 외교정책 연구는 끊임없이 변화하는 국제 환경 속에서 유연하고 다층적인 분석이 필요하며, 이 책이 그러한 고민을 깊이 있게 하는 데 조금이라도 기여할 수 있다면 그 자체로 의미 있는 일일 것이다.

1장

외교, 외교정책, 외교정책 연구

Ⅰ. 개요
Ⅱ. 외교와 외교정책
Ⅲ. 외교정책의 학문적 계보
Ⅳ. 대표적인 비교외교정책(Comparative Foreign Policy) 학자들
Ⅴ. 요약

1 장

외교, 외교정책, 외교정책 연구

I 개요

- 외교와 외교정책의 차이점과 상호작용을 이해하고 외교의 역사적 발전 과정과 현대 외교의 특징을 탐구하며, 사례를 통해 공공외교, 경제외교, 문화외교 등 다양한 외교 형태를 분석.
- 외교정책의 주요 이론으로 현실주의, 자유주의, 구성주의를 검토하고, 국제관계학에서 외교정책 연구의 위치와 하위 분야를 파악하며, 외교정책 목표와 실행 과정에서의 합리성의 역할과 다양한 변수들을 파악.
- 외교정책결정 요인으로 내부 요인(정치체제, 여론, 관료제, 정책결정자의 심리적 요인)과 외부 요인(국제체제, 글로벌 규범, 경제적 상호 의존성, 외부 행위자)을 분석하며, 내부와 외부 요인의 상호작용이 정책에 미치는 영향을 탐구.
- 주요 외교 수단으로 경제적 수단(경제 제재, 무역 협정, 해외 원조), 군사적 수단(억지, 강압외교, 방어전략), 문화적 수단(문화외교, 공공외교), 디지털 수단(SNS와 디지털 외교)을 학습하고 한계를 평가.
- 외교정책 연구의 발전 과정에서 비교외교정책의 성과와 한계를 검토하고, 현

대 외교정책 연구로의 전환과 양적·질적 연구의 융합 필요성을 이해하며, 다학문적 접근과 정치학 외의 학문적 개념을 차용한 연구 사례를 분석.

- 외교정책 결정과정에서 개인적 요인(정책결정자의 심리적·인지적 특성)과 조직적 요인(관료제와 정부 형태)을 탐구하며, 개인과 구조 간 상호작용을 통해 정책결정이 이루어지는 과정을 분석.
- 외교와 국내정책의 연결성을 이해하고, 외교정책이 국내정치와 상호작용하는 방식을 탐구하며, 고위 정치와 하위 정치의 구분을 넘어 현대적 맥락에서 경계가 소멸되는 사례를 연구.
- 미래 외교정책 연구 방향으로 글로벌화와 디지털 기술 발전에 따른 외교정책 변화, 초국가적 및 비국가 행위자의 역할 증가, 복합적 분석 수준과 새로운 연구 패러다임 탐색을 제안.

II 외교와 외교정책

1. 외교의 의미

이 장에서는 국제관계에서의 외교의 의미와 수단, 외교정책에 영향을 주는 요인과 이론들을 살펴보고, 20세기 이후 외교정책의 환경 변화가 외교와 외교정책에 어떠한 영향을 주고 어떠한 형태의 외교를 만들어 냈는지 설명하고자 한다.

다양한 외교정책 이론들을 살펴보기 전에 우리는 외교와 외교정책의 의미에 대해 정확히 알아야 한다. 우선, 외교란 글자 그대로 해석하면 외부와 소통하는 것을 말한다. 사람과 사람 사이의 소통에서도 협력과 갈등이 있듯이 국제관계에서도 국가 행위자가 상호 교류하는 과정에서 협력과 갈등이 발생한다. 갈등을 해결하고 이익을 추구하기 위해 협력을 도출하는 방안으로 외교의 필요성이 나타난다.

따라서 외교는 국가의 이익을 위해 대화, 설득, 협상과 같은 평화적인 방법으로 외국과의 관계를 유지하고 발전시켜 나가는 모든 대외 활동을 의미하며, 무력의 사용을 대체하는 국제관계의 산물이다.

외교는 문명의 탄생과 함께 시작된 것으로 둘 이상의 당사자 간 구조화된 의사소통 시스템으로 이해할 수 있다. 고대 이집트 때부터 시작되어 그리스에서는 도시국가들 간 대화의 역할을 수행했다. 과거의 외교는 주로 정치, 경제, 군사 분야 등에 한정되어 있었으나 오늘날에는 문화, 예술을 포함한 국민 생활 전반의 영역으로 확대되고 있다.

오늘날의 외교는 공공외교, 경제외교, 문화외교 등 다양한 형태로 나타나며, 다양한 의미로 사용되고 있다. 넓은 의미에서 외교는 다른 국가와의 관계를 처리하는 모든 과정을 일컫는다. 니콜슨(Harold Nicolson)에 따르면, 외교란 교섭에 의해서 국제관계를 관리하는 일로서, 외교관과 같은 공무사절에 의하여 조정 또는 관리되는 외국과의 협상이다.[1)] 이렇게 볼 때, 외교는 국가 간 또는 다른 국제 행위자들 간의 평화적 수단을 통한 소통과 협상의 과정이다.

오늘날의 외교는 외교정책과 같은 의미로 사용되기도 하지만, 외교는 외교정책을 시행하는 방법이나 수단으로서의 의미가 크다. 외교는 국제갈등 해결에 영향을 미치는 제도로서 전쟁과 대비되며, 협상과 같은 평화적인 방법으로 국가이익을 달성하고자 하는 행위이다. 외교는 군사, 경제, 문화 등의 수단으로, 외교 목표를 달성하는 데 설득, 타협, 강압과 같은 방식을 이용한다.

전통적인 외교는 국가의 주도성을 강조하고, 두 국가 사이에서 이루어지는 양자 외교와 외교전문가들에 의한 회의 방식이 주를 이루었다.

국제분쟁을 해결하기 위해 전문적인 외교관을 고용하여 대사를 교환하는 직접 협상방식을 취하였으며, 따라서 외교절차, 외교관의 역할 및 전문적인 외교기술 등이 중요하게 여겨졌다.

1차 대전이 발발하면서 전통적인 외교가 더 이상 유럽의 안정과 평화를 유지할 수 없다는 인식하에 새로운 형태의 외교가 나타났다. 현대적인 의미의 외교는 외교관 및 국가통치자, 대중 등 외교에 관여하는 다양한 행위자가 군사, 경제, 사회 등 다양한 문제로 상호 간에 영향을 미치면서 복잡한 양상을 보이고 있다. 또한 양자 외교는 국가와 비국가 행위자들이 혼합된 형태의 다자적 외교 형태로 변화되고 있다.

현대 외교는 교통통신의 발달로 국가 원수 간 직접 대면하는 정상회담이 중심을 이루고 있으며, 비밀 외교가 아닌 공개 외교가 보편화되고 있다. 여기에 국가 간의 소통과 협상 과정을 중요하게 여기는 전통 외교와 달리 문화, 대외원조, 언어, 예술, 미디어 등 다양한 소프트파워를 활용한 공공외교의 중요성이 증대되고 있다. 공공외교는 자국의 이익과 가치, 문화에 대한 좋은 이미지를 다른 국가의 국민들에게 심어 주어 외교관계를 증진시키고 국제적인 영향력을 행사하는 외교활동이다.

외교관은 정부 간의 공식 소통 채널로서 외국 정부와의 의사소통에서 핵심적인 역할을 하며 타국에서 자국 정부를 대표한다. 또한 외국 정부와의 정치적 비즈니스를 수행하며 협상을 타결하기도 한다. 이들은 양국 공동의 목표, 혹은 공동의 적에 대항하여 상호 파트너십을 발전시켜야 할 필요성을 정부에 납득시키고, 그들의 정부와 주재국 정부 모두에게 영향력을 행사한다. 이들은 이성적인 사고와 설득을 통해 당사자들이 이를 인식하도록 돕는다.

불(Hedley Bull)은 외교가 설득으로 무력 사용을 대체하는 국제적 관계의 산물이라고 설명했다.[2)] 협상, 설득, 타협과 같은 평화적 수단을 통해 대외 정책을 실현하는 것으로, 무력을 사용하지 않고 국제관계를 수행해 나아가는 형태를 의미한다는 뜻이다. 점차 국경이 희미해지고 정치, 경제, 사회, 군사 등 다양한 측면에서 공동체로서 함께 살아가고 있는 현 국제사회에서, 외교의 중요성은 나날이 확대되고 있다. 오늘날에는 국가뿐만 아니라 국제 비정부기구, 정부 간 국제기구와 같은 비국가 행위자도 외교 활동에 참여하여 중요한 결과를 도출하기도 한다. 유엔과 EU, 그리고 국제엠네스티 등이 대표적이다.

외교는 국가이익을 위해 외교정책을 수행하는 수단이나 기법으로서, 전쟁이 아닌 협상에 의해 평화적으로 갈등을 해결하고자 하는 대외행위이다. 외교를 통해 국가는 이미 보유하고 있는 국가의 잠재력을 바탕으로 국가이익 확보를 위한 국가의 목표를 정의한다. 또한 상대 국가의 목표와 역량을 확인하고 상대국의 목표와 어느 정도 양립할 수 있는지 판단한다. 이를 바탕으로 국가의 목표 달성에 적합한 외교적 수단을 결정하고 실행한다.[3] 국제체제에서 외교정책 목표를 실행하기 위한 방안으로 군사력, 경제력뿐만 아니라 문화 및 디지털 혁명에 따른 소셜 미디어 수단의 중요성이 점점 확대되어 공공외교에 대한 필요성도 증대되고 있다.

2. 외교의 형태

1) 경제

냉전 종식 이후 국가들 간 경제적 상호 의존이 심화되면서 경제외교는 점점 확대되어 외교정책의 주된 방식으로 사용되고 있다. 외교에서 경제적 수단은 당근과 채찍으로 사용될 수 있는데, 부정적 의미로는 위협이나 경제적 강압을, 긍정적 의미에서는 경제적 혜택을 약속하거나 보상을 의미한다.

외교정책 실행 도구로서 경제수단은 해외원조, 무역제재, 금융제재, 투자제약 등 다양한 방식으로 나타난다. 각 국가들은 경제적 수단으로 경제제재를 보편적으로 이용하는데, 경제제재를 외교정책 도구로 활용하는 것은 대상 국가에 경제적 고통을 가해 대상 국가의 행동에 변화를 가져오게 하거나 국내 정책을 바꾸기 위함이다. 그러나 경제수단은 단기적이고 직접적이라기보다는 장기적으로 활용될 수 있는 간접적인 수단으로서 군사력이 뒷받침될 때 그 효과가 발휘되는 한계를 지닌다. 더욱이 부정적인 경제제재는 제재국가의 의도와 달리 오히려 대상국가의 안보 결집 효과 및 정치적 통합을 일으키는 역효과를 가져오기도 한다.

그러나 현대 외교의 보편적인 입장은 경제수단이 다자적이고 다양한 목적을 추구할 수 있어 효과적이라는 것이다. 경제제재와 같은 경제수단이 외교적인 문제를 해결하지 못한다고 해도 여론을 복잡하게 만들고 정치적 합의를 이끌어 내거나 비용과 위험이 큰 군사력 사용의 대안이 될 수 있기 때문이다. 특히, 탈냉전기 상호 의존의 심화로 경제적 상호 의존성이 큰 국가들의 외교정책 결정수단으로는 그 효과가 더욱 크다. 경제외교가 성공의 가능성이 적다고 해도 정책결정자가 이용할 수 있는 대안으로서 경제적 수단은 매력적이다.

2) 군사

국제관계에서 일어나는 갈등은 협력이나 협상에 의해 해결될 수도 있지만, 성공적인 외교정책의 실행을 위해서는 군사력이 매우 중요하다. 힘을 바탕으로 한 위협이나 강압은 강력하고 직접적인 영향력을 행사할 수 있어 다른 어떤 도구보다 국가목적을 위해 유효하다.

무정부 상태의 국제체제 속에서 군사력은 모든 국가의 생존에 중요한 요소이자 국가 안전과 국가이익을 보호하기 위한 자기방어의 수단이다. 군사력을 사용하는 방법으로는 공격을 피하거나 피해를 최소화하는 방어, 자국이 원하지 않는 행위를 상대 국가가 하지 못하도록 하는 억지, 강압 등이 있다.

그러나 국제사회에서 군사력을 통한 외교수단은 제2차 세계대전 시기와 같은 위력과 영향력을 주지 못하고 있다. 1970년대 미국과 북베트남의 전쟁, 소련의 아프가니스탄 침공과 같은 사건들은 군사력 사용에 대한 한계를 보였다. 또한 국제정치에서 국가 활동과 별개로 상호 의존이 심화되면서 군사력을 통한 외교수단은 비용과 효과 측면에서 유용성이 줄어들고 있다. 그럼에도 불구하고 군사력은 무정부적 국제질서에서 상대 국가로 하여금 자국이 원하는 정책을 강요할 수 있는 강력한 수단이자 억지할 수 있는 전략으로 이용된다.

3) 문화

외교에서 종교, 언어, 민족과 같은 문화적인 요소도 다른 국가에 영향력을 줄 수 있기 때문에 점점 중요해지고 있다. 국제화 시대에 소프트 파워에 대한 인식은 문화외교에 대한 관심으로 이어지고 있다. 문화외교는 문화와 예술을 통해 국가이익을 대외적으로 행사하는 외교활동이다. 문화외교와 함께 공공외교(public diplomacy)도 국제정치에서 중요한 개념으로 대두되고 있다. 공공외교는 문화예술 영역뿐만 아니라 여러 분야에서 정부 및 시민들이 다른 국가의 대중에게 자국의 입장을 널리 알리고 설득하는 모든 행위를 포괄한다. 더욱이 공공외교는 패권국가의 패권을 위한 목적으로 이용되는 것만이 아니라 약소국가를 포함한 전 세계 모든 국가들의 중요한 외교수단으로 역할을 할 수 있다는 점에서 더욱 의의가 있다.

각 국가들은 글로벌 시대에 좋든 싫든 문화를 개방하고 협력해야 한다. 그러므로 문화는 국가 상호 간의 이해를 증진시켜 국가 간 화합을 이루기도 하고 자국의 문화만을 강조하고 상대 국가의 문화를 배척하는 데서 갈등을 일으키기도 한다. 문화 수단은 상대 국가의 대중에 문화적 영향력을 행사해 상대 국가의 문화를 종속시키고 국민의 정체성을 약화시킬 수 있어 문화 제국주의로 보이기도 한다. 자국의 문화를 상대 국가에 강요한다든지 자국의 문화를 너무 우월하게 여기면 반감을 일으켜 오히려 역효과를 낳을 수 있다. 문화외교에 대한 증대된 관심에도 불구하고 상대 국가의 대중을 상대로 한 문화적 수단은 국가 외교에서 경제수단과 같은 다른 외교수단을 효과적으로 활용하기 위한 보조수단에 초점이 맞추어져 온 경향이 있다.

4) 디지털 (소셜 미디어)

최근 들어 새로운 외교형태로 주목받는 외교수단은 인스타그램이나 X(구 트위터), 페이스북 등의 소셜 미디어이다. 디지털기술 및 소셜 미디어를 바탕으로 한 디지털외교는 전통적인 외교수단에 새로운 네트워크와 디지털기술을 결합해 외교정책 목표를 달성하는 새로운 형태의 외교방식이라고 할 수 있다. 가상공간에서의 네트워크는 시공간의 장벽을 무너뜨려 정보공유의 확산을 가져오고 사회나 경제뿐만 아니라 국가 간의 관계에도 획기적인 변화를 일으키고 있다. SNS(Social Network Service, 소셜 네트워크 서비스)를 통한 외교의 새로운 패러다임은 국가 행위자만이 아니라 가상 공간을 통해 전 세계에서 활동하는 다양한 비국가 행위자들을 생겨나게 하였다. 대중들이 세계적인 네트워크와 디지털기기를 통해 자유롭게 자신의 의사와 요구를 행사할 수 있게 되면서 쌍방향 외교가 가능해졌다. 이에 따라 일반 시민과 같은 비국가 행위자도 영향력을 점차 확대하여 새로운 행위자로서 주목받으면서 국가 행위자와 수평적 관계를 형성해 나가고 있다.

2011년 튀니지에서 시작된 자스민 혁명은 SNS를 통한 대중들의 영향력을 국제적으로 보여 준 대표적인 사례이다. 일반 시민은 SNS의 힘을 활용하여 시위를 조직했고, 시위대에 대한 튀니지 경찰의 무자비한 진압 행동은 SNS와 인터넷을 타고 전 세계로 퍼져나가 국제사회의 비난 여론을 이끌어 냈으며, 결국 튀니지의 알리 정권을 붕괴시켰다. 튀니지 대중들과 SNS의 힘은 나아가 이웃한 아랍 국가들의 민주화에도 영향을 미쳐 이집트의 무바라크 정부, 리비아의 카다피 정부, 예멘의 압둘라 정부 등을 퇴진시킨 이른바 '아랍의 봄'을 이끌었다.

이처럼 SNS는 자국민뿐만 아니라 다른 나라의 대중에게도 큰 영향력을 행사할 수 있기 때문에 소셜 미디어를 활용한 외교전략은 보다 많은 대중을 대상으로 자국의 이미지와 정책을 알리는 데 효용성이 있다. 그러나 SNS를 통한 외교는 국가운영전략에 반하는 사적 이익 추구를 위해 영향력을 행사할 수 있다는 점에서 외교수단으로서의 부정적 측면도 있다.

현대 외교에서는 SNS와 같은 디지털 수단을 개발, 활용하고 관리할 수 있는 기술이 있는지, 가상공간을 통해서 이루어지는 소셜 미디어 등의 디지털 기술을 어떻게 자국의 정책에 효과적으로 활용할 것인지가 국가 외교의 새로운 과제로 떠오르고 있다.

III 외교와 외교정책

국제관계(IR)의 학문적 계보를 살펴보자면 사회과학 > 정치학 > 국제관계로 정리할 수 있다. 여기서 국제관계는 다시 국제정치학, 외교정책학, 국제정치경제학 등의 하위 분야로 나뉘고 외교정책은 다시 한국외교정책, 미국외교정책 등과 같은 개별 국가들의 외교정책으로 나뉠 수 있다.

많은 학자들은 외교정책을 국제관계의 하위 분야로 본다. 실제 미국 대부분의 대학에서는 정치학과(Dept. of Political Science) 내에 국제관계, 비교정치, 정치사상/정치이론, 미국정치 등의 세부 전공을 운영하고 있다. 물론 일부 학교에서는 정치학과에서 분리하여 국제학과 혹은 국제관계학과를 개설하기도 한다. 그리고 국제관계 전공 아래에 '국제정치학'과 '외교정책론'이라는 하위 학문 분야를 두고 있다. 이에 따라 국제관계를 전공할 경우 국제정치와 외교정책을 주 영역으로 연구한다.

국제정치학은 국제체제 전체의 구조와 프로세스에 중점을 두고 국제체제의 작동 원리를 설명하는 데 초점이 맞춰져 있고, 주로 국가 간 군사·정치적인 이슈를 주로 다루고 있다. 반면, 국제관계는 국제정치학보다 포괄적이어서 국가 간 군사·정치적 이슈 이외에도 경제, 사회, 문화 등을 망라하는 학제적인 성격을 띤다고 볼 수 있다.

외교정책의 분석은 국가의 외교정책에 영향을 미치는 다양한 요인들을 식별하고 설명하는 이론에서 시작한다. 모든 학문 분야는 다양한 종류의 이론을 바탕으로 한다. 이론은 사물 혹은 자연적·사회적 현상의 작동원리와 그에 대한 분석가의 생각을 논리적인 체계로써 설명하는 기본 틀이다. 외교정책에 영향을 미치는 다양한 요인들은 크게 두 가지

범주로 구분할 수 있다. 바로 국가 외부의 요인과 국가 내부의 요인이다.

1. 외교정책의 의미

외교정책은 국제관계(IR)의 하위 학문 분야로 간주되지만, 학자들 간에 외교정책에 대한 합의된 정의는 없다. 칼스네스(Walter Carlsnaes)는 "외교정책은 목표, 약속, 지침의 형태로 표현되고 국민을 대신하여 행동하는 정부 대표들의 행동으로, 그들이 달성하고자 하는 목표, 조건 및 영향을 주고자 하는 행위자(정부 및 비정부 모두)를 향하며 이는 영토적 정당성을 넘어서는 것"이라고 정의한다.[4]

힐(Christopher Hill)은 더 넓은 영역을 포괄하면서 외교 정책을 "국제 관계에서 독립적 행위자(보통 국가)가 수행하는 공식적인 대외 관계의 총합"으로 정의한다.[5] 또한 화이트(Brian White)에 따르면 외교 정책은 "국제 체제에서 국가와 다른 행위자, 특히 다른 국가 간의 관계를 통해 수행되는 정부 활동"이다.[6]

이외에도 여러 학자들이 '외교정책'에 대해 정의를 내렸는데 그 내용을 살펴보면 다음과 같다.

- 다른 나라의 행동을 변화시키고 국제 환경에 적응하기 위해 공동체에 의해 형성된 활동체계.[7]
- 외부 환경에 대한 국가의 조치와 이러한 조치가 공식화되는 조건을 분석하는 것.[8]
- 정부의 법적 주권 이외에 있는 다른 행위자에 대해 취해지는 국가의 조치.[9]
- 주권 국가가 영토 주권 경계 밖에서의 상황(또는 문제)을 변경하거나 조성할 목적으로 처리하는 공식적인 조치.[10]
- 국가가 국제체제에 대응해서 조치하는 것.[11]
- 국가 행위자에 의해 행해지는 외부 관계의 종합.[12]
- 둘 이상의 정부 대표가 만나 공통 관심사를 논의하는 과정.[13]

이와 같이 여러 학자들의 외교정책에 대한 정의는 다양하다. 외교정책이 포함하는 내용이 워낙 광범위하기 때문에 완벽한 정의를 내리는 것은 불가능에 가깝다. 그럼에도 불구하고 공통적인 내용들을 종합해 보면, 외교정책을 '국제관계에서 독립적인 행위자가 수행하는 공식적인 대외관계의 조치들을 포함하는, 국가 또는 기타 집단 행위자가 국제체제 내에서 다른 집단과 행위자를 향해 취하는 광범위한 행동 경향이자 특정 행동이며, 주권 국가가 권한을 위임받은 대리인을 통해 수립 및 집행하고 국가의 외부 환경에 대응하는 공식적인 계획 및 행동'으로 정의할 수 있다.

외교정책은 선언문 채택, 조약 체결, 다른 국가에 대한 경제 원조, 정상회담과 같은 외교활동 및 군사력 사용 등 다양한 수단을 사용하여 수행될 수 있다.[14] 이때 정책결정자들이 국익을 위해 합리적으로 결정을 내린다는 가정에서 출발한다. 여기서 합리성이란 정책결정자가 어떤 목적을 염두에 두고 목적을 달성하기 위한 선택만을 요구하는 것을 말한다. 국가가 합리성에 바탕을 두고 정책을 추진한다고 해서 모두 바람직한 결과를 보장하는 것은 아니다. 왜냐하면 정책의 성공을 위해서는 합리적인 의도 이외의 무수한 변수들이 존재하기 때문이다.

외교정책의 성공 여부는 외교정책결정자의 변수뿐만 아니라 국내적 여건(ex. 권위주의 체제, 민주주의 체제 등), 혹은 국제체제에서 힘이 있는 국가에 속하는지 아닌지 등에 따라 결정된다. 국가의 정책결정자들은 이들을 돕는 관료와 보좌관들에 둘러싸여 있고, 자국이 국제무대에서 어느 정도의 힘과 영향력을 행사할 수 있는지에 영향을 받는다. 이처럼 국가들의 외교정책 선택은 다양한 요인들이 복합적으로 상호작용한 결과라고 할 수 있다.

2. 외교정책과 국내 정책

외교정책이 국내 정책과는 어떻게 다른지 살펴보자. 국내 정책과 외교정책 두 분야의 역할과 관계를 환경적 측면에서 보면, 외교정책의 적용 환경은 한 나라의 외부 환경이라고 할 수 있다. 국내 정책과 마찬가지로 외교정책도 국가에 의해 수립된 점은 같지만 외교정책은 외부 환경에서 어떤 특정한 타깃을 목표로 실시된다는 점이 다르다.[15)]

국내 정책과 외교정책이 구분되는 또 다른 차이는 외교정책이 '고위 정치(high politics)' 연구와 연관되어 정부활동 분야 중 매우 차별화된 분야로 인식된다는 것이다. 국제관계에서 '고위 정치'라는 개념은 국가의 생존에 필수적인 모든 문제, 즉 국가 및 국제 안보 문제를 다룬다. 이는 종종 경제, 문화 또는 사회 문제를 지칭하는 '하위 정치(low politics)'와 반대되는 개념으로 사용된다. 예를 들어, 북핵 문제는 고위 정치에 해당된다. 북한의 핵개발은 한국뿐만 아니라 국제 사회의 안보와도 직결되는 문제이기 때문에, 한국 정부의 외교정책은 이러한 고위 정치 문제를 중점적으로 다루게 된다. 이와 같은 이유로 외교정책은 정부활동 분야 중에서도 매우 차별화된 분야로 인식된다.

반면, '국내 정책'은 국가 내에 적용되는 것을 말하며, 납세, 교육 등이 포함된다. 냉전 시기의 외교정책은 고위 정치 분야로, 국내 정책은 하위 정치 분야로 구분되었다. 당시 외교정책은 국가 생존에 큰 영향력을 끼쳤기 때문에 왕, 대통령, 국무장관, 외무장관, 국방장관 그리고 그들의 최측근 보좌관 등의 주요 국가 공무원과 같은 소수의 사람들만 접근할 수 있는 고위의 영역이었다. 그러나 시간이 흐르면서 대외정책과 국내 정책 사이의 경계는 흐려지고 현재로선 경계를 나누는 것은 의미가 없어졌다. 따라서 최근에는 타깃을 어디에 두는가에 따라 국내 정책과 외교정책이 나뉘고 있다.

어떤 사람들은 외교정책이 '국가가 경제적으로 무엇을 하는지'에 집중한다고 정의하는 반면, 다른 사람들은 '국가가 구두로 선언하는 것'으로 정의한다. 예를 들면, 외교정책을 분석할 때 전자의 정의는 한 국가의 효율적인 FTA 체결 방법에 집중하고 후자의 정의는 국가 지도자의 독트린에 집중한다고 볼 수 있다. 외교정책에 대해 정의하는 데 있어서 또 다른 관점은 국가 간 행동과 다른 국가의 반응을 살피는 것이 있다. 행위만을 집중하는 것은 일반화하기에 너무 상이한 변수들이 많기 때문이다.

외교정책을 국내 정치와 대외정책 사이의 경계 영역으로 보는 시각도 있다. 왈레스(William Wallace)는 외교정책을 양쪽의 역할을 연결하는 경계 영역으로 보았다. 그는 "외교정책은 민족 국가와 국제정치 사이에서 가교 역할을 한다. 또한 국내 정치와 정부, 국제정치와 외교 사이의 경계 영역이다"라고 말했다.16)

외교정책은 한 국가의 정체성을 잘 나타낸다. 한 연구에 의하면 외교정책은 타인이 제기하는 위험을 해석함으로써 국가 정체성을 확립하는 데 도움이 된다고 주장한다. 외교정책은 종종 인식된 위협을 해결하고 관리하기 위한 중앙집권적 정책결정을 포함하며, 이는 국가의 권위와 정체성을 강화한다. 미국이 외교정책을 통해 정체성을 구축하는 방식에 대한 캠벨의 분석은 안보와 외부 위협 관리에 대한 이러한 초점을 반영하고 있다.17)

미국이 특정 국가에 대해 경제제재를 가할 경우, 이는 국내 경제와 국제관계 모두에 영향을 미친다. 경제제재는 국내 기업과 국민의 경제활동에 영향을 줄 뿐만 아니라, 국제사회에서의 미국의 입지와도 관련이 있다. 이러한 사례는 외교정책이 국내 정치와 국제정치의 연결 고리 역할을 하며, 두 영역 간의 상호작용을 조율하는 중요한 역할을 한다는 것을 잘 보여 준다.

3. 외교 행위자

외교정책 행위자란 외교정책이 주로 '누구에 의해서 이루어 지는가'를 말한다. 외교 행위자는 보통 국가 행위자와 비국가 행위자로 나뉜다. 첫 번째 범주에는 국가가 포함되는데, 국가에 대한 정의는 1930년 몬테비데오 협약 제1조 '국가의 권리와 의무'에서 유래한다. 국제법상 국가는 영구적인 인구, 일정한 영토, 정부, 다른 국가와 관계를 맺을 수 있는 능력 등을 갖춰야 한다고 명시하고 있다. 외교정책의 이론에 따라 국가에 대한 상이한 정의가 있지만 몬테비데오 협약에 명문화된 정의는 여전히 공통된 기준으로 간주된다.

이러한 특징을 갖는 국가는 행위자로서 외교정책의 주체가 된다. 국가 정책을 결정하는 단위가 개인이든 조직이든, 정책결정자는 '유일하고 합리적인 행위자(unitary and rational actor)'로 간주되며, 이 행위자는 국가와 동일시된다. 국가 행위자는 당구대의 당구공으로, 국제관계는 당구공 간의 상호작용으로 비유된다. 국제체제가 변화하면 국제관계의 형태와 특징도 달라질 뿐 아니라 국가들의 외교정책결정도 달라진다.

비국가 행위자는 국제 비정부 기구(INGO: International Non-Governmental Organization)와 같은 조직을 말한다. 국제 비정부 기구는 국가 또는 정부의 대표자가 아닌 개인으로 구성되어 국제적인 활동 역량을 가진 비영리 단체로 정의할 수 있다. 이들은 주로 다른 외교정책 주체들에게 영향을 미칠 수 있는 능력을 통해 외교정책의 주체로서 활동한다. 즉, 사전에 의제설정에 영향을 미치거나 다른 곳에서 결정된 해결책에 대해 사후에 정당성을 제공하거나 실행할 수 있다. 국제적 의제설정에 영향을 미칠 수 있는 국제 비정부 기구의 역량과 능력은 널리 인정받고 있다.

국제 비정부 기구는 자신들의 활동을 통해 특정 안건을 정책결정권자의 의제에 올린다. 의제가 확정되고 문제가 해결된 후에도 이들은 두 가지 방식으로 결정적인 역할을 수행한다. 첫째, 여론에 대한 영향력을 통해 정책결정권자들이 합의한 해결책에 정당성을 부여하거나 거부할 수 있다. 둘째, 이들은 정책결정권자들이 합의한 해결책을 실행하는 데 유용한 존재이다. 대표적인 국제 비정부 기구로는 그린피스, 국제앰네스티, 국경없는 의사회, 옥스팜 등이 있다.

4. 외교의 수단

한 국가의 외교적 수단으로는 크게 로비, 경제제재, 선전(Propaganda), 비밀 작전, 강압 외교 등으로 나눌 수 있다.[18]

우선, 외교 행위자는 다양한 로비활동을 통해 자신들이 원하는 바를 상대방에게 전달한다. 로비활동은 정책에 영향을 미치기 위해 입법부 의원 및 행정부 공무원과의 만남에서 대화하는 행위이다. 각 정부는 자국에 유리한 정책을 이끌어 내기 위해 상대 국가의 국회의원이나 공무원들을 상대로 로비를 펼친다.[19]

둘째, 행위자는 상대방과의 관계 속에서 경제적 채찍과 당근을 사용한다. 당근은 기본적으로 경제적 인센티브의 개념으로서, 상대국에게 경제적 이득을 약속하고 그들이 내가 원하는 대로 행동할 경우 약속된 이득을 제공하는 것이다. 반면, 경제제재는 상대국에 대해 채찍을 드는 행위를 말한다. 경제제재가 실행될 경우 어떤 형태로든 경제적 손실을 입게 될 것이라고 위협하면서 상대방의 행동 변화를 요구한다.

셋째, 행위자는 상대방에게 피해를 줄 수 있는 다양한 군사적, 경제적인 비밀 작전을 실행할 수 있다. 예를 들어, 최근 몇 년간 이란 정부는 가자지구의 하마스와 레바논 남부의 헤즈볼라 등 반이스라엘 단체를 은밀하게 지원했으며, 이라크에서 미군을 상대로 작전을 수행한 시아파 단체에게도 비밀리에 군수 지원을 제공한 것으로 알려져 있다.

넷째, 행위자는 선전을 통해 상대 국가에 대해 외교적 입장을 전달할 수 있다. 선전은 국가의 이익을 증진하기 위해 정보를 선별적으로 사용하거나 때로는 잘못된 정보를 사용하는 것을 말한다. 이는 분쟁이나 전쟁 중에 자국민을 동원하거나 다른 국가의 사기를 떨어뜨리기 위한 도구로 자주 사용한다.

다섯째, 외교 행위자가 상대방으로 하여금 어떤 행동을 재고하도록 설득하기 위해 사용하는 공격적인 행동이 강압 외교이다. 예를 들어, 어떤 국가는 때때로 항공모함을 다른 국가의 해안으로 가까이 이동시키는 이른바 무력시위를 통해 상대 국가가 특정 행동을 재고하도록 영향력을 행사한다. 이는 대규모 군사력을 직접 사용하지 않고도 상대의 행동을 변화시킬 수 있는 압박으로 작용한다는 점에서 일종의 강압 외교라고 할 수 있다. 물론 군사력의 직접적인 사용도 강압적인 외교정책수단으로 간주할 수 있다.

5. 외교정책 연구와 외교정책 분석

모든 학문에는 연구의 기본 내용, 즉 연구의 출발점 혹은 초기의 연구 대상이 있다. 예를 들어 물리학은 입자를 기반으로 연구하고, 경제학은 가계와 기업을 기반으로 연구한다. 이러한 것을 기반으로 하여 학문적 이론이 생성, 수정 및 발전된다. 역사가 오래된 학문일수록 학문적 깊이가 깊으며 그 기반이 탄탄하다. 이는 연구자가 처음부터 연구를 시작할 필요가 없고, 보다 높은 수준에서 연구 내용을 추상화 및 일반화할 수 있다는 것을 의미한다.

따라서 모든 학문 분야는 다양한 종류의 이론을 가지고 있다. 어떤 현상, 사실을 관찰하는 데 중요한 것과 중요하지 않은 것을 걸러내는 역할을 이론이 하는 것이다. 이론을 통해 복잡한 현상을 단순화하여 말할 수 있다.

이론이 구축되려면 그것이 설명할 수 있는 능력이 있어야 하고, '발견적인 가치(heuristic value)'를 가지고 있어야 하며 간결해야 한다. 외교정책 연구도 국가의 외교정책에 영향을 미치는 다양한 요인들을 식별하는 이론에서 시작한다. 외교정책의 요인들은 크게 국가 외부적인 요인과 내부적인 요인으로 나뉜다.

외교정책을 어떻게 연구할 것인지와 관련해서는 크게 외교정책 분석(Foreign Policy Analysis), 외교(Foreign Policy), 외교정책 연구(Analysis of Foreign Policy) 등의 방법이 존재한다.

우선, 외교정책 분석은 미국을 중심으로 한 실증주의적 연구에 초점을 두고 있는데, 국제체제가 외교정책에 미치는 영향, 여론 및 제도와 같은 국내 결정 요인의 영향, 외교정책 동향 또는 특정 행동에 대한 다양한 정책결정 프로세스의 중요성 등과 관련된 문제를 연구한다.

둘째, 칼스네스(Walter Carlsnaes)와 같은 학자는 외교정책과 관련된 연구를 '외교정책 분석' 대신 '외교(FP)'라는 약어를 쓴다. 그는 '외교정책 분석'을 사용하면 국제관계와 상관없는 독립된 학문 분야로 인식될 수 있다고 지적한다.[20]

셋째, 외교정책 연구는 국가의 외교정책에 영향을 미치는 다양한 요인들을 식별하는 분야이자 국가의 외교정책 목표를 연구하는 데 사용된다. 외교정책 연구는 국가 간의 관계에서의 외교적 양자관계에 초점을 두고 연구되며 미국 이외의 지역 대부분에서 연구되는 외교정책에 관한 연구 방법이다. 외교정책 연구에는 다양한 이론과 방법론이 사용된다.

이 책에서는 '외교정책 연구'라는 개념을 사용하고자 한다. 그 주된 이유는 '외교정책 분석'이라는 용어를 사용할 경우 미국에서 주로 행해지는 행태주의적, 과학적 연구와 혼동되기 때문이다. 또한 칼스네스처럼 그냥 '외교'라고 하면 그 내용이 너무 포괄적일 수 있다. 따라서 이 책에서 사용하는 '외교정책 연구'가 실증주의 이외의 모든 방법론을 포용할 수 있고 미국뿐만 아니라 세계 모든 지역에서의 외교정책에 관한 연구를 포함할 수 있다고 생각한다.

앞에서 언급했듯이 외교정책은 국제관계의 하위 분야이기 때문에 외교정책 연구에 관한 이론은 국제관계이론을 통해 설명하는 것이 자연스럽다. 외교정책을 설명하는데 현실주의가 사용된 것이 대표적인 예이다. 그럼에도 불구하고 다양한 국제관계이론이 모두 외교정책에 사용된 것은 아니다. 외교정책 연구자들은 국제관계 변화의 근본 원인을 국가라는 추상적 개념으로 대표할 수 없다고 본다.

외교정책 연구는 국제관계학의 하위 분야임에도 마치 서로 분리된 학문처럼 발전해 왔다. 왈츠(Kenneth Waltz)와 같이 국제체제 변수를 중요하게 여기는 국제관계이론과 국내 변수를 중요하게 여기는 외교정책 연구 간에는 분명한 차이가 존재한다. 국제관계이론은 개별 행위자 연구에 적용하기는 매우 어렵다. 개별 행위자는 구체적이고 맥락적이며, 복잡한 특성을 갖기 때문이다. 외교정책이 국제관계보다 더욱 다층적이고 다양한 요인을 고려한다.

결국 어떤 국가가 특정 행동을 취하는 이유를 설명하기 위해 체제, 국가, 개인 등 다양한 분석 수준에서 여러 설명 요인을 사용할 수 있다.

일부 접근법은 국제관계이론에서 파생되었으며, 일부는 경제학이나 사회심리학 등 다른 학문에서 파생되었다.

6. 외교정책 연구와 실증주의

외교정책 연구와 관련한 전통적 접근법의 특징은 역사, 개인의 경험, 직관, 정치사상 등을 중시하고 질적인 방법론과 사례연구에 초점을 맞춘다는 것이다. 즉 한 국가의 외교정책을 다루는 데 있어서 전통적인 접근법은 특정 시기의 외교정책을 역사적·서술적으로 분석하는 데 중점을 두었다. 외교정책은 17세기 후반에서 20세기 초반 사이에 현대 유럽의 국가 시스템에 뿌리를 두고 있었고 사실상 주권국가의 국내 정책이나 활동과는 별개의 영역으로 보았다. 즉, 외교정책은 과거에 국가 고유의 영역에 의해 정의되는 '고위 정치'의 영역이었다.

방법론적으로 한 국가의 외교정책 목표를 분석할 때 체제 수준의 분석이 가장 많이 사용되었다. 체제 수준의 이론은 국제체제에서 국가의 지위에 따른 국가 목표의 광범위한 추세를 설명하는 데 유리하다. 또한 국제 환경이 특정 국가의 일반적인 외교정책 방향에 어떤 영향을 미치는지 이해하는 데 도움을 준다. 국제체제 수준에서 일반 행위자에 대한 연구는 '현실주의', '자유주의', 그리고 '신현실주의'와 '신자유주의'와 같은 국제관계이론을 탄생시켰다.

다양한 체제 수준의 이론은 서로 다른 유형의 외교정책 현상을 설명하는 데 적합하다. 구조 현실주의는 안보정책, 특히 강대국의 정책을 가장 잘 설명하고, 자유주의 이론은 무역과 같은 비 안보 관련 문제를 더 잘 설명한다. 또한 웬트(Alexander Wendt)의 구성주의 이론은 특정 국가가 처한 무정부주의 문화의 본질에 의문을 제기하는 데 사용될 수 있으며, 국가의 정체성은 국가의 환경에서 어떤 무정부주의 문화가 지배하

는지의 산물이라고 제안한다.[21)]

1960년대에는 사회과학 전반에 걸친 행태주의 운동이 일어났다. 이는 국제관계이론 연구에까지 영향을 미쳐 전통적 현실주의와 행태주의 간의 논쟁이 발생하기도 했다. 행태주의는 자연과학과 마찬가지로 경험적인 관찰, 계량적인 방법, 엄격한 절차, 체계적이고 반복적인 성격을 지니는 '일반화'와 '모델구축'을 지향하는 등 방법론적인 차원에서 과학성을 강조했다.

이와 같이 외교정책 분야에서 일반이론형성을 위해 과학적이고 실증주의적인 연구가 강조되었는데, 이들을 외교정책 연구의 2세대, 혹은 미국에서는 외교정책 분석(Foreign Policy Analysis)으로 불린다. 행태주의 운동의 영향으로 외교정책 분석의 한 방법으로서 '비교외교정책(Comparative Foreign Policy)' 분야가 생겨났다. 이들은 자연과학으로부터 빌려온 방법론을 이용하여 외교정책 분석의 일반 이론을 만들 수 있다고 여기며 체계적이고 경험적인 데이터 수집, 개념화, 가설 검증, 그리고 이론의 구축을 목표로 하였다.[22)]

구체적으로 비교외교정책 연구자들은 서술적인 특징을 지닌 사례 연구로부터 탈피하여, 현대 사회과학 방법론과 비교적인 방법의 사용을 통해 외교정책 행위를 간결하게 설명하려고 하였다. 이를 위해 비교외교정책 연구자들은 양적·실증적·과학적인 방법론의 모델을 채택했으며 국가의 외교정책 행위로 나타나는 이벤트와 같은 자료들을 많이 수집하기 시작하였다.

비교외교정책의 목표는 보편적인 과학적 방법을 국제관계의 영역으로 도입하는 것이다. 이러한 체제적인 연구의 목적은 단순히 외교정책 행위를 설명하려는 것에 그치지 않는다. 과학적 측정 방법에 대한 믿음으로 인해 행태주의자들은 서로 다른 체계 모델을 만들어 국가의 행위를 예측하려고 한다.[23] 이와 같은 야심찬 목표에도 불구하고 비교외교정책 연구는 1970년대에 들어 쇠퇴하게 되는데, 그 이유는 크게 세 가지로 정리할 수 있다.

첫째, 비교외교정책의 목표인 일반이론을 형성하는 데 실패했다. 로제나우(James N. Rosenau)가 주장했던 '예비 이론'은 이후 많은 비교외교정책 연구에 영향을 주었지만, 예비 이론을 넘어선 발전을 이루진 못했다. 여러 비교외교정책 프로젝트들은 많은 시간과 예산을 투입하여 이론의 통합을 추구했으나 일반이론을 형성하는 데 실패하였고, 결국 비교외교정책 패러다임의 쇠퇴로 이어졌다.[24]

둘째, 국제관계의 행위자로서 국가의 역할이 쇠퇴했다. 1970년대 중반부터 국가가 아닌 '비국가 행위자'에 대한 관심이 증가했다. 이전까지는 국가가 외교정책 분야의 유일한 행위자로서 분석의 대상이었지만 이 시기부터 어떤 특정 영역에서는 비국가 행위자가 국제적 행위의 중심이 될 수 있다는 주장이 설득력을 얻기 시작했다. 비국가 행위자의 성장은 외교정책 연구에서 당연하게 여겨졌던 국가 행동 이외의 것에 관심을 기울이게 되었다.[25]

셋째, 국제관계에서 경제적 요인의 역할이 증가했다. 경제적 요인은 1970년대 초반부터 국제관계에서 중요하게 다뤄지기 시작했다. 국가 간의 관계에서 군사적, 안보적 요인이 중요하지만 그에 못지않은 경제적 상호 의존의 증가는 국가 간 관계뿐만 아니라 개별 국가의 외교정책에도 상당한 영향을 끼치게 되었다.[26]

이와 같은 비교외교정책에 대한 비판들은 외교정책 연구에 많은 영향을 미쳤는데, 무엇보다도 실증주의 연구에 대한 회의가 일어나기 시작했다. 또한 1980년대 이후 현재에 이르기까지 외교정책 연구의 특징은 이전 세대가 다루지 못한 영역에 관심을 가지기 시작하였으며, 양적 연구뿐만 아니라 질적 연구까지 포함한 다양한 방법론을 사용하게 되었다.

비교외교정책은 국가 수준에서 외교정책을 분석할 때 외교정책에 영향을 미치는 국내 요인을 강조한다. 이런 분석 수준은 외교정책 연구의 발전을 이루는 데 기여했다.[27] 개인과 집단의 주관적 세계를 이해하기 위해 외교정책 연구에 심리학, 사회학 등을 도입하게 되었다.

비교외교정책은 외교정책을 결정하는 개인의 특성이 외교정책의 선택을 이해하는 데 있어서 결정적이고 중요하다고 강조한다. 외교정책 결정과정 이론에 따르면 외교정책은 공식 정책 입안자들에 의해 내려지는 일련의 정책결정일 뿐이다. 따라서 외교정책을 해석하고 분석할 때 외교정책을 수립하는 개인이나 집단의 행위를 분석해야 할 필요가 있는 것이다.

IV 대표적인 비교외교정책(Comparative Foreign Policy) 학자들

1. 스나이더(Richard C. Snyder), 브룩(H. W. Bruck), 새핀(Burton Sapin)

스나이더(Richard C. Snyder)와 그의 동료들이 제시한 정책결정 패러다임(policy decision-making paradigm)과 로제나우(James N. Rosenau)의 예비이론(pre-theory)은 비교외교정책 연구 분야의 대표적인 업적으로 평가된다. 이들은 이전까지 국가라는 단일 행위자가 합리적으로 행동한다고 가정한 현실주의적 접근을 비판하며, 국가 이면에 존재하는 복합적이고 미시적인 요소들, 즉 개인과 집단, 그리고 조직 내부의 상호작용과 같은 세부적인 영역으로 연구의 초점을 전환하였다.

1960년대와 1970년대 행태주의(behavioralism)의 전성기에는 로제나우가 요구한 일반화가 가능하며 과학적으로 입증 가능한 이론의 필요성을 수용한 학자들이 많았다. 이들은 외교정책이 단지 강대국 간의 힘의 균형이나 국제체제의 변화와 같은 거시적 변수들에 의해서만 결정되는 것이 아니라, 내부적으로 존재하는 개인, 집단, 조직의 행태와 그 상호작용이 핵심이라는 사실을 강조했다.

특히 스나이더와 브룩(H. W. Bruck), 새핀(Burton Sapin)의 연구는 외교정책 연구의 과학화를 위한 최초의 실질적 시도로 평가받는다. 그들의 저서 『외교정책결정(*Decision-Making as an Approach to the Study of International Politics*)』(1954)은 국가의 행동을 분석하는 새로운 분석틀을 제공했다.

구체적으로 전통적인 현실주의 외교정책 연구는 국가를 단일하고 합리적인 행위자로 보고, 국제적 위협이나 압력과 같은 외부 환경이 국가행위자의 외교정책을 결정한다고 보았다. 예컨대 전통적 현실주의 관점에서 냉전 시기 미국이 쿠바 미사일 위기에 대응하는 방식은 주로 소련의 위협과 국제체제 차원의 긴장이라는 외부 요인에 의해 설명되었다.

하지만 스나이더 등은 이러한 전통적 설명 방식을 비판하면서, 외교정책은 외부적 자극만이 아닌 내부의 다양한 요인들이 결정에 직접적으로 영향을 미친다고 주장하였다. 그 예로 쿠바 미사일 위기를 다시 분석하면, 케네디 대통령과 그의 참모들이 소련의 의도와 위협 수준을 각자 어떻게 인식하고 있었는지, 어떤 정보를 중시했으며 어떻게 서로 논의하고 의사소통했는지, 개인적 성격과 신념이 정책결정과정에 어떤 영향을 미쳤는지 등을 세부적으로 살펴보아야 한다는 것이다.

이와 같이 스나이더와 그의 동료들은 외교정책의 핵심을 구성하는 것이 '상황 정의(Definition of Situation)'라고 보았다. 즉, 특정한 국제 환경이나 사건을 각 결정자가 어떻게 인식하고 정의하는가에 따라 실제로 취하는 행동이 달라진다는 점이다. 예를 들어 같은 국제위기상황이라 하더라도 매파 성향의 지도자는 이를 안보에 대한 중대한 위협으로 규정하고 군사행동을 선호할 수 있으며, 반면 평화주의 성향의 지도자는 외교적 협상의 기회로 판단하여 타협을 시도할 가능성이 높다.

이러한 인식과 상황 정의는 개인이 가진 심리적 성향과 가치관, 이전 경험 및 인지적 특성에 따라 달라진다. 1973년 욤키푸르 전쟁 당시, 미국 국무장관 키신저(Henry Kissinger)가 개인의 성격과 인지 성향에 따라 이스라엘과 아랍 국가 간 중재협상에서 균형 잡힌 외교적 접근을 선택한 사례는 정책결정에 개인적 특성과 심리적 요인이 결정적 역할을 할 수 있음을 잘 보여 준다.[28)]

또한 스나이더와 동료들은 정책결정이 단순한 개인적 결정에 그치는 것이 아니라, 집단 내부에서의 상호작용과 조직적 관행, 정보처리과정 등으로 형성된다고 설명했다. 가령 1962년 쿠바 미사일 위기에서의 미국 행정부 내 '집단사고(groupthink)' 현상에 대한 분석은, 조직적이고 집단적인 요소가 외교정책 결정과정에 중요한 영향을 미친다는 사실을 입증한 대표적 사례로 평가된다.

스나이더 등이 제안한 이와 같은 분석 틀은 1950년 한국 전쟁에 미국이 참전하게 된 배경을 설명하는 데에도 적용되었다. 당시 미국 정부 내 결정권자들이 공산주의 확산 위협이라는 상황을 각자 어떻게 인식하고 있었으며, 어떤 정보와 인식을 바탕으로 참전이라는 중대한 결정을 내렸는지에 대한 세부적인 분석을 가능하게 하였다.

이러한 접근법은 심리학과 사회학에서의 이론적 통찰을 국제관계 연구에 통합하여, 국가를 마치 하나의 합리적 행위자처럼 단순화한 기존 연구의 한계를 극복하고자 했다. 결과적으로 이들은 정책결정과정의 중요성을 강조하고, 정책결과 자체보다는 그 정책이 만들어지는 과정에 초점을 맞추어 외교정책 연구의 방향성을 크게 확장하였다. 이는 이후 비교외교정책 연구의 발전과정에서 큰 기여를 한 중요한 학문적 업적으로 평가된다.

2. 해롤드와 마가렛 스프라우트(Harold Sprout & Margaret Sprout)

해롤드와 마가렛 스프라우트는 외교정책 연구를 위해 '정책결정과정', 정치심리학, 국가 간 분석, 행위자별 이론을 활용하였다. 이들의 '국제정치의 맥락에서 인간-환경 관계 가설'은 외교정책결정에 관여하는 개인과 집단의 '심리적 환경'에 관심을 가지고 정책결정자들이 인식하고 해석하는 국제적 맥락에 초점을 맞췄다. 이들은 전략, 결정, 그리고 의도와 연관된 외교정책의 수행에 대한 고려 없이 국가 간 체제에서의 물리적 능력 분석과 연관된 외교정책의 결과를 이해하는 것은 잘못되었다고 지적하였다.[29] 그들은 외교정책을 결정하는 개인이나 집단의 심리-환경의 관찰 필요성을 피력하였다. 심리-환경이란 정책결정자들에 의하여 인식되고, 해석되는 상태로의 국제적이고 조작적인 상황 또는 맥락을 말한다.[30] 이들의 연구는 정책결정에서 개인 및 집단 인식의 역할을 강조하고 정책결정자와 환경 간의 복잡한 상호작용에 대한 보다 미묘한 이해를 촉진함으로써 외교정책 분석 분야를 형성하는 데 도움을 주었다.

3. 브레처(Michael Brecher)

브레처의 *The Foreign Policy System of Israel: Setting, Images, Process*(1972)는 이스라엘의 외교정책 시스템을 종합적으로 분석한 연구

로, 과학적 접근을 시도한 대표적인 저작으로 평가된다. 그는 외교정책 결정과정에서 중요한 두 가지 환경을 제시하며, 이를 통해 외교정책 연구의 새로운 이론적 틀을 구축하고자 했다. 브레처가 제시한 개념 중 하나인 '운영 환경'은 외교정책이 전개되는 물리적이고 객관적인 조건을 의미한다. 국가 간 관계, 외교적 갈등과 협력, 국제체제의 구조적 요인들이 이에 포함되며, 내부적으로는 군사적 역량, 경제적 조건, 정치체제와 같은 요소가 정책 결정의 중요한 환경을 형성한다.

이스라엘의 외교정책을 분석하는 과정에서 브레처는 운영 환경이 단순한 배경이 아니라 정책결정자들이 직면하는 실제적인 문제들을 구성한다고 보았다. 예를 들어, 1967년 제3차 중동전쟁(6일 전쟁) 당시 이스라엘 정부는 주변 아랍 국가들의 군사적 압박과 국제사회의 외교적 반응을 고려해야 했으며, 소련과 미국이라는 초강대국의 개입 가능성 또한 중요한 변수였다. 이러한 운영 환경은 정책결정자들에게 외교적 선택지를 제한하는 요소로 작용했다. 내부적으로도 이스라엘의 군사적 준비 상태와 국민들의 전쟁에 대한 태도가 정책결정과정에서 핵심적인 요소로 작용했다. 마찬가지로, 1973년 욤키푸르 전쟁 당시 이스라엘 정부는 전쟁이 발발한 후 미국의 군사 지원이 절대적으로 필요했기 때문에 미국의 태도를 세밀하게 고려하며 외교적 전략을 결정해야 했다.

그러나 브레처는 정책결정과정이 단순히 운영 환경이라는 객관적 현실에 의해 결정되는 것이 아니라, 정책결정자들이 이를 어떻게 인식하고 해석하느냐에 따라 결과가 달라진다고 보았다. 그는 이를 설명하기 위해 '심리적 환경'이라는 개념을 도입했다. 심리적 환경은 정책결정자가 운영 환경에서 전달받은 정보를 필터링하고 해석하는 과정에서 형성되는 주관적인 인식의 체계를 의미한다. 운영 환경에서 제공되는 정보는 직접적인 경험, 정보기관의 보고, 언론 보도 등을 통해 전달되지만, 정책결정자들은 이를 있는 그대로 받아들이지 않고 자신의 경험과 신념, 정치적 이해관계에 따라 해석한다.

브레처는 이러한 심리적 환경이 외교정책 결정과정에서 중요한 영향을 미친다는 점을 강조하며, 이스라엘 정책결정자들의 인식이 정책 형성에 미친 영향을 분석했다. 예를 들어, 이스라엘 지도자들은 아랍 국가들의 군사적 위협을 일관되게 과장하는 경향이 있었으며, 이는 선제공격이라는 선택을 정당화하는 중요한 논리가 되었다. 1967년 전쟁에서 이스라엘 정부는 이집트와 시리아의 군사적 움직임을 단순한 방어적 조치가 아니라 즉각적인 공격의 신호로 해석했고, 이는 선제공격 결정을 촉진한 요인 중 하나였다. 반대로, 1973년 욤키푸르 전쟁에서는 초기 정보기관의 경고가 있었음에도 불구하고 이스라엘 정부가 이를 과소평가하면서 기습을 허용하게 되었다. 이처럼 브레처는 운영 환경에서 전달된 정보가 심리적 환경을 거치면서 정책결정자들의 이미지와 신념에 따라 달라지는 과정을 중요한 연구 대상으로 삼았다.

브레처의 연구는 이스라엘의 외교정책 결정과정에서 정부, 군, 정보기관 등 다양한 기관들이 운영 환경과 심리적 환경을 어떻게 조정하고 상호작용하는지를 분석하는 데 초점을 맞추었다. 그는 국가 지도자들이 단순히 국제체제의 구조적 요인에 따라 결정하는 것이 아니라, 정보의 흐름과 인식의 과정에서 중요한 결정이 이루어진다고 보았다. 이를 통해 브레처는 외교정책 연구에서 정책결정자의 주관적 요소를 강조하는 새로운 접근법을 제시하였으며, 이는 이후 외교정책 분석 연구에서 중요한 이론적 토대로 자리 잡게 되었다.[31]

4. 로제나우(James N. Rosenau)

로제나우는 스나이더로부터 영향을 받았다. 스나이더는 외교정책이 단지 외부적, 내부적 요인에 영향을 받는 것뿐만 아니라 정책결정조직의 규범과 실제 운영과 같은 요인들도 작용하는 것이라고 강조했는데, 이는 이전의 학자들과는 매우 다른 주장이었다. 로제나우는 스나이더의 연구가 당시 유행했던 모겐소(Hans J. Morgenthau)와 월퍼스(Anold Wolfers) 등 현실주의 국제관계학자들의 주장(국가의 힘을 강조하면서 모든 국가는 외부의 환경에 영향을 받는다)과는 사뭇 달랐으며 자신은 이를 계기로 정책결정 과정에 관심을 기울에게 되었다고 말하였다.[32)]

로제나우는 외교정책의 과학화를 위해 연계이론(linkage politics)을 주장하였다. 여기서 연계란 '한 시스템에서 시작되어 다른 시스템에서 반응하는 모든 반복적인 일련의 행동'으로 정의된다.[33)]

로제나우는 정식 이론과 같은 완전한 엄밀성 없이도 외교정책 행동에 대한 이해를 제공하는 '예비이론(pre－theories)'의 개념을 소개하고 있다. 이러한 예비이론은 패턴을 파악하고 추가 연구를 위한 가설을 생성하는 데 도움이 된다고 강조한다.

로제나우는 예비이론을 통해 국내 상황과 국제 상황을 연결하는 외교정책에 대한 보다 과학적인 연구를 옹호했으며, 그의 예비이론이 '국제정치학과 비교정치학 분야를 연결해 줄 수 있을 것'이라고 믿었다.[34)]

로제나우가 추진한 것은 중범위 이론(middle－range theory), 즉 거대한 원리와 현실의 복잡성 사이를 매개할 수 있는 이론의 개발이었다. 로제나우는 외교정책을 이해하기 위해서는 개별 지도자로부터 국제체제에 이르는 다양한 분석 수준의 정보를 통합해야 한다고 보았다.

또한 로제나우는 외교정책 연구에서 비교 분석과 다학제적 접근을 강조하였다. 그는 여러 국가의 외교정책을 비교함으로써 정책결정에 영향을 미치는 공통적인 요소와 고유한 영향력을 파악할 수 있다고 보았으며, 국제관계의 복잡성과 신뢰성 있는 데이터 확보의 어려움 등 외교정책 연구의 방법론적 난제를 극복하기 위해 다학제적 접근 방식을 옹호하였다.[35]

로제나우는 외교정책 연구에서 중요한 다섯 가지 요인을 제시했는데, 개인적 요인, 역할 요인, 정부적 요인, 사회적 요인, 그리고 국제적 요인이 있다.

국제관계의 분석 수준 문제는 다양한 학자들에 의해 제기되었다. 싱어(J. David Singer)는 국제관계를 외교정책이 있는 국가 수준과 그 구조가 있는 국제체제 수준으로 구별했으며 연구자가 하나를 선택하여 분석할 때 혼동을 피해야 한다고 강조하였다.[36] 왈츠(Kenneth Waltz)도 실제로 인간 개인의 본성과 행동, 국가의 제도 유형 및 국제체제를 포함한 3개의 분석 수준을 소개하였다.[37]

구레비치(Peter Gourevitch)도 다양한 수준의 분석을 조화롭게 시도한 학자 중 한 사람이다. 그는 국제체제는 국내 정치 간의 결과일 뿐만 아니라 그 원인이기도 하기 때문에 국제관계와 국내 정치는 매우 상호 연관되어 있고, 따라서 동시에 분석되어야 한다고 주장하였다.[38] 퍼트넘(Robert Putman) 또한 그의 두 가지 수준의 게임 이론을 통해 국제 협상 연구에서 분석 수준 통합의 중요성을 설득력 있게 주장하였다.[39]

왈츠에 의하면, 개인 수준의 분석에서는 외교정책 결정과정에서 개인의 생물학적 요인과 심리적 요인이 중요한 요소로 작용한다. 정책결정자의 성격, 신념, 가치관은 성장 배경과 교육을 통해 형성되며, 이는 외교정책에 대한 그의 인지 과정에 직접적인 영향을 미친다. 지도자가 전쟁을 선호하는지, 외교적 해결을 중시하는지, 권위적인 리더십을 갖고 있는지, 민주적 성향을 띠고 있는지에 따라 외교정책의 방향은 달라질 수 있다. 예를 들어, 냉전 시기 미국의 리더였던 레이건(Ronald Reagan)과 소련의 고르바초프(Mikhail Gorbachev)는 각자의 신념과 성격에 따라 서로 다른 방식으로 외교정책을 수행했다. 레이건은 강경한 반공 노선을 고수하며 소련을 '악의 제국'으로 규정했지만, 고르바초프는 보다 유연한 태도를 보이며 개혁과 개방정책을 추진했다. 두 지도자의 개인적 특성이 냉전 종식과정에서 결정적인 역할을 했다는 점에서, 개인 수준의 분석은 외교정책 연구에서 중요한 접근 방식이 된다.

정책결정자의 인식과 오인은 외교정책 결정과정에서 중요한 변수로 작용한다. 지도자들은 상대국의 의도와 동기를 정확히 이해하지 못하고, 오히려 과대평가하거나 과소평가하는 경향을 보인다. 이러한 오인은 국제적 갈등을 유발하는 원인이 될 수 있다. 1962년 쿠바 미사일 위기 당시, 미국과 소련 간의 극단적인 대치상황은 정책결정자들의 상호 오인에서 비롯된 측면이 크다. 케네디 행정부는 소련이 공격을 준비하고 있다고 판단했지만, 실제로 소련의 미사일 배치는 방어적 목적이 강했다. 반대로, 소련의 후르시초프(Nikita Khrushchev) 역시 미국이 전면적인 군사 공격을 계획하고 있다고 오판하면서 긴장이 더욱 고조되었다. 이처럼 외교정책결정자들이 상대국의 동기와 상황을 정확히 평가하지 못하면 국제적 위기가 발생할 가능성이 높아진다.

외교정책을 이해하기 위해서는 단일한 분석 수준이 아니라 여러 변수들이 서로 상호작용하면서 정책결정에 영향을 미친다는 점을 고려해야 한다. 국제관계에서 개인적 요인이 중요한 역할을 하기도 하지만, 정책결정자는 특정한 역할을 수행하는 과정에서 제약을 받으며, 정부의 구조와 사회적 요인, 국제체제 등 다양한 요소가 정책결정과정에 영향을 미친다. 로제나우는 외교정책 분석을 위해 개인, 역할, 정부, 사회, 시스템 변수로 구분하였으며, 앨리슨(Graham Allison)은 이에 더해 조직적 관료제 모델을 도입하였다. 각각의 분석 수준은 연구자의 연구 주제에 따라 적절하게 적용될 필요가 있다.

로제나우가 언급한 5가지 요인을 살펴보면 다음과 같다. 우선, 개인 요인은 외교정책 결정과정에서 지도자의 성격과 가치관, 신념이 중요한 영향을 미친다고 본다. 예를 들어, 부시(George W. Bush)와 오바마(Barack Obama)의 대외정책 차이를 보면, 두 지도자의 개인적 성향이 정책 방향을 결정하는 데 상당한 영향을 주었음을 알 수 있다. 부시는 강경한 대테러 전략을 추진하며 이라크 전쟁을 감행했지만, 오바마는 다자주의와 외교적 해결을 강조하는 접근을 취했다. 같은 미국의 대통령이라 할지라도 개인의 성향과 경험에 따라 정책이 크게 달라질 수 있음을 보여주는 사례이다.

역할 요인은 정책결정자가 수행하는 직책이 그들의 행동을 규정하는 요소가 된다는 점을 강조한다. 예를 들어, 미국 대통령과 유엔 주재 미국 대사는 외교정책에서 각기 다른 역할을 수행한다. 대통령은 국가안보와 국익을 최우선으로 고려하는 반면, 유엔 대사는 다자외교를 중시하며 국제기구 내에서 미국의 입장을 조율해야 한다. 같은 행정부 내에서도 역할이 다르면 외교정책을 바라보는 시각과 선택하는 전략이 달라질 수 있다.

정부 형태는 정책결정과정에 구조적인 영향을 미친다. 민주주의 국가에서는 의회와 여론의 견제를 받아 외교정책이 보다 투명하게 운영되는 반면, 권위주의 국가에서는 지도자의 재량이 크고 외부 견제가 약하기 때문에 보다 급진적인 외교정책이 추진될 가능성이 높다. 예를 들어, 미국과 중국의 외교정책 결정과정을 비교하면, 미국에서는 의회의 승인이 필요한 조약 체결과 군사 개입이 중국에서는 당 중앙과 최고 지도자의 결정에 의해 신속하게 이루어진다는 점에서 차이를 보인다.

사회적 요인은 외교정책결정에 영향을 미치는 사회적 환경과 가치 체계를 포함한다. 한 국가의 외교정책은 국민들의 인식과 역사적 경험, 문화적 요소에 의해 형성되기도 한다. 19세기 미국의 영토확장정책을 정당화했던 '명백한 운명(Manifest Destiny)' 개념은 당시 미국 사회에서 공유되던 가치와 이념에 기반한 것이었다. 오늘날에도 미국의 외교정책이 자유민주주의 확산과 인권 보호를 주요 목표로 삼는 것은 사회적 가치와 밀접하게 연결되어 있다.

시스템 요인은 국제체제의 구조와 국제사회에서 형성된 규범, 타국의 외교정책 방향 등이 포함된다. 냉전 시대에는 미국과 소련이라는 두 초강대국의 대립이 각국의 외교정책에 지대한 영향을 미쳤으며, 탈냉전 이후에는 글로벌화와 국제기구의 역할이 증대하면서 개별 국가의 외교정책도 이에 영향을 받는 형태로 변화해 왔다. 한 국가의 외교정책이 단순히 국내적인 요인만이 아니라 국제적 요인에 의해 결정된다는 점에서 외부 요인은 중요한 분석 수준으로 간주된다.

외교정책 연구에서 로제나우는 자연과학과는 달리 사회과학이 다루는 변수의 복잡성을 강조하며, 실증적인 연구 방법론을 적용해야 한다고 주장했다. 그는 전통적인 연구 방법을 강조한 불(Hedley Bull)과 대립하면서도, 이론이 없는 것보다는 불완전한 이론이라도 있는 것이 더 낫다고 반박했다. 로제나우는 자신의 연구가 엄격한 실증주의와는 차이가 있다고 보았으며, 연구자의 가치 판단이 데이터의 해석에 개입될 수밖에 없다고 인식했다. 이러한 입장은 많은 행태주의자들의 반발을 불러일으켰지만, 동시에 외교정책 연구에서 보다 유연한 접근 방식을 제시하는 계기가 되었다.

국제정치 현상을 분석하기 위해서는 단일한 분석 수준에 의존하기보다, 다양한 요인을 종합적으로 고려하는 것이 필요하다. 외교정책 연구에서 개인 수준의 분석이 중요하긴 하지만, 이는 정부 형태, 사회적 요인, 국제체제 등과 상호작용하면서 정책결정에 영향을 미친다. 특정한 분석 수준만을 강조하면 다른 중요한 요소들이 간과될 가능성이 있기 때문에, 연구자는 연구 주제에 적합한 분석 수준을 선택하고, 복합적인 시각을 통해 외교정책을 평가해야 한다. 이러한 통합적 접근은 외교정책 연구의 깊이를 더하고 국제정치 현상을 보다 정교하게 설명하는 데 기여할 수 있다.

5. 이벤트 데이터와 외교정책 연구

로제나우의 예비이론 연구는 이후 1960년대와 1970년대의 중요한 비교외교정책에 영향을 주었다. 비교외교정책은 외교정책을 과학적이고 비교적으로 분석하기 위해서는 현상을 체제적으로 관찰하고, 다양한 외교정책 행위 패턴을 분류할 필요가 있다고 보았다. 비교외교정책은 실증적 연구를 기반으로 하는 과학적 방법을 중시하므로 국가 행위를 설명할 때 수집된 데이터가 학자들의 주요 관심사가 된다. 경험적 현상은 설명하고, 일반화하기 위한 것이며, 따라서 증거가 필요하다. 이러한 접근법은 관찰과 직관을 기반으로 하는 전통적인 학파의 검증되지 않은 가설에 대한 '비교외교정책'의 대응이라고 할 수 있다.

즉 비교외교정책론자들은 체계화된 데이터를 통해 국가 외교정책 행위에 대한 일반화된 해석이나 결론을 도출할 수 있다고 생각한 것이다. 이 시기 비교외교정책은 미국 정부에 의해 '이벤트 데이터' 수집에 대한 지원을 받으며 이루어졌는데 여기서 '이벤트'란 국가의 외교정책행위를 뜻한다. 즉 국가가 국제체제에서의 다른 행위자들에게 취하는 행위를 말하는 것이다. 대표적인 이벤트 데이터로는 COPDAB(Conflict and Peace Data Bank), WEIS(World Events Interaction Survey), IDEA(Integrated Data for Events Analysis), MAR(Minorities at Risk), CREON(Comparative Research on the Events of Nations), KEDS(Kensas Events Data System) 등이 있다.[40)]

6. 1980년대 이후 외교정책 분야 연구 동향

1970년대 중반에 이르러 비교외교정책 학파는 그 생명력을 잃게 되었다. 따라서 비교외교정책 연구가 외교정책 분석의 1세대였다면 1980년대 이후를 외교정책 분석의 2세대 연구로 표현하기도 한다. 1987년 비교외교정책 학파의 상대적인 쇠퇴를 만회하기 위해 『외교정책 연구의 새로운 방향(*New Directions in the Study of Foreign Policy*)』이라는 책을 출간하기도 하였다.[41)] 로제나우가 집필한 이 저술의 첫 장에서 로제나우는 외교정책에 대한 일반화된 이론을 구축하기 위해 데이터를 축적하는 초기 '비교외교정책'의 연구 방식을 버리고 이론을 먼저 구축한 다음 경험적 사실을 통해 이론을 검증하는 연구 방식을 채택하였다.

이와 같은 '비교외교정책'에 대한 비판들은 외교정책 분석에 많은 영향을 미쳤다. 결국 1970년대 후반부터 실증주의 연구는 약화되기 시작했으며, 1980년대 들어 새로운 세대의 연구로 이어지게 되었다. 이후의 외교정책 연구는 전통적인 외교정책 연구, 비교외교정책, 외교정책 분석 등의 다양한 연구가 혼재되는 양상을 보였다. 국제관계와 비교외교정책을 넘나들며 연구하던 학자들은 1980년대 이후 많은 보상과 기회를 제공하는 국제관계 연구에 집중하게 되었다. 이때 외교정책 연구는 국제관계학보다는 심리학과 더 많이 연결되어 있었고, 학문의 내향적인 성

향으로 인해 외교정책 연구 분야는 국제관계이론의 발전과 연결될 기회를 놓쳤다.[42)]

1980년대 이후 1990년대를 거쳐 현재에 이르는 외교정책 연구는 이전 세대가 다루지 못한 영역에 대해 관심을 가지며, 양적 연구뿐만 아니라 질적 연구까지 포함한 다양한 방법론을 사용한다는 특징을 보인다. 미국의 외교정책분석 2세대 학자들은 점점 더 '맥락(context)'에 초점을 맞추기 시작하였고 외교정책 요인 간의 복잡한 상호작용을 고려하며, 외교정책 결정과정의 국내적 요소에 관심을 갖게 되었다.

앞으로의 외교정책 연구 방향과 관련해서 허드슨(Valerie Hudson)은 네 가지의 제언을 하였다.

첫째, 외교정책결정에 영향을 미치는 요인은 국내 요인과 국제적 요인 등 다양한 요인을 고려할 필요가 있다. 이미 로제나우는 외교정책을 국내 정치와 국제정치 간의 가교로 생각하는 '연계 정치'가 바람직하다고 강조해 왔다.[43)] 새로운 개념의 토대를 깨는 데 노력을 기울였던 밍스트(Karen Mingst)가 국내와 국제 요인 간에 연결고리를 만드는 행위자의 유형을 제시한 것도 같은 맥락이다.

둘째, 외교정책 연구는 외교정책 수립에 참여하는 주체의 중요성을 중요시하기 때문에 행위자 중심(actor-specific)이 되어야 한다고 본다. 허드슨은 모든 국제관계는 근본적으로 개별적 또는 집단적으로 행동하는 인간 정책결정자에 기반을 두고 있으며, 행위자는 모두 합리적으로 행동하지 않을 가능성이 있는 특정 개인 또는 그룹이기 때문에 개인이나 그룹에 대한 구체적인 검토가 필요하다고 주장한다.[44)]

셋째, 다수준(multilevel)의 연구가 필요하다. 개인 수준, 그룹 수준, 국가 수준 등 다양한 수준에서의 요인들이 외교정책결정에 영향을 미친다. 국제 현상을 분석할 때 한 가지 수준에서 분석하기보다는 여러 가지 수준에서의 요소를 종합한 형태로 분석하는 경우가 많은데, 이는 한 가지 수준에서의 요인만을 강조하는 것이 다른 수준에서의 요소의 중요성을 감소시킬 가능성이 있기 때문이다. 따라서 어떤 수준의 분석이 가장 성과가 있고, 외교정책에 대한 이해를 높이는 데 기여할 수 있을지에 대한 충분한 고려가 이루어져야 한다.[45]

넷째, 외교정책 연구의 이론과 방법론에 있어서 다양한 학문으로부터의 영향을 긍정적으로 받아들일 필요가 있다. 다른 분야의 연구성과를 벤치마킹하는 것은 정치학 내부에만 국한되지는 않는다. 문(Bruce Moon)과 헤이(Jeanne Hey)는 정치경제학 분야의 지식을 빌려서 외교정책을 분석하고, 리플리(Brian Ripley)와 해이니(Patrick Haney)는 조직 및 제도적 개념, 거너(Deborah J. Gerner)와 슈로트(Philip A. Schrodt)는 인공지능과 정보이론, 로사티(Jerold Rosati)와 심코(Keith L. Shimko)는 인지 심리학 분야의 연구 성과를 참고하고 외교정책 연구에 적용했다. 오늘날의 외교정책 연구는 점점 다분야로 연결되고 여러 학문 분과와 융합되고 있다고 할 수 있다.

현재의 외교정책 연구와 관련하여 두 개의 경향이 있다. 하나는 학자들이 개별 정책결정자의 특성을 강조하는 인지적, 심리적 접근, 관료정치 모델 등을 활용해 외교정책을 연구하는 경향이며, 다른 하나는 현실주의, 자유주의, 제도주의, 구성주의 등을 통해 외교정책을 분석하는 경향인데, 이는 국제체제를 이루는 요소들의 상호작용과 그 결과로 형성되는 구조를 중심으로 외교관계를 분석하는 것이다. 어떤 방법이든 연구자의 연구목적이 분명하고 이에 맞는 이론과 연구 방법을 사용하는 것이 중요하다.

V 요약

- 외교의 정의는 국가 간 협력과 갈등 해결을 위한 평화적 수단으로, 대화, 협상, 설득을 활용하는 국제관계활동이다. 외교는 고대 문명에서 시작되어 초기에는 정치, 경제, 군사 중심으로 발전했으며, 현대에는 문화와 예술, 공공외교까지 국민 생활 전반으로 확대되었다.
- 현대 외교는 전통적인 양자 외교와 전문가 중심 외교에서 다자외교와 공공외교로 발전하며, 소프트파워(문화, 예술, 미디어 등)를 활용하는 외교가 중요해지고 있다. 국가 외 비국가 행위자(유엔, 국제 NGO 등)의 참여가 증가하며 국제관계의 복잡성이 높아졌다.
- 외교는 설득, 협상, 강압을 통해 국가 이익을 달성하는 평화적 방법을 선호하며, 전쟁보다는 평화적 수단이 우선시된다. 경제적 수단으로는 제재, 원조, 무역 제한 등이 있으며, 경제적 상호 의존성이 심화됨에 따라 다자적 경제외교로 발전하고 있다. 군사적 수단은 안보와 이익 보호를 위해 여전히 중요한 역할을 하지만, 현대에는 그 유용성이 제한적이라는 평가를 받는다. 문화적 수단은 국가 이미지를 제고하고 외교 관계를 증진하며, 공공외교와 연계해 국가 간 이해와 협력을 촉진한다. 그러나 과도한 문화 강요는 역효과를 초래할 위험이 있다. 디지털 외교는 소셜 미디어를 활용한 쌍방향 소통과 국제여론형성, 국가 이미지 홍보에서 효과적이지만 부정적 활용 가능성도 존재한다.
- 외교정책의 학문적 계보는 국제관계학의 하위 분야로 국제정치학, 외교정책학, 국제정치경제학 등으로 세분화된다. 외교정책은 국가가 국제환경에서 독립적 권위를 행사하기 위해 채택한 행동이나 규칙으로 정의되며, 국가 목표를 달성하기 위한 합리적이고 체계적인 계획 및 실행과정을 포함한다. 국제적 요인과 국내적 요인을 포함한 다양한 상호작용을 분석하며, 개인, 조직, 국가, 국제체제 수준에서 요인들을 종합적으로 고려한다.

- 외교정책과 국내정책은 외부환경을 목표로 하는 점에서 차이를 보이지만, 현대에는 경계가 모호해지며 상호작용이 증가하고 있다. 외교의 행위자로는 주권국과 같은 국가 행위자가 있으며, 국제 NGO와 시민사회와 같은 비국가 행위자도 외교정책의 의제설정과 실행에서 중요한 역할을 한다.
- 외교정책 연구는 초기 역사적 사례 중심의 연구에서 실증적 접근과 비교 연구로 발전했으며, 다학문적 융합이 강조된다. 주요 학자로는 스나이더와 로제나우가 정책결정과정과 개인적 요인의 중요성을 강조했으며, 브레처는 심리적 환경과 엘리트 이미지를 분석했다. 로제나우는 개인, 조직, 국가, 체제의 다수준 분석을 제안했다. 최근 연구 동향은 양적, 질적 방법론을 혼합하고 맥락과 행위자 중심 분석을 강화하는 방향으로 나아가고 있다.

2장

합리성과 외교정책 연구

Ⅰ. 개요

Ⅱ. 외교정책 연구와 합리성

Ⅲ. 요약

2 장

합리성과 외교정책 연구

I 개요

- 합리적 행위자 모델과 기대효용 이론을 통해 국가를 단일 행위자로 간주하며, 효용 극대화와 기회비용 개념을 기반으로 외교정책 결정과정을 분석.
- 주요 정책결정 모델로는 제한된 합리성, 사이버네틱 모델, 전망 이론, 폴리휴리스틱 모델이 있으며, 각각 고유한 접근법과 사례를 통해 이해를 심화. 제한된 합리성은 정보와 시간의 제약 속에서 현실적인 선택을 강조하며 위기 상황에서 적정화(satisficing) 사례를 다룸. 사이버네틱 모델은 피드백을 기반으로 한 정책조정과정을 설명하며, 쿠바 미사일 위기 사례가 대표적임. 전망 이론은 손실회피와 이익추구 심리가 외교정책결정에 반영되는 방식을 분석하며, 걸프전 사례를 통해 학습. 폴리휴리스틱 모델은 비합리적 요인을 배제한 후 합리적 대안을 선택하는 과정을 중시하며, 정치적 생존과 국가 이익 간의 균형을 추구하는 사례에서 나타남.
- 기대효용 이론은 국가 간 전쟁과 평화 결정에서 기회비용의 역할을 설명하며, 제한된 합리성 모델은 단기적 위기상황에서의 정책결정을 탐구. 전망 이론은 국가 이익과 손실에 따른 외교정책선택을 분석하는 데 활용.

- 합리적 행위자 모델의 한계는 정보의 왜곡과 불완전성, 인간의 인지적 한계에서 드러나며, 각 모델이 제공하는 통찰력을 비교 분석. 현대 외교정책 사례를 통해 모델의 현실 적용 가능성을 검증하고 이론적 유용성을 평가.
- 게임 이론을 적용하여 죄수의 딜레마와 치킨 게임 사례에서 협력과 갈등을 분석하고, 매몰비용과 몰입상승 효과를 통해 실패한 정책이 지속되는 이유를 탐구. 다양한 모델을 통합적으로 활용해 복잡한 국제정치상황을 설명하는 방법 연구.

II 외교정책 연구와 합리성

이 장에서는 외교정책 연구에서 합리성 가정이 어떻게 적용되는지, 합리성의 대안 이론에는 어떤 것들이 있는지를 살펴보고자 한다. 이를 위해 우선 외교정책 연구에서 합리성에 대한 개념을 정리하고, 합리적 행위자 모델(Rational Actor Model)의 이론적 근거를 제공한 기대효용 이론(Expected Utility Theory)을 설명한다. 이어서 시몬(Herbert Simon)의 제한된 합리성(Bounded Rationality) 모델, 스타인브루너(John Steinbruner)의 사이버네틱(Cybernetics) 모델, 민츠(Alex Minz)의 폴리휴리스틱(Poliheuristic) 모델, 그리고 전망 이론(Prospects Theory) 등을 자세히 다룬다.

1. 캐시맨(Greg Cashman)의 합리적 모델

캐시맨은 합리적 행위자 모델을 통해 외교정책 결정과정을 이해하는데 유용한 일련의 단계를 제공하였다. 그는 국제 분쟁과 전쟁의 원인에 관한 연구로 잘 알려져 있으며, 국가 지도자는 합리적 계산을 통해 국가의 이익을 극대화하고 비용을 최소화하는 결정을 내린다고 주장했다. 캐시맨은 합리적 행위자 모델에서 정책결정단계를 다음과 같이 제시하고 있다.[1)]

문제 파악 → 목표 식별 및 순위결정 → 정보수집(이 작업은 계속 진행 가능) → 목표달성을 위한 대안 식별 → 각 대안의 결과와 효과(비용과 편익), 성공확률 등을 고려하여 대안 분석 → 각 단계에서 결정된 최적의 대안을 선택 → 결정 실행 → 모니터링 및 평가의 단계

캐시맨에 따르면 합리적 행위자 모델의 분석과정은 항상 더 나은 결과를 보장하지는 않지만 더 나은 정책결정으로 이어진다고 하였다. 인간 행동이 합리적이라는 사고의 틀은 사회과학 전반에 걸쳐 매우 광범위하게 활용되며 외교정책 연구에서도 주요한 분석 틀로 사용된다. 합리적 접근법은 모든 인간 행위자가 합리적인 과정을 거쳐 최상의 선택을 한다는 명제로부터 출발한다. 합리적 선택 이론은 다른 선택과 관련된 비용과 편익을 결정하기 위한 그들 자신의 기준을 통합하는 비교 분석에 기초한다.

합리적 선택 이론에 따르면 외교정책결정은 개인의 리더십 차이나 국내 정치적 계산과 상관없이 이성적 정책결정과 국익에 기반해 만들어지며, '합리성'에 대한 일반적인 묘사는 외교정책결정에 게임 이론을 적용함으로써 가장 잘 표현된다. 합리적 선택 이론에 의하면 행위자는 정책결정과정에서 가능한 모든 정보를 취합해 최적의 효용성을 생각하며 합리적으로 결정한다는 의미이다.

합리적 행위자 모델의 중심이 되는 개념 중 하나는 기대효용 이론으로,

메스키타(Bruce Bueno de Mesquita)의 연구에 의해 체계화되었다. 기대효용 이론은 본래 미시경제학에 그 뿌리를 두고 있으며, 불확실한 상황에서 기대효용을 극대화하는 것이다. 이 이론은 위험한 옵션들 사이에서 기대효용을 높이려고 시도하며, 각 결과의 효용을 확률에 따라 가중치를 부여한 뒤, 가장 높은 이익을 제공하는 옵션을 선택한다고 본다.[2)]

예를 들어, 국가는 전쟁을 일으킬지 여부를 결정하는 과정에서 예상효용과 예상 손실을 비교한다. 이때 전쟁을 통해 얻을 수 있는 이득이 예상 손실보다 크다고 판단되면 전쟁을 선택하지만, 반대로 예상 손실이 더 크다고 판단될 경우 전쟁을 회피하게 된다. 이러한 정책결정의 과정에서 중요한 요소로 작용하는 것이 바로 기회비용이다. 기회비용은 특정 선택을 함으로써 포기해야 하는 다른 선택의 가치를 의미하며, 이는 국가 간 전쟁 가능성에도 큰 영향을 미친다. 즉, 전쟁을 선택함으로써 포기해야 하는 경제적 이득, 외교적 신뢰, 사회적 안정과 같은 요소들이 전쟁 선택을 위한 판단에 깊이 작용한다.

기회비용은 국가 간 전쟁 가능성을 줄이는 요인으로 작용할 수 있다. 특히 무역과 경제적 상호 의존성이 높은 국가들 사이에서는 전쟁의 기회비용이 높아지기 때문에 갈등을 외교적으로 해결하려는 유인이 증가한다. 전쟁은 단순히 군사적 충돌로 끝나지 않고 무역 중단, 경제적 손실, 국제적 고립 등으로 이어질 수 있기 때문에 기회비용이 높은 국가일수록 전쟁 대신 대화와 협상을 통한 문제해결을 선호하는 경향이 있다. 예를 들어, 현대의 글로벌화된 경제체제에서는 전쟁으로 인해 단순히 자국의 경제적 손실뿐만 아니라 글로벌 경제의 불안정을 초래할 수 있다는 점에서 국가 지도자들이 전쟁을 선택할 때 이러한 기회비용을 면밀히 검토하게 된다.

그러나 기회비용은 전쟁을 억제하는 요인일 뿐만 아니라, 때로는 전쟁을 촉진하는 요소로 작용하기도 한다. 전쟁을 통해 확보할 수 있는 자원, 영토, 전략적 이익이 평화를 유지함으로써 얻을 수 있는 이득보다 훨씬 크다고 판단되면, 전쟁은 더 매력적인 선택이 될 수 있다. 예를 들어, 강대국들이 자원 확보나 지정학적 우위를 차지하기 위해 전쟁을 선택한 역사적 사례가 많다. 하지만 이러한 선택이 정당화되기 위해서는 예상 손실이 예상 이득보다 적을 것이라는 확신이 뒷받침되어야 하며, 이는 철저한 분석과 정보수집을 통해 가능하다. 이 과정에서 국가 간 정보의 비대칭성이 기회비용 평가에 영향을 미칠 수 있다. 상대방의 군사력이나 의도를 잘못 평가하면 전쟁의 이득과 손실에 대한 계산이 틀려져 불필요한 충돌이 발생할 가능성도 존재한다.

예를 들어 예상 효용이 예상 손실보다 작을 때 국가는 전쟁을 일으키지 않을 것이라고 가정하고, 반대로 전쟁의 이득이 예상 손실보다 클 때 국가는 전쟁을 일으킬 것이라고 가정한다. 어떤 기회를 선택하는 것은 곧 다른 기회들을 포기하는 것과 직결되며 이는 하나를 얻으면 하나를 잃는다는 뜻을 내포한다. 이러한 기회비용은 국가 간의 전쟁 가능성에도 영향을 미친다.

2. 합리적 행위자 모델(Rational Actor Model)

합리적 행위자 모델은 전통적인 현실주의 시각에서 외교정책을 분석하는 접근방식으로, 국가를 단일하고 일관된 행위자로 간주하며 외교정책이 합리적인 계산과 전략적 선택의 결과물이라고 본다. 이 모델에서는 외교정책결정이 '작용–반작용 모델(action–reaction model)'에 따라 이루어진다고 가정한다. 즉, 국가의 행동은 외부 환경에서 주어진 자극에 대한 반작용이며, 이는 철저한 비용–편익 분석을 거쳐 이루어진다고 본다. 이러한 전제에 따라 정책결정자는 주어진 상황에서 가장 최적의 선택을 하기 위해 정보를 수집하고, 다양한 대안을 평가하며, 목표를 달성할 수 있는 가장 효과적인 정책을 선택한다.

합리적 행위자 모델은 정책결정과정을 블랙박스로 취급하는 특징을 가진다. 이 모델에 따르면, 국가의 정책결정과정은 내부적으로 어떤 정책결정이 이루어졌는지에 관계없이 결과만을 중심으로 평가된다. 예를 들어, 2003년 미국의 이라크 침공은 합리적 행위자 모델에 따르면 미국의 국가안보와 중동 지역에서의 전략적 이익을 극대화하기 위한 합리적인 결정으로 해석될 수 있다. 이 모델에서 중요한 것은 미국의 정책결정과정에서 어떤 내부 논의가 있었는지보다는, 미국이 이라크를 침공하기로 한 결정이 전략적으로 타당한 것이었는지를 분석하는 것이다.

이처럼 합리적 행위자 모델은 외교정책을 단일한 행위자의 전략적 선택으로 설명하는 데 유용하지만, 현실에서 정책결정과정이 항상 이성적인 계산을 통해 이루어지는 것은 아니라는 점에서 비판을 받는다. 실제로 많은 정책결정이 제한된 정보, 시간적 압박, 그리고 정책결정자의 심리적 요인에 의해 영향을 받으며, 반드시 최적의 선택이 이루어진다고 보기는 어렵다. 예를 들어, 1964년 미국의 통킹만 사건(Gulf of Tonkin Incident) 이후 존슨(Lyndon Johnson) 행정부가 베트남 전쟁에 본격적으로 개입한 결정은 합리적 행위자 모델에 따르면 공산주의 확산을 막기 위한 전략적 대응으로 해석될 수 있다. 하지만 후일 밝혀진 바에 따르면, 당시 미국 정부는 통킹만에서의 실제 교전상황을 과장하고 오판했으며, 이는 정책결정자들이 불완전한 정보를 바탕으로 결정을 내렸음을 보여 준다. 따라서 합리적 행위자 모델이 전제하는 완전한 정보와 최적의 선택이라는 개념은 현실에서 적용하기 어려운 측면이 있다.

또한 합리적 행위자 모델은 정책결정자의 심리적 요소나 국내 정치적 요인과 같은 내부 변수를 배제한다는 점에서 한계를 가진다. 모든 국가가 동일한 환경에서 동일한 결정을 내리는 것이 아니라, 지도자의 성향과 정치적 맥락에 따라 외교정책이 달라질 수 있기 때문이다. 예를 들어, 2015년 이란 핵협정(JCPOA)에 대한 오바마 행정부와 트럼프 행정부의 대응 차이를 보면, 오바마 행정부는 외교적 협상을 통해 이란의 핵 개발을 제한하는 방향으로 정책을 추진했지만, 트럼프 행정부는 협정을 파기하고 대이란 제재를 강화하는 쪽으로 정책을 변경했다. 동일한 국가이지만 정책결정자의 성향과 정치적 이념에 따라 외교정책이 크게 달라질 수 있다는 점에서 합리적 행위자 모델의 한계가 드러난다.

이 모델은 외교정책을 분석하는 데 있어 일관된 틀을 제공하고, 국가의 행동을 예측하는 데 유용할 수 있다. 특히 게임 이론과 결합하여 국가 간의 전략적 상호작용을 분석하는 데 널리 활용되었다. 그러나 현실에서는 정책결정이 단순한 비용-편익 분석에 의해 결정되기보다는 복잡한 정치적, 심리적 요인들이 개입되는 경우가 많다. 따라서 합리적 행위자 모델은 외교정책 분석의 출발점이 될 수 있지만, 이를 보완하기 위해 조직 행태 모델이나 정치심리학적 접근과 결합하여 보다 현실적인 정책결정과정을 설명할 필요가 있다.

3. 합리성과 게임 이론

게임 이론은 1940년대 노이만(John Ludwig von Neumann)과 모겐스턴(Oskar Morgenstern)의 연구를 토대로 발전되어, 셸링(Thomas Schelling) 등에 의해 국제정치 연구에 하나의 분석 방법으로 도입되었다. 게임 이론은 주어진 상황에서 행위자가 자신의 이득을 최대화하는 최적의 선택 과정을 수학적 모델을 이용해 게임의 결과를 분석한다. 게임 이론은 행위자의 합리적 의사결정을 전제로 하기 때문에, 선호도에 대한 순위가 존재하며, 자신의 선호도뿐만 아니라 상대방의 전략적 상황이나 의사결정을 고려하는 선택을 한다. 게임 참가자는 상대방의 행위가 야기하는 결과에 영향을 받아 상호작용에 의한 합리적 전략을 선택한다.

게임 이론에서 플레이어의 선호도는 보통 숫자로 표시되며, 플레이어들은 상대적 이득보다는 절대적 이득을 추구한다. 그러나 플레이어들은 상호 의존적이어서, 한 플레이어의 이득은 자신의 행동뿐만 아니라 다른 플레이어의 행동에도 영향을 받는다.

내쉬균형(Nash－Equilibrium)은 두 명 이상의 플레이어가 참여하는 전략게임에서 다른 모든 플레이어의 전략을 고려할 때 각 플레이어의 전략이 최적인 상황을 설명한다. 각 플레이어의 전략은 다른 플레이어의 전략에 가장 잘 대응하는 것이다. 어떤 플레이어도 일방적으로 전략을 변경함으로써 이익을 얻을 수 없다. 균형은 안정적일 수 있는데, 일단 균형에 도달하면 플레이어들이 균형에서 벗어날 동기가 없다는 것을 의미한다. 이와 같이 경쟁적 게임에서는 내쉬균형이 조화보다 더 관련이 있다.

1) 죄수의 딜레마 게임(Prisoner's Dilemma Game)

외교정책 분석에서 국제협상을 분석하는 게임 이론으로 죄수의 딜레마 게임과 치킨 게임이 있다. 죄수의 딜레마 게임은 대표적인 비제로섬 게임(non－zero sum game)이다. 두 명의 용의자가 범죄 혐의로 체포되는 상황을 가정한다. 혐의를 받고 있는 A와 B는 각각 격리된 상태에서 심문을 받아 서로의 상황을 전혀 알지 못한다. 이들은 죄를 자백하거나 묵비권을 행사하는 하나의 전략만을 선택할 수 있으며, 게임은 단 한 번만 행해진다.

• 표 1 • 죄수의 딜레마 게임

행위자(B) \ 행위자(A)	B 묵비권	B 자백
A 묵비권	1, 1 (A, B 둘 다 1년 복역)	0, 10 (A의 10년 복역, B의 석방)
A 자백	10, 0 (A의 석방, B의 10년 복역)	5, 5 (A, B 둘다 5년 복역)

〈표1〉에서 보는 것처럼, A와 B가 모두 자백하면 둘 다 5년 형을, A와 B가 모두 묵비권을 행사하면 각각 1년씩 복역하게 된다. 만약 A는 자백하고 B가 묵비권을 행사하면 A는 무죄로 풀려나고 B는 10년 형을 받게 되며, 반대로 B가 자백하고 A가 묵비권을 행사하면 그 반대의 결과가 발생한다. 결과적으로 A와 B는 각자 자신의 입장에서 자백을 선택하게 되어 둘 다 5년 형을 선고받는 상황이 만들어진다. 이는 상대방의 생각을 알 수 없는 상황에서, 상대방은 자백을 하는데 내가 묵비권을 행사하면 10년 형, 자백하면 5년형을 받게 되므로 자백을 선택하는 것이 유리하다. 반대로 상대방은 묵비권을 행사하는데 내가 자백하면 무죄, 묵비권을 행사하면 1년 형을 받게 되므로 역시 자백이 유리하다. 따라서 상대방의 선택과 관계없이 자백하는 것이 개인에게 가장 유리한 전략이 된다. 죄수의 딜레마 게임은 서로 협력하면 양쪽 모두에게 이익이 될 수 있음에도 불구하고, 개인의 합리적 선택이 전체적으로는 비효율적인 결과를 낳는 상황을 보여 준다. 이 게임에서 자백은 지배적 전략이 되며, 이는 개인의 이익 추구가 반드시 집단의 이익으로 이어지지 않을 수 있음을 시사한다.

서로 의사소통의 채널이 있다면, A와 B는 흥정을 해 둘 다 묵비권을 행사하여 1년 형을 받는 전략을 택할 것이다. 죄수의 딜레마 게임은 어떤 선택을 하는가에 따라 이득이 달라지는 상황에서 결과적으로 A와 B 모두에게 손해가 되는 선택을 하게 될 수도 있음을 보여 준다. 이와 같이 죄수의 딜레마는 개별적인 합리적 행위가 집단적으로는 비합리성을 띨 수 있다는 것을 보여 준다. 모든 국가들이 다 같이 군비 축소를 하면 세계 평화라는 이득을 달성할 수 있지만 각 국가들은 적국이 군비 증강을 하여 자국의 안보에 위협이 될 것을 우려하여 자국의 군비를 증강하는 것이다. 국제정치에서 죄수의 딜레마 게임은 국가 간 군비 경쟁의 지속적인 확장을 보여 주는 예라 할 수 있다.

2) 치킨 게임(Chicken Game)

치킨 게임은 1950년대 미국에서 유행하던 자동차 게임 형태로 일명 겁쟁이 게임이다. 두 대의 자동차 A와 B가 서로를 향해 돌진해 오는 상황을 가정하고 누가 먼저 충돌을 피하는지를 실험해 분석하는 이론이다. 먼저 충돌을 피하는 행위자가 지는 경기이다. 이 게임에서 A와 B가 서로를 향해 계속 달린다면 둘 다 죽게 되는 가장 나쁜 결과를 초래하고, 둘 다 피하게 되면 승리자가 없는 차선의 결과가 된다. 만약 A나 B 둘 중 한 쪽만 피하게 되면 피한 참가자는 겁쟁이로 체면을 잃어 최악 다음으로 나쁜 결과가 되고 피하지 않은 쪽은 최선의 결과를 얻게 된다.

치킨 게임에서 각 플레이어에게 가장 최선의 결과는 자신은 피하지 않고 상대방이 피하는 것이다. 이처럼 자신에게 최선의 결과가 된다고 여기고 직진하는 선택을 '비합리의 합리성'이라고 한다. 이는 개인적으로는 합리적인 선택이 전체적으로는 비합리적인 결과를 낳을 수 있음을 보여 준다.

치킨 게임에서 손해를 최소화하는 전략은 피하는 전략으로 '최소최대

전략(minimax strategy)'이다. 이 전략은 최악의 상황에서 발생할 수 있는 손실을 최소화하는 것을 목표로 한다. 그러나 치킨 게임은 행위자의 합리성을 바탕으로 한 게임이기 때문에 게임이 반복될수록 둘 다 피하지 않는 최악의 결과가 발생할 확률이 점점 높아질 수 있다. 이는 각 플레이어가 상대방의 행동을 예측하고 그에 따라 자신의 전략을 조정하려고 하기 때문이다. 결과적으로 치킨 게임은 협력의 중요성과 함께 개인의 합리적 선택이 집단적으로는 비합리적인 결과를 낳을 수 있다는 점을 보여 주는 모델이다.

국제정치에서 게임 이론은 대표적으로 냉전 기간 동안 미소 양극 체제에서 미소 간의 핵경쟁과 같은 군비 경쟁을 가속화하면서도 핵충돌이 일어나지 않는 핵억지상황 등을 설명해 준다. 즉 상대방이 극단적인 상황으로 갈 것이라고 여기고 자신이 극단적으로 갈 경우 최악의 결과를 초래하기 때문에 자신이 회피하는 전략을 취해 서로 협력하고 억지가 되는 것이다. 탈냉전 시기에서는 국제환경 문제를 게임 이론을 통해 개별국가들의 행동을 살펴볼 수 있다. 공유지의 비극이 의미하는 것처럼 각 국가들은 자국의 이익만을 위해 세계공유자원을 이용하여 환경 파괴라는 인류의 파멸을 예상하지만, 인류의 파멸이라는 최악의 결과를 피하기 위해 무정부적 국제체제에서 각 국가들은 환경 레짐을 통해 서로를 감시하고 규범을 준수하게 된다. 탈냉전 시기의 게임 이론은 양자 간 게임보다는 다자 간 게임으로 외교정책을 이해하는 것이 유용하다. 게임이론은 외교정책을 이론화하는 분석도구로서 핵억지와 같은 전쟁억지전략에서 많이 다루어지고 있다. 그러나 보편적 효용가치를 측정하는 데에 따르는 어려움으로 인해 국제관계현상을 수학적 모델로 다루는 데에는 한계가 있다.

4. 시몬(Herbert Simon)의 제한된 합리성(Bounded Rationality)

현실에서의 합리성의 적용은 행위자들의 목적과 상황인식, 그리고 손익과 효용의 계산에서 좀 더 세심한 주의와 구체화한 가정들을 요구한다. 위에서 살펴본 것처럼, 일부 학자들은 전통적인 합리성 개념에 한계를 느끼고 이를 보완하려는 시도를 하였다. 이러한 합리적 행위의 개념적인 확장을 시도한 인물이 시몬이다. 그는 정책결정에서 포괄적 합리성(comprehensive rationality)이라는 전통적인 개념에 도전하면서 인간의 정책결정이 인지 능력과 이용 가능한 정보의 제한을 받기 때문에 '최적의 해결책'보다는 '적정한(satisfying) 해결책'에 만족하게 된다고 주장하였다.

시몬은 인간이 해결해야 할 문제의 크기가 자신의 문제해결능력보다 큰 경우 완벽하게 합리적인 결정을 내릴 수 없다고 주장한다.[3] 제한된 합리성은 정보를 처리하는 능력이 불완전한 인간과 환경의 구조를 분석의 주체로 하며, 환경적 제약이 불가피한 상황에서 정책결정자는 최적의 대안을 찾는 것이 아닌 현실적으로 가장 만족스러운 대안을 찾는다는 전제를 적용한다. 제한된 합리성 정책결정 모델의 핵심은 정책결정자가 경험적 근거와 환경의 피드백을 활용하여 만족스러운 대안을 선택하는 것이다.[4]

시몬은 고전적인 포괄적 합리성이 단지 '행위자들이 단일하게 작동하는 목적을 가진 상황'에서만 실질적으로 적용 가능하다고 보았다. 즉, 현실 세계처럼 실제로 복잡한 상황에서는 포괄적 합리성만으로는 충분한 설명력을 가지기 힘들다는 것이 그의 생각이었다. 그는 정책결정자들이 반드시 정책의 최적화만을 선택하는 것이 아니고, 적정한(satisficing) 행위를 할 개연성이 훨씬 높다고 주장하였다.

시몬의 적정화 모델은 위기상황에 잘 나타난다. 위기가 발생하면 상황의 시급성으로 인해 가설 설정과 대안 작성 시 요구되는 충분한 정보를 확보하기 힘들다. 정보의 접근성 제한은 정책결정자가 포괄적이고 합리적인 접근을 어렵게 만든다. 또한 위기의 급박한 상황으로 인한 시간적 제약과 정보분석의 불확실성을 최소화하기 위해 최적의 절차와 대안들을 계산할 필요성이 감소한다. 위기상황에서 국가의 능력은 제한되기 쉬우며, 이는 정책결정자가 최상의 목표 대신 현실적으로 실현 가능한 정책을 선택하도록 유도된다.

시몬의 제한된 합리성은 합리적 선택 이론의 변형으로 정책결정자는 최적의 대안을 찾기보다는 현실적으로 만족스러운 대안을 선택한다는 주장이다. 결국 정책결정자는 능력 부족이나 시간적 제약 등의 이유로 모든 대안을 검토하지 못하며, 정신적 소모를 줄이기 위해 과거 경험에 기반해 정책결정을 내리는 경우가 많다.

국제관계에서 국가들의 행위를 해석하는 데에 합리적 행위자 모델이 자주 사용되는 것이 사실이지만, 그 합리성 개념의 한계 또한 간과할 수 없다. 미국의 이라크 전쟁 개입과 콩코드 프로젝트 사례, 그리고 미소 냉전 시기에도 시몬의 제한된 합리성과 같은 대안적 개념들이 여러 차례 사용되었다.

5. 스타인브루너(John Steinbruner)의 사이버네틱(Cybernetics) 모델

스타인브루너는 "인간은 제한된 합리성을 갖고 있다"라는 시몬의 주장을 외교정책 연구에 적용했다. 스타인브루너는 정보 이론, 수학적 논리, 행동 심리학과 같은 분야에서 도출된 정부의 정책결정에 대한 새로운 관점을 소개하면서, 정부의 정책결정과정을 분석하는 새로운 시각을 제공하였다. 스타인브루너는 기존의 합리적 모델이 정부의 정책결정과정을 충분히 설명하지 못한다고 말하며, 정책결정자가 불확실성과 상충되는 가치를 어떻게 처리하는지에 초점을 맞춘 사이버네틱 접근법을 제시하였다.

스타인브루너는 사이버네틱 모델을 통해 정책결정자는 최대의 효용을 따르지 않는다는 점을 강조한다. 그의 3가지 가정은 다음과 같다.[5] 첫째, 정책결정자는 자신의 정치적 생존 등과 같은 주된 가치를 만족시키는 정책을 찾는다. 정책결정자들의 선호와 국익이 일치하는 경우가 이상적이지만, 상이한 경우에는 주로 자신의 선호에 따라 결정을 내린다.

둘째, 정책결정자들은 자신의 정책에 긍정적인 반응이 올 경우, 설사 잘못된 선택이라도 지속하려고 한다. 마찬가지로, 만약 부정적인 반응이 오면 정책변화를 추구할 수도 있다. 이는 정책결정자가 자신의 목표에 따라 행동의 방향을 정하고 환경에 효과적으로 적응한다는 점을 보여 준다.

셋째, 부정적 반응이 올 때, 정책결정자는 여러 정책을 비교하기보다는 하나씩 적용해 보는 경향이 있다. 이는 정치적 생존을 위한 일시적인 변화로 볼 수도 있다. 예를 들어, 의회가 국방비 예산을 준비할 때 백지 상태에서 시작하지 않고 전년도에 기반하여 점진적인 방법을 모색하는 경우가 그러하다.

스타인브루너는 정책결정자가 구조적이고 불확실성이 높은 정책 문제를 해결하기 위한 기본적 인지능력이 부족하다고 주장하며, 인공 두뇌학적 접근법의 필요성을 역설한다. 이는 테니스 선수가 공을 칠 때마다 의식적으로 수백 가지의 계산을 하지 않고 공을 치는 것과 관련이 있다.

국가 이익과 가치를 극대화한다는 합리적 행위자 모델과 달리, 사이버네틱 모델은 현실에서의 정책결정과정은 가능한 모든 대안과 이에 따라 발생할 수 있는 기회비용을 하나씩 면밀히 검토하기보다는, 결정자가 갖고 있는 가장 중요한 가치 또는 목표를 극대화하는 방향에서 이루어진다고 주장한다.[6] 인간의 한정된 지적 능력으로는 가능한 모든 대안을 자세히 검토하고 분석하여 상충하는 목표나 가치를 극대화하는 정책을 선택하는 것이 비현실적이라는 것이 사이버네틱 모델의 핵심 주장이다.

사이버네틱 모델은 정책결정자로서의 인간을 정보처리조직으로 이해한다. 정책결정자는 투입된 정보를 처리하여 정책을 만들어 내는 조직체이며 이때 투입된 정보는 정책결정자가 정책을 만들어 내는 과정에서 그 의미가 해석된다. 투입되는 정보가 효과적으로 처리되도록 돕는 것이 바로 '이미지'이며, 이 이미지가 없다면 정책결정자는 다양한 정보 속에서 길을 잃고 비효율적인 정책결정을 내리게 될 가능성이 높아진다.

스타인브루너는 "인간의 마음은 그 모든 경이로움에도 불구하고 제한된 도구"라고 주장한다. 현실 세계의 외교정책결정은 행위자들이 수많은 도전에 직면하는 매우 복잡한 환경에서 그 선택이 이루어지고 있음을 지적한다.[7] 현실의 복잡성으로 인해 목표 자체가 모호할 수 있으며, 성공을 결정할 수 있는 단일 기준을 명확히 정의하기 어려울 수 있다. 또한 어떤 대안행동이 가장 그 기준을 잘 충족할지 예측하기도 쉽지 않다. 이처럼 정책결정과정에는 합리성의 한계가 존재하며, 복잡한 상황 속에서 정책결정권자가 완벽한 판단을 내리기는 어렵다. 따라서 모호한 목표와 불확실한 결과 사이를 오갈 수밖에 없다.[8]

1962년의 쿠바 미사일 위기에서 케네디 대통령의 결정은 이를 잘 보여 주고 있다. 앨리슨은 이 결정이 미국의 외교정책결정 중에서 가장 합리적으로 이루어진 것이라고 주장하고 있지만, 스타인브루너는 그렇지 않다고 주장한다.[9] 소련이 쿠바에 미사일을 설치한 것이 케네디가 생각했던 것처럼 미국의 안보에 결정적 위협이 되는가에 대해서는 다른 견해가 있을 수 있다. 실제로 당시에도 소련이 쿠바에 미사일을 설치하여 실용단계에 돌입했다고 해도 당시의 미소 핵전력에 비추어 그것이 큰 위협이 아니었다는 견해가 있었다. 또한 미사일의 위치가 쿠바이건 모스크바이건 간에 미사일의 위협은 똑같다고 생각한 사람들이 많았으며 이들은 쿠바의 소련 미사일에 대해 가벼운 태도를 취했고, 해안 봉쇄와 같은 조치가 오히려 미·소 간의 핵대결을 유발할지도 모른다고 걱정했다.

그러나 케네디가 가장 중요하게 생각했던 것은 미국의 위신이었다. 케네디는 U−2기 격추 사건과 베를린 장벽의 설치로 미국의 자존심이 크게 손상되었다고 생각했고, 쿠바에 소련 미사일 기지가 건설되는 것도 같은 차원에서 인식했다. 케네디는 후르시초프의 주된 목표가 미국에 대한 핵전쟁 도발이라기보다는 미국의 위신에 대한 타격이라고 생각했다. 따라서 그는 미국의 자존심을 회복하기 위해 강경한 조치를 선택했다. 이는 단순히 효용을 극대화하기보다, 기본적인 목표를 만족시키는 선택을 강조한 사례로 볼 수 있다.

스타인브루너와 같은 인지 이론가들은 인간이 갖고 있는 모호성과 불확실성이 행위자가 대처해야 하는 복잡한 선택적 상황을 정의하는 두 가지 핵심 요소라고 가정한다. 행위자는 모든 가능한 행동 경로와 효용을 완벽히 계산할 수 없다. 행위자는 합리적 행위자 모델처럼 모든 옵션을 철저히 검토하기보다는 가장 유망한 소수의 대안에 대해서만 비용과 편익을 계산한다. 이러한 계산과정 역시 완벽하지 않으며 철저하지 않다. 대신 행위자는 효용을 극대화하기보다는 기본적인 목표를 '만족시키는' 선택을 하려 한다.[10] 따라서 인지 이론가들은 행위자가 완전히 합리적이지 않고 제한적인 이성을 가지고 있다고 본다. 복잡성으로 인해 행위자는 최선의 선택을 내리기보다는 만족할 만한 수준의 선택을 하려 한다는 것이 인지 이론의 핵심 주장이다.

6. 전망 이론(Prospect Theory)

1980년대 국제관계이론에서는 국가 간 국제협력의 가능성에 대하여 신현실주의와 신자유주의 간의 논쟁이 활발히 이루어졌다. 신현실주의자들은 상대적 이익을 강조하면서 국가 간의 불균등한 이익배분이 협력을 어렵게 만든다는 비관적인 이론을 주장하였으며, 신자유주의자들은 절대적 이익을 강조하며 국가 간 협력 가능성을 높이 평가한다. 두 주류 이론 사이의 논쟁은 국가의 '손실' 문제가 국가 간 협력과 갈등에 미치는 영향에 대해서는 상대적으로 소홀했다. 이러한 관점에서 국가가 경험하는 이익과 손실의 차이가 외교정책 결정과정에서의 위험수용 문제와 선택의 과정에 미치는 영향을 설명하고자 한 것이 전망 이론이다.

폴리휴리스틱 모델과 비교하면, 전망 이론은 정책결정이 합리적이지 않다는 점을 더 강조한다. 폴리휴리스틱 모델이 정책결정과정의 두번째 단계에서는 합리적 판단을 예측하지만, 전망 이론은 인간이 이익과 손실을 다르게 평가하는 등 심리적인 요인에 의해 정책결정이 크게 좌우된다고 주장한다. 폴리휴리스틱 이론이 합리적 정책결정 모델과 가까운 편이라면, 전망 이론은 인간의 비합리적인 측면을 더욱 부각시키는 이론이다.[11)]

전망 이론은 개인이 위험 조건에서 이용 가능한 방안들을 평가하고 선택하는 방법을 설명하려는 카네만(Daniel Kahneman)과 트버스키(Amos Tversky)의 심리학 이론이다. 이 이론은 전통적인 기대효용 이론이 현실에서의 인간 행동을 충분히 설명하지 못한다는 점을 강조하며, 사람들이 실제로 어떻게 선택을 하는지를 설명하려는 이론이다.

전망 이론의 주요 가정은 선택의 프레임에 따라 개인마다 다른 위험 선호도를 보이고, 손실과 이익 사이의 선택에 직면했을 때 사람들은 위험을 수용하며, 이익상황에서는 위험을 회피하는 경향을 보인다는 것이다.

전망 이론은 인간의 선택이 왜 어떤 상황에는 위험을 회피하고, 어떤 상황에서는 도박에 가까운 선택을 하는가에 대해 '영역 효과'로 설명한다. 이익 영역(일이 잘 진행될 때)에서 개인들은 모험 회피적인 경향을 보이며, 손실 영역(지도자가 심각한 위기에 처해 있을 때)에는 모험주의적 경향을 보인다. 어떠한 영역과 상황에 위치하는가에 따라 인간의 선호도가 달라진다는 것은 인간 선호의 불변을 전제로 하는 합리적 선택 이론의 기본을 부정하는 것이다.

전망 이론이 강조하는 '손실 회피적'인 경향은 외교정책결정자들에게도 적용될 수 있다. 역사적 경험으로 볼 때 국가들이 영토를 획득하기 위해 전쟁을 일으키고자 하는 경향은 비교적 작지만, 자국 영토에 대한 위협이 가해졌을 때는 방어하기 위해 전쟁을 수행하고자 하는 경향이 매우 강하게 나타남을 알 수 있다. 이는 국가가 자국의 입지를 넓힐 때보다 자국의 현 위치를 방어하고자 할 때 더 큰 위험을 감수하려는 성향을 보이는 것을 의미한다.

특히, 손실을 본 국가와 이익을 본 국가가 서로 충돌할 경우, 전자는 손실을 만회하기 위해서, 후자는 자국의 이익을 방어하기 위해서 각기 위험을 감수하는 모습을 보일 가능성이 높다. 결과적으로 국가 간 충돌 가능성은 더욱 높아질 수 있다. 예를 들어 1990년대 초반의 걸프전 당시 쿠웨이트를 점령한 후 이것을 기정사실화하려던 이라크와 이를 막으려는 국제사회의 충돌은 이런 관점에서 설명될 수 있다.

전망 이론은 현실주의와 유사점과 상이점을 갖는다. 전망 이론이 현상유지를 강조하는 면에서는 방어 현실주의와 비슷하다. 무정부 상태인 국제사회에서 대외적으로 팽창주의적 정책을 펼치는 것이 자국의 안보를 극대화하는 것이라는 공격 현실주의와 달리, 방어 현실주의는 현상

유지를 통해 자국 안보를 최대화할 수 있다는 논리를 제시한다. 이는 상대적인 이익보다 손실의 방지가 우선적인 목표이기 때문이다.

현실주의에서는 국가들이 국제체제에서 살아남기 위해 힘을 추구하고, 상대적인 힘의 변화에 민감하게 반응한다고 본다. 반면, 전망 이론에서는 국가들이 현재의 상태를 기준으로 이익과 손실을 평가하며, 손실을 회피하려는 경향이 강하다는 점을 강조한다. 즉, 국가들은 새로운 정책을 추진할 때, 기존의 상태에서 얼마나 많은 손실을 감수해야 하는지를 우려하고, 변화보다는 현상유지를 선호할 가능성이 높다는 것이 전망 이론의 주요 가정이다.

위험의 숫자와 회피의 차이는 합리적 행위자 모델(RAM)에서 예측되는 것보다 국가가 실패한 정책을 더 오랜 기간 고수하는 이유를 설명해 준다. 미국의 경우, 베트남에서 실패한 정책을 합리적 행위자 모형의 예측보다 훨씬 더 오래 지속하며 해당 지역의 새로운 현상 유지를 수용하지 않고, 오히려 손실을 회피하려는 시도 속에서 점차 더 위험한 전략을 채택하는 모습을 보였다.

전망 이론이 비록 다양한 예측을 가능하게 하지만, 이론의 상당 부분은 실험실의 심리 실험을 통해 발전되었기 때문에 실제 외교정책결정자들이 직면하는 정책결정상황과는 다를 수 있다. 현실 세계에서는 명확하게 정의된 선택지가 없는 경우가 많고, 효용 역시 실험실 상황과 다르게 금전적 기준으로 측정될 수 없으며, 매우 주관적인 성격을 띤다. 따라서 이러한 상황에서는 전망 이론의 예측이 실제로 확인되거나 반증되는지 경험적으로 검증하기 어렵다는 한계를 가진다.

*** 매몰 비용(sunk cost)

전망 이론과 관련된 개념 중 하나는 매몰 비용이다. 매몰 비용이란, 이미 사용하여 되돌릴 수 없는 비용으로 비합리적인 몰입상승효과를 초래할 수 있다. 이때 몰입상승효과란 잘못된 결정임을 인지하거나 실패 가능성을 알고 있음에도 불구하고, 기존의 결정을 고수하는 행동을 의미한다. 개인의 정치적인 비전이나 자존심이 훼손되는 것, 자신의 과오를 인정하는 것에 대해 방어적인 태도를 취하고 있는 정책결정자들을 통해 이러한 매몰 비용과 몰입상승효과가 드러난 사례들을 확인할 수 있다.

미국의 이라크 전쟁 개입에 있어서, "전쟁이 종결되기 전에 철수함으로써 이라크에서 전사한 병사들의 희생이 헛되지 않게 만들 것이다."라고 발표했던 부시 대통령의 발언은 '전사한 병사들'이라는 매몰 비용 때문에 전쟁을 지속하겠다는 의미와 내포하고 있다.

또한 매몰 비용에 있어서 가장 유명한 사례로 알려진 것이 바로 콩코드 프로젝트이다. 영국과 프랑스가 함께 개발한 콩코드 여객기는 투입된 막대한 자금에 비해 수익성이 매우 적었다. 그러나 정책결정자들은 이 프로젝트를 쉽게 중단하지 못했고, 이후 막대한 손실을 경험하자 그제서야 콩코드 프로젝트를 중단시켰다. 이로서 매몰 비용은 상황이 악화되더라도 지도자들이 같은 길을 계속해서 걷도록 유도한다는 것을 알 수 있다. 매몰 비용으로 인해 실패한 움직임은 뒤바뀌기 어렵다. 실패가 확정된 일에 이미 많은 자원을 낭비했음에도 불구하고 더 많은 자원을 더 투자한다는 것은 비효율적이라는 점이 매몰 비용의 핵심적인 의의이다.

7. 민츠(Alex Minz)의 폴리휴리스틱(Poliheuristic) 모델

1990년대 이후 외교정책 연구에 새로운 이론이 등장했는데 바로 민츠의 폴리휴리스틱 모델이다. 폴리휴리스틱 개념의 어원은 '많다'는 의미인 '폴리(poly)'와 '손쉽고 간단하다'는 의미인 '휴리스틱(heuristic)'의 합성어로, 핵심 전제는 정책결정자가 정책결정을 할 때 여러 가지 정책대안을 조합하여 차선책을 포함한 선택지를 탐색한다는 것이다. 이 모델은 정책결정절차는 확정된 것이 아니라, 정책결정자들의 목적, 활동 영역, 그리고 다른 상황적 제약에 의해 유동적으로 다양하게 변화할 수 있음을 강조한다.[12)]

폴리휴리스틱 모델은 복잡한 정책결정과정을 단순화하기 위해서, '인지적 접근법'과 '합리적 접근법'을 통합하여 외교정책 결정과정을 분석한다. 인지적 접근법은 정책결정의 과정을 중시하며, 과정의 타당성을 강조하면서 외교정책이 어떻게 결정되는지를 설명하고자 한다. 반면 합리적 접근법은 정책결정자들이 타국의 정책 선택을 예측하기 위해 가정들을 어떻게 활용하는가에 초점을 맞추고, 결과의 타당성을 중시한다.

민츠는 정책결정과정의 첫 단계에서는 비이성적인 요인들이 작용한다고 본다. 1단계에서의 외교정책 옵션은 국내 정치적 요인, 특히 지도자의 정치적 생존 가능성에 크게 영향을 받는다.[13)] 이 단계는 지도자가 정치적으로 받아들일 수 없는 요인들을 제거하고, 정책결과가 정치적 생존에 미칠 영향을 고려하는 단계이다. 정책결정자들은 국내 정치적 지위와 생존에 중대한 위험을 초래할 수 있는 외교정책 옵션을 배제하며, 때로는 비합리적인 선택을 할 수 있다. 예를 들어 특정 정책이 국민의 지지를 잃고 선거에서 패배하거나 연립 정부가 무너질 가능성이 높다고 판단되면, 아무리 정책적으로 유리하더라도 선택하지 않을 수 있다.[14)]

폴리휴리스틱 모델은 정보를 처리할 때 정보의 속성에 기반한 접근법에 주목한다. 선택된 대안들의 정치적 의미를 내포하는 '정치적 차원'은 정책결정이 정치 지도자의 입지에 어떤 영향을 미치는 지를 고려한다. 즉, 정책이 지지율에 어떤 영향을 주고, 선거 결과에 어떤 영향을 미칠지 등을 분석한다. 군사적 차원은 정책이 군의 전력, 즉 무기체계나 병력의 상태에 어떤 영향을 미칠지, 그리고 이것이 국가안보에 어떤 의미를 갖는지를 고려하는 것이다. 경제적 차원은 정책이 국가 경제에 미치는 영향, 예를 들어 성장률, 고용률, 물가 등에 어떤 영향을 미칠지 분석한다. 마지막으로 외교적 차원은 정책이 다른 국가와의 관계, 국제 사회에서의 국가 이미지에 미칠 영향을 고려한다.[15]

어려운 정치적 옵션들이 첫 단계에서 제거되었기 때문에, 정책결정의 2단계는 '합리적 선택'에 근거해 쉽고 간단하게(heuristic) 결정할 수 있다.[16] 일단 몇 가지 선택지가 좁혀지면, 정책결정자는 정치적, 군사적, 경제적, 외교적 측면에서 각 선택지가 가져올 이익과 위험을 면밀히 비교하여 최적의 합리적 선택을 하려고 한다. 리더는 자신의 목표를 달성하면서 동시에 발생할 수 있는 위험을 최소화하는 방안을 모색한다. 이 과정은 정책결정자 자신의 정치적 생존뿐만 아니라 국가 전체의 이익도 고려하게 된다.[17]

폴리휴리스틱 모델은 무력사용 여부, 전쟁 종식, 분쟁 해결, 협상, 위기 관리 등 다양한 실제 정책결정과정을 분석하는 데 널리 활용되어 왔다. 특히 특정 사례를 집중적으로 분석하는 단일 사례 연구가 주를 이루었으나, 여러 사례를 비교하는 연구도 진행되었다. 폴리휴리스틱 모델을 중국의 외교정책 결정과정에 적용한 결과, 폴리휴리스틱 모델의 첫 번째 단계는 상당한 지지를 얻었지만, 두 번째 단계는 엇갈린 결과를 보였다.

폴리휴리스틱 모델은 현실의 복잡성과 제한된 정보, 시간적 제약이라는 개념 정의를 내포한 위기상황에서의 정책결정을 다루기 위한 유용한 틀로 평가된다. 외교정책 선택을 이해하기 위한 다양한 수준의 분석이 필요하지만, 대부분의 연구는 개인, 집단 역학 등 한 가지 차원에 대한 연구에만 집중하고 있다. 이러한 분석 수준의 선택은 개별 연구자들의 판단을 반영한 것으로, 다른 수준의 분석과 결합하면 외교정책 연구에 대한 보다 일반적인 이해가 가능하다.

III 요약

- 합리성의 개념은 외교정책이 행위자가 최적의 선택을 하기 위해 이성적 계산과 비교 분석을 통해 결정된다고 가정한다. 기대효용 이론은 각 선택지의 이득과 손실을 평가하여 최대 효용을 제공하는 선택을 추구하지만, 정보 부족, 시간 제약, 주관적 판단 등 현실적 제약으로 인해 완전한 합리적 선택이 어렵다는 비판을 받는다. 이러한 한계를 극복하기 위해 대안 모델들이 제시되었다.
- 제한된 합리성은 행위자가 모든 대안을 검토하기보다는 제한된 정보와 자원 내에서 충분히 만족스러운 대안을 선택한다고 본다. 사이버네틱 모델은 정책결정과정이 모든 대안을 분석하기보다는 주요 목표와 가치를 중심으로 이루어진다고 설명한다. 전망 이론은 이익상황에서는 위험을 회피하고, 손실상황에서는 위험을 감수하는 인간의 경향을 설명하며, 영토 방어와 같은 국가 행동에서 이를 확인할 수 있다. 폴리휴리스틱 모델은 정치적 생존에 위협이 되는 옵션을 먼저 제거한 후, 남은 대안에서 합리적 선택을 추구하는 두 단계

접근을 제시한다.

- 게임 이론은 국제정치에서 상호 의존적 선택이 결과에 미치는 영향을 설명하는 데 유용하다. 죄수의 딜레마는 묵비권 행사가 모두에게 유리하지만, 각자가 합리적으로 행동할 경우 결과적으로 손해를 초래할 수 있음을 보여 준다. 치킨 게임은 극단적 대치상황에서 한쪽의 양보가 최악의 결과를 피할 수 있는 전략임을 설명하며, 냉전 시기의 핵억지전략이 대표적 사례다.
- 매몰 비용은 이미 투입된 자원이 비합리적인 정책 결정을 지속시키는 요인으로 작용한다. 콩코드 프로젝트와 이라크 전쟁은 매몰 비용이 비합리적 결정을 어떻게 유지시키는지를 보여 주는 사례다.
- 결론적으로, 합리성 모델은 외교정책 연구의 중요한 분석 틀이지만, 현실의 복잡성과 제약을 충분히 설명하지 못하는 한계를 가진다. 제한된 합리성, 전망 이론, 폴리휴리스틱 모델 등 대안 이론은 이러한 한계를 보완하며 복잡한 국제정치를 이해할 수 있는 다양한 이론과 다차원적 접근을 가능케 한다.

3장

외교정책 연구와 개인 수준 요인

3 장

외교정책 연구와 개인 수준 요인

I 개요

- 외교정책결정의 전통적 접근은 합리적 행위자 모델을 중심으로 국가가 고정된 선호와 이익을 바탕으로 최적의 결정을 추구한다고 설명. 그러나 인간의 인지적 한계와 심리적 편향이 정책결정에 영향을 미친다는 점에서 전통적 모델의 한계를 인식.
- 심리적 요인과 정책결정과정은 지각과 인지를 통해 정보가 수집·처리되는 방식을 탐구하며, 오인과 거울 이미지와 같은 편향이 정책결정의 오류를 유발하는 과정을 분석. 리더의 신념과 스키마는 과거 경험과 신념체계가 현재 정책 판단에 미치는 영향을 강조하며, 운영 코드는 리더의 행동 패턴과 신념이 정책 선택에 미치는 영향을 구체화. 귀인 편향은 상대 행동의 원인을 왜곡되게 해석해 국제적 갈등을 심화시키는 경향을 설명.
- 주요 사례로 냉전 시기 미·소 관계에서의 상호 오인으로 인한 안보 딜레마 심화과정을 분석하며, 이라크 전쟁 중에 잘못된 정보와 귀인 편향으로 인해

초래된 정책오류를 평가. 9·11 테러 이후 미국의 외교정책 변화는 감정과 신념이 어떻게 정책 전환에 영향을 미쳤는지 연구.

- 외교정책결정의 개인적 요인 부분에서는 리더의 리더십 스타일, 감정, 성격이 정책결정의 유연성과 협력 방식에 미치는 영향을 탐구하며, 특정 리더의 개인적 특성이 국가 정책에 미치는 영향을 분석.
- 심리적 모델의 의의와 한계에서는 전통적 합리성 모델이 간과한 요소를 보완하며, 심리적 접근이 외교정책 연구에 제공하는 정교하고 현실적인 통찰력을 평가. 리더의 개인적 특성과 심리적 요인이 정책결정에 미치는 영향을 종합적으로 탐구.

II 외교정책 연구와 개인 수준 분석

1. 심리학적 모델

외교정책 연구의 전통적 이론은 합리적 행위자 모델(Rational Actor Model)을 바탕으로 한다. 현실주의의 입장에서 행위자들의 이해와 선호는 고정적인 것이고, 행위자들은 단일한 독립체로 국가의 이익을 증진하기 위해 최적의 방안을 모색한다고 가정한다. 국가는 이익 극대화를 위해 외교정책 목표를 식별하여 우선순위를 정하고, 최저 비용으로 목표를 달성할 수 있는 도구를 식별하고 선택한다고 강조한다.[1)]

합리적 행위자 모델은 국제정치와 외교정책 전반에 걸쳐 국가행위의 목적, 과정, 결과를 이해하는 데 매우 유용한 접근법이다. 특히 이론의 간결성(parsimony)이라는 측면에서 행위자의 합리성 가정은 분명 도움이 된다. 그러나 정책결정자의 실제 정책결정은 정책결정자 개인이 처한 심리적, 사회적 요인 등으로 인해 합리적이지 않을 수 있다.

이번 장에서 다루는 외교정책 연구에서 외교정책결정이 합리적인지 아닌지에 대한 논쟁을 통해 그 정답이 무엇인지를 알아내기보다는 현실주의 외교정책 연구가 포착하지 못하거나 소홀히 다루어 온 '정책결정과정'의 문제를 다루려고 한다. 합리적 정책결정이 제한되는 데는 인간이 태생적으로 가지고 있는 제한적인 인지 자원의 역할이 가장 클 것이다. 즉, 가용한 인지 자원의 한계로 인해 제시된 정보를 왜곡할 수 있고, 편견에 의해 비합리적인 선택을 할 가능성도 있다. 게다가 문제해결능력, 정보처리능력, 의사소통능력 등에서의 개인차를 가정한다면, 합리적 선택 결정과정은 더 복잡해진다.

행태주의가 만연했던 1960년대 외교정책연구를 개혁하려는 목표에 따라 외교정책 결정과정에서 정책결정자 개인의 인지적, 사회적 편향 및 특성을 고려하는 심리학적 접근에 대한 중요성이 강조되고 있다. 정책결정자의 심리적 측면(신념, 인지적 편향, 성격 및 개인적 관계 등)을 이해하지 않는다면 사건이 발생하는 원인을 분명하게 파악하기 어렵다.

심리학적 접근에 대한 통찰력을 제공하기 위해 스나이더(Richard C. Snyder)와 그의 동료들은 정책결정과정의 '블랙박스'를 열고 정책결정과정의 작동 방식을 분석해야 한다고 말했다.[2] 블랙박스의 작동 방식을 파악하는 것은 정치학 및 국제관계 연구자들이 정책결정자 개인의 편견과 관료적 과정을 포함하여 결정 뒤에 숨겨진 복잡성을 깨닫는 데 도움이 될 뿐만 아니라 더 나은 외교정책 분석방법을 개발하는 데 사용될 수 있다.

정책결정자의 '상황 정의' 개념에 대한 스나이더와 동료들의 주장은 개인적 요소가 국제정치의 핵심이 될 수 있다고 시사한다. 외교정책 결정과정에서 인간의 심리와 관련된 요소를 고려하는 것은 연구의 틀을

형성하는 데 도움이 된다.[3)]

마가렛 스프라우트(Margaret Sprout)와 해롤드 스프라우트(Harold Sprout)는 정책결정자가 사건을 객관적인 사실로 인지하는 '현실적인 환경'과 주관적인 정책결정과정에서 수많은 인지 편향과 환경 자극에 영향을 받는 지각과정이 포함되는 '심리적인 환경'에는 차이가 있다고 강조하였다. 외교정책결정자의 내면에는 신념, 태도, 가치, 경험, 감정, 특성, 스타일, 기억, 국가 및 자아 개념 등 복잡한 정보와 정책결정 패턴을 갖고 있으며, 문화, 역사, 지리, 경제, 정치제도, 이념 등의 요소들이 정책결정권자 내면의 사회적 맥락을 형성한다고 주장하였다.[4)]

최근 개인 수준의 외교정책 연구가 활발해지고 있다. 여기에는 세 가지 요인이 관련되어 있다. 즉 대통령과 같은 개인은 외교정책 분야에 있어 조직적이고 정치적인 영향력을 갖고 있고, 영향력을 발휘하고자 하는 의지도 있으며, 영향력을 발휘할 수 있는 정치적 기회를 가지는 것이다.[5)]

개인 수준의 연구 이론은 외교정책을 실행하는 과정에서 지도자의 행동과 결정을 연구하는 데 중점을 둔다. 개인 수준의 연구는 지도자의 개인 신념체계, 국제 문제에 대한 정보를 인식, 해석 및 처리하는 방법, 개인 특성, 그리고 외교정책 선택을 설명하는 독특한 성격을 이해하는 데 중점을 둔다.

외교정책 연구에서 개인 수준 요인을 분석함으로써 우리는 특정 리더의 인식, 편견, 경험 및 개인적 동기가 그들의 행동, 국제 무대에서의 정책 선택 및 행동에 어떻게 영향을 미치는지 더 깊이 이해할 수 있다. 개인의 인식은 그가 경험한 사건, 교육 배경, 문화적 맥락 등 여러 요소에 의해 형성된다. 이러한 인식은 리더의 결정에 중요한 역할을 한다.

리더의 개인적 동기 또한 중요한 역할을 한다. 이는 권력 유지, 역사적 유산 남기기, 개인적 신념 실현 등 다양한 형태로 나타날 수 있으며, 이러한 동기는 리더의 정책선택에 직접적으로 반영된다. 마찬가지로 개인의 경험 역시 리더의 행동에 큰 영향을 미친다. 예를 들어, 전쟁을 경험한 리더는 평화 유지를 위해 더욱 신중한 접근을 취할 수 있으며, 반대로 전투경험이 없는 리더는 군사 행동을 과감하게 결정할 수도 있다.

이와 같이 외교정책 연구에 있어서 개인 수준의 요인들을 분석하면서 국가 행동에 대한 보다 정교한 예측과 분석이 가능해진다. 이는 단순히 국가의 이익이나 전략적 목표를 넘어, 리더의 개인적 특성과 그들이 처한 상황을 함께 고려함으로써 보다 현실적이고 구체적인 이해를 제공한다. 따라서, 외교정책 연구에서 개인 수준의 요인을 포함하는 것은 필수적이며, 이는 국가 간 외교정책의 다양성과 복잡성을 더 잘 설명할 수 있게 해준다. 외교정책 연구에 사용되는 심리학적 모델을 간단히 소개하면 다음과 같다.

인지(Cognition): 개인이 국제 문제를 어떻게 인식하고 이해하는지, 그리고 정책결정을 내리기 위해 사용한 정보처리과정에 초점을 둔다. 예를 들어, 냉전 시대의 케네디는 소련이 쿠바에 미사일을 배치한 것이 미국에 대한 직접적인 위협으로 인식하고, 이에 대응하여 해상 봉쇄를 결정했다.

오인/오지각(Misperception): 오인은 개인이나 집단이 다른 국가의 정보나 동기를 잘못 이해하거나 왜곡하여 부정확한 정책결정을 내리는 것을 가리킨다. 2003년 이라크 전쟁 이전, 미국 정보기관들은 이라크가 대량살상무기를 보유하고 있다는 잘못된 결론에 도달했다. 이 오인은 후세인의 의도를 과대평가하고, 그 정권을 국제적 위협으로 간주한 결과였다. 결국 이러한 오인은 미국의 이라크 침공으로 이어졌으며, 후에 대량살상무기의 존재가 사실이 아니었음이 밝혀졌다. 이는 잘못된 정보와 오인이 어떻게 중대한 외교 및 군사적 결정에 영향을 미칠 수 있는지를 보여 주는 대표적인 사례로 평가된다.

거울 이미지(Mirror Image): 국가들이 서로를 어떻게 인식하고 평가하는지, 그리고 이러한 평가가 정책결정에 어떻게 영향을 미치는지 연구한다. 미국과 소련은 냉전 기간 동안 서로를 적대적으로 인식했다. 미국은 소련을 팽창주의적 공산주의로 보고, 소련은 미국을 제국주의적 자본주의로 보았다. 이러한 거울 이미지 인식은 상호 불신을 강화하고 군비 경쟁을 촉발시켰다. 결국, 거울 이미지 효과란 적대적 관계에 있는 타인을 인식할 때, 내가 상대방을 인식하는 것과 동일하게 상대방도 나를 인식한다고 간주하는 현상을 말한다. 이는 제한된 인지적 자원을 가지고 손쉽고 빠르게 정책결정을 하려는 편향으로 이로 인해 타인의 동기나 의도를 잘못 판단할 수 있는 것이다.

인지적 제약(Cognitive constraints): 인간의 정보 처리 및 기억, 지각 과정에서의 한계가 어떻게 인간의 행동, 정책결정, 문화적 진보에 영향을 미치는지를 설명하는 데 사용되는 개념이다. 예를 들어, 인간은 한번에 처리할 수 있는 정보의 양이 제한되어 있으므로, 정책결정 시에 모든 조건을 고려하기 힘들고, 그로 인해 사용하기 가장 편하고 쉬운 정보에 과잉의존하고, 미래를 예측하는 자신의 지식이나 능력을 과신하기도 한다.[6] 1979년 이란 혁명 당시, 미국의 지도자들은 이란 내 복잡한 정치적 상황을 충분히 이해하지 못했다. 그 결과, 미국은 호메이니(Ayatollah Khomeini)가 이끄는 이슬람 혁명 정부를 과소평가하고 기존의 팔레비 왕조를 지지하는 잘못된 결정을 내렸다.

신념(Belief): 외교정책결정에 영향을 미치는 지도자의 개인적인 신념과 가치체계에 중점을 둔다. 미국 대통령 레이건의 반공주의 신념은 그의 외교정책에 큰 영향을 미쳤다. 레이건은 소련을 '악의 제국'으로 간주하고, 강력한 군사력과 경제적 압박을 통해 소련을 견제하려는 정책을 추진했다.

운영 코드(Operational Code): 리더의 행동 패턴과 핵심 가치, 그리고 이것이 정책결정과정에서 행동에 어떤 영향을 미치는지를 다룬다. 이스라엘 총리 네타냐후(Benjamin Netanyhu)의 운영 코드는 강력한 안보와 자국 방어를 중심으로 구성되어 있다. 이러한 운영 코드는 그의 대 이란 정책에서 핵심적으로 작용하고 있으며, 이란의 핵 프로그램을 강력히 반대하고 군사적 대응을 고려하는 정책으로 이어졌다.

귀인 편향(Attribution Bias): 귀인 편향은 국제적인 사건을 이해하고 해석하는 상황에서 개인이 객관적 사실과 증거에 기반하여 복잡한 사고를 하기보다 자신의 개인적인 신념과 관점을 기반으로 쉽고 빠른 정책결정을 내리려는 인지 편향의 영향을 강조한다. 러시아 대통령 푸틴(Vladimir Putin)은 서방의 행동을 자국에 대한 위협으로 간주하는 경향이 있다. 예를 들어, 나토의 동진을 러시아의 안보에 대한 직접적인 위협으로 보며, 이는 그의 외교정책에서 강경한 대응을 유도하는 인지편향을 보여 준다.

감정과 성격(Emotion/Personality): 외교정책을 형성하는 과정에서 감정과 대인 관계의 역할에 중점을 둔다. 영국 총리 처칠(Winston Churchill)의 감정과 성격은 제2차 세계대전 동안 그의 지도력에 큰 영향을 미쳤다. 처칠의 결단력과 낙관주의는 영국 국민들에게 희망과 용기를 주었으며, 그의 강한 의지는 나치 독일에 대한 저항을 이끌어 냈다. 아래에서는 각각에 대해 구체적으로 살펴보고자 한다.

III 외교정책 연구와 개인 수준 이론들

1. 지각(Perception)과 인지(Cognition)

개인 수준 분석에서 지각(perception)과 인지(cognition)는 인간의 정보처리과정에서 핵심적인 역할을 한다. 지각은 외부 환경으로부터 수집된 감각정보를 식별하고 이를 해석하는 과정을 의미하며, 이는 인간이 외부 세계를 이해하고 상호작용하는 기초적인 심리적 메커니즘이다. 심리학적 관점에서 지각은 외부 자극을 기반으로 감각적인 정보를 수용, 해석, 그리고 반응하는 경험을 포함하며, 이를 통해 개인은 시각, 촉각, 후각, 미각과 같은 다양한 감각채널을 활용하여 주변 환경을 파악한다.

예를 들어, 한 외교관이 해외 정상회담 중 특정 국가 지도자의 표정이나 몸짓과 같은 비언어적 신호를 관찰한다고 가정하자. 외교관은 이를 통해 해당 지도자가 느끼는 감정이나 태도를 지각할 수 있다. 하지만 이러한 정보를 단순히 감각적으로 받아들이는 것만으로는 충분하지 않다. 외교관은 이 신호를 분석하고 맥락화하여 해당 지도자의 의도를 해석하고, 나아가 정책적 함의를 도출해야 한다.

반면, 인지(cognition)는 지각한 정보를 기반으로 지식을 습득하고, 이를 이해 및 판단하며, 학습하고 사고하는 보다 복잡하고 의식적인 정신적 과정을 포괄한다. 즉, 인지는 지각을 넘어서 정보를 구조화하고, 분석하며, 문제해결과 같은 고차원적 활동을 가능하게 한다. 한 외교정책 결정자가 국제관계에 영향을 미칠 수 있는 경제 데이터, 군사력 통계, 정치적 상황 보고서를 검토한다고 가정하자. 이 정보는 단순히 수집되는 것이 아니라, 정책입안자는 이를 체계적으로 분석하고 각 요소 간의 상호작용을 평가한 후 최적의 결정을 내리기 위해 사용한다. 이러한 과정은 전형적인 인지과정의 예라고 할 수 있다.

1960년대에 이르러 스나이더(Richard C. Snyder)와 스프라우트(Harold and Margaret Sprout)와 같은 학자들은 외교정책 결정과정에서 지각과 인지의 중요성에 주목했다. 인간은 외부 세계에서 제공되는 방대한 정보를 효과적으로 이해하고 처리하기 위해 인지적 능력을 활용한다. 이는 특히 외교정책과 같은 복잡한 정책결정과정에서 더욱 중요하다. 쿠바 미사일 위기 당시 미국의 케네디 대통령과 그의 참모들은 소련의 군사적 움직임과 이를 둘러싼 국제적 맥락을 인지적으로 분석하여 최적의 대응 방안을 찾으려 했다. 만약 이들이 이러한 정보를 제대로 처리하지 못했다면, 오판으로 인해 치명적인 군사적 충돌이 발생할 위험이 있었다.

따라서 개인 수준 분석에서 지각과 인지는 단순한 심리적 과정 이상의 의미를 가지며, 외교정책을 포함한 다양한 정책결정과정에서 중요한 분석 틀을 제공한다. 이는 국제정치학에서 인간 행동과 심리적 요소의 중요성을 강조하는 데 중요한 이론적 기반을 제공한다.

2. 인지적 제약(Cognitive Constraints)

인지적 제약은 정보를 받아들이고 처리하고 해석하는 방식에 영향을 주어, 정책결정, 문제해결, 대인관계 상호작용에서 중요한 역할을 한다.

합리성에 대한 인지적 제약은 개인이 현재 상황에 대한 정보를 수신, 처리 및 동화하는 능력과 정책에 대한 대안 및 각 옵션의 결과를 정확하게 식별할 수 없는 상황을 말한다. 홀스티(Ole Holsti)는 '인지 역학과 적의 이미지'라는 논문에서 적에 대한 이미지가 국가의 행동에 상당한 영향을 미친다고 말한다. 그는 적에 대한 인식과 이미지가 국제관계와 외교정책결정에 어떤 영향을 미치는지 조사하면서 적이란 국가의 인식과 해석에 의해 정의된다고 주장한다. 이러한 정의는 항상 객관적인 현실에 근거한 것이 아니라 국가가 상황을 인식하고 해석하는 방식에 따라 달라지는데, 적에 대한 이미지를 유지하는 인지 과정을 보면 편견, 고정관념, 선택적 지각이 포함되며, 이는 국가가 적을 바라보는 방식을 형성하고 있다고 강조하였다. 이러한 국가는 실제 현실이 아니라 현실에 대한 자신의 인식에 따라 행동하고, 이러한 행동은 적에 대한 초기 인식을 강화하여 적대감의 순환을 일으킬 수 있다고 본다.[7)]

구체적으로 홀스티의 연구에 의하면, 덜레스는 소련과 같은 공산주의 국가들은 단순한 경쟁자라기보다는 근본적으로 악하고 도덕적으로 잘못된 적으로 보았다. 또한 홀스티는 덜레스가 소련의 행동을 항상 부정적으로 해석했다고 지적했다. 상대의 행동을 자신의 고정된 적 개념에 맞춰 이해한 것이다. 이와 같은 적 개념은 덜레스의 외교정책에 결정적인 영향을 주어 협상보다는 힘과 압박에 의해 적을 다루려 했다. 홀스티는 이러한 덜레스의 사고방식이 국제정치에서 지도자들이 적을 다루는 보편적인 심리적 경향의 한 예로 보았다.

홀스티와 유사하게, 조지(Alexander George)는 개인의 인식과 정책결정과정에 물리적, 사회적 환경에 대한 개인의 신념과 구조가 어떻게 역할하는지에 대해 강조하여 이러한 개념을 더 자세히 설명한다. 조지는 각 개인이 물리적, 사회적 환경에 대한 일련의 신념과 구조를 형성하고, 이러한 신념을 통해 외부 환경에서 수집한 정보를 정리하고 명확하게 이해할 수 있다고 주장했는데, 개인은 환경에서 수집된 정보를 이해하기 위해 자신의 기존 신념과 구조를 기반으로 환경을 단순화하고 구조화할 수 있다는 것이다.[8)]

정책결정자의 개인적 특성은 자신의 성격, 심리, 인식 등의 요소에 의해 형성되며, 상황이 발생하면 이에 영향을 받아 통찰력이 점차 강해진다. 외교정책을 수립하는 과정에서 개인은 각자의 특성과 신념을 형성하게 된다. 그들이 일하는 동안에도 마찬가지이다. 그들의 과거 경험, 신념, 인식은 그들의 반응과 결정을 형성하는 데 중요한 역할을 한다.

그러므로 정책입안자들이 자신의 개인적 특성이 정책결정에 영향을 미치는 상황을 이해하지 못한다면 합리적이고 객관적인 결정을 내리기 어려울 것이다. 정책결정자는 불완전한 정보, 모순, 서로 다른 정보출처 간의 충돌로 인해 복잡하거나 모호한 상황이 발생할 때 딜레마에 직면한다. 이러한 상황에서는 많은 양의 정보를 이용할 수 있더라도 정책결정은 정책입안자의 사전 형성된 신념, 의견 및 인식에 의해 크게 좌우될 수 있다. 이는 정책결정과정에서 위험을 야기하고 불확실성을 증가시킬 수 있다.

인지적 제약과 밀접한 연관이 있는 개념이 '인지적 일관성(cognitive consistency)'이다. 이 개념은 우리가 단순히 무작위 정보를 수용하는 것이 아니라, 내부적으로 일관성이 있는 일관된 믿음의 체계를 지속적으로 유지하는 데 필요한 정보만을 수용한다는 것이다. 만약 일관성이 없다면, 개인은 인지 부조화로 알려진 불안을 경험한다. 정책결정자는 자신의 기존 이미지 혹은 인지 지도를 유지하기 위해 의도적으로 새로운 혹은 모순적인 정보를 배제한다. 내가 믿는 정보만 받아들이려 한다는 것은 인지적으로 유연성이 부족하다는 것을 의미한다.[9)]

외교정책 결정과정에서 지도자가 당면한 상황을 이해하고 그것을 해석하는 방식은 그들의 사회적, 교육적 배경, 경험, 야망, 그리고 사전에 형성된 의견 등 여러 가지 다양한 요소에 따라 상당히 다를 수 있다. 또한, 지나온 경험과 도전들은 귀중한 교훈으로 작용하여, 다양한 문제를 다루는 방법과 주변 세계를 이해하는 데 큰 도움을 준다. 이러한 통찰력은 시간이 흐름에 따라 점차 강화되고 발전하여, 결정과 행동을 위한 견고한 기반을 형성하는 데 기여한다.

인지적 일관성은 개인의 신념이 일관된 시스템 내에서 논리적으로 연결되고 유지되어야 한다는 사실을 의미한다. 이는 그들이 임의의 정보를 단순히 믿는 것이 아니라 내부 신념망을 조화롭게 유지하고 발전시키는 정보만을 받아들인다. 다시 말하면 사람들은 자신의 핵심 신념에 의존하며 이러한 신념들 간의 일관성을 유지하기 위해 노력함으로써 주변 세계를 이해한다. 이것은 인간의 본성에 따라 신념의 일관성을 유지하고 자신의 신념과 일치하지 않는 정보를 피하는 것이다.[10)]

개인은 새로운 정보가 기존의 신념과 충돌하는 경우 그 정보를 거부하거나 무시하려는 경향이 있다. 이는 기존의 신념체계를 지키려는 자연스러운 반응이다. 또한, 현재의 신념을 기반으로 새로운 정보를 해석하고 이해하는 인지적인 방법을 찾으려고 시도할 것이다. 이렇게 함으로써 인간은 자신의 신념체계를 유지하면서 외부 세계를 이해하려고 노력한다. 이러한 인지적 전략은 개인이 불안정한 상황에서도 내적 안정감을 유지하는 데 도움이 된다.

인지적 일관성과 밀접하게 연관되는 개념이 인지적 부조화(cognitive dissonance)이다. 이 개념은 사람들이 자신의 태도와 행동 따위가 서로 모순되어 양립할 수 없다고 느끼는 불균형 상태를 말한다. 인간은 '인지적인 지도(map)'를 유지하기 위해 새롭거나 모순되는 정보를 제거하려고 노력한다. 여기서 인지 지도는 환경의 어떤 측면과 관련하여 정책결정자의 마음 속에 존재하는 특정 신념과 그 신념의 상호연결성을 의미한다. 정책결정자는 정책대응이 필요한 새로운 국제 상황을 인지할 때 관련 신념의 초기 증폭 → 사건을 설명할 수 있는 선례 탐색 → 결과탐색 → 정책대안 탐색 → 정책 선택 등 5개의 인지 단계를 거친다.[11)]

3. 오인(Misperception)

리더는 인지(cognition)과정을 통해 방대한 세계 정보를 선택적으로 수집하고 이를 처리하여 정책적 결정을 내린다. 그러나 현실 세계와 이를 지각(perception)하는 인간의 주관적 해석 사이에는 본질적인 차이가 존재한다. 이 차이는 인간의 제한된 인지 능력과 심리적 편향에서 비롯되며, 외교정책 결정과정에 중대한 영향을 미친다.

1950년대 이후 학자들은 외교정책에서 지각의 중요성을 점차 인식하기 시작했다. 특히 저비스(Robert Jervis)는 그의 저서 *Perception and Misperception in International Politics*에서 인간이 정보를 받아들이는 과정에서 지각적 오인을 범하기 쉽다고 주장했다. 저비스에 따르면, 정책결정자는 항상 불완전한 정보를 기반으로 행동하며, 이 과정에서 심리적 요인과 경험적 편향이 잘못된 판단을 초래할 수 있다. 그는 국제정치 환경에서 행위자가 단순히 정보를 수집하고 처리하는 것에 그치지 않고, 상대방의 행동 의도를 예측하고, 그 행동이 자신의 가치와 목표에 어떤 영향을 미칠지를 판단해야 한다고 강조했다.[12)]

인지적 모델은 외교정책 결정과정에서 리더들이 정보를 처리하고 예측하는 데 자주 실수를 범한다고 주장한다. 이는 절차적 합리성(Procedural Rationality)을 갖춘 정책결정자라도 심리적 요인으로 인해 정보를 잘못 받아들이거나 해석에서 오류를 범할 수 있음을 보여 준다. 이 모델은 전통적인 합리적 행위자 모델과 대조적이다. 합리적 행위자 모델은 정책결정자가 완전한 정보를 바탕으로 가장 합리적인 결정을 내린다고 가정하지만, 인지적 모델은 인간의 인지적 한계와 심리적 편향이 이러한 가정을 훼손한다고 본다.

예를 들어, 냉전 시기 동안 미국과 소련 간의 관계는 이러한 인지적 한계와 편향의 극단적인 사례를 보여 준다. 두 초강대국은 서로의 군비 증강을 방어적 의도가 아닌 공격적 의도로 해석했으며, 이는 안보 딜레마를 심화시켰다. 소련의 군사력 증강은 내부적으로 방어적 성격을 띠고 있었으나, 미국은 이를 소련이 군사적 패권을 장악하려는 시도로 지각했다. 반대로 미국의 군사적 증강 역시 소련에게 동일한 방식으로 해석되었다. 이러한 상호 오인은 갈등과 긴장을 고조시켰으며, 실제 군사적 충돌 가능성을 증가시키는 결과를 낳았다.

4. 거울 이미지(Mirror Image)

거울 이미지 효과란 타인을 인식할 때, 내가 상대방을 인식하는 것과 동일하게 상대방도 나를 인식한다고 간주하는 현상을 말한다. 국가 간 갈등과 경쟁의 상황에서, 내가 상대 국가를 적대적으로 인식하면, 상대방도 나를 적대적으로 인식할 거라고 간주하게 된다. 그러나 실제로는 국가 간 다른 문화, 역사, 인식의 차이로 인해 다른 국가들이 다르게 행동할 수 있기 때문에 종종 오해나 갈등으로 이어진다. 이는 제한된 인지적 자원을 가지고 손쉽고 빠르게 정책결정을 하려는 편향으로 이로 인해 타인의 동기나 의도를 잘못 판단할 수 있다.

거울 이미지 현상은 국제관계에서 자주 발생한다. 특히 당사자 간에 적대감이 있을 때 더욱 그렇다. 거울 이미지 현상은 국가 간의 오해, 잘못된 의사소통, 그리고 긴장 증대를 초래할 수 있다. 둘 이상의 당사자가 서로 적대적인 경우, 상대방 국가도 자국에 대해 적대적으로 인식하고 있다고 믿기 때문에 불필요한 오해와 갈등을 야기할 수 있다. 예를 들어, 미국과 소련은 냉전 기간 동안 서로를 적대적으로 인식하여 군비경쟁을 촉발했다. 양측은 상대방의 모든 행동을 공격적으로 해석하며 자신들의 방어적인 행동을 정당화했다. 이는 상호 불신과 오해를 증폭시켜, 갈등을 더욱 심화시켰다.

남북한 관계에서도 거울 이미지 현상이 잘 나타난다. 북한과 남한 모두 서로에 대해 부정적인 거울 이미지를 가지고 있으며, 상대방을 자신의 이익과 안보에 대한 위협으로 간주한다. 북한은 남한을 미국의 꼭두각시로, 자국의 체제를 위협하는 적대적인 세력으로 본다. 반면 남한은 북한을 도발적이고 불법적인 핵무기 개발을 통해 지역 안정을 위협하는 세력으로 인식한다. 이와 같은 인식은 양측이 상대에 대한 불신과 적대감을 강화하며, 이는 평화적인 대화와 협력을 어렵게 만든다.

거울 이미지 현상은 갈등해결을 위해 중요한 교훈을 제공한다. 한 당사자가 상대방을 어떻게 인식하고 평가하는지 이해하는 것은 갈등을 완화하고 협력을 증진하는 데 필수이다. 거울 이미지의 부정적인 영향을 줄이기 위해서는 양측이 상대방의 관점을 이해하고, 재평가하며, 오해를 줄이기 위한 노력이 필요하다. 예를 들어, 냉전 종식 이후 미국과 러시아는 상호 이해를 증진하고자 다양한 외교적 노력을 기울였다. 이러한 노력은 갈등을 완화하고 협력을 촉진하는 데 중요한 역할을 했다.

5. 신념(Belief)

국가 지도자는 한 국가의 외교를 정의하는 데 있어 큰 역할을 한다. 그렇기에 국가 지도자의 외교정책에 대한 신념을 이해하는 것은 외교정책과 결정을 분석하는 데 유용하다. 이러한 신념은 지도자가 국제 무대에서 위협과 기회를 평가하는 방식을 형성할 가능성이 높기 때문이다.[13)]

신념은 사실에 대한 특정 증거조사를 기반으로 한 확신이며, 특별한 증거가 없는 상황에서 어떤 것의 진실, 현실 또는 가치를 받아들이는 것이다. 또한 신념은 사람의 기억과 관련된 믿음이나 태도로 정의할 수도 있다. 이러한 신념에는 자기 개념, 자기 자신을 정의하는 자질에 대한 개인의 모든 인식이 포함되며, 신념이 중심이 될수록 변화에 대한 저항은 커진다.[14)]

외교정책 분석에서 신념, 혹은 신념체계에 대한 이해를 발전시키는 데 영향력을 끼쳤던 공헌자 중 한 명은 1950년대와 1960년대에 '운영 코드'의 개념을 개발한 조지(Alexander George)였다. 그는 개인과 조직의 기본 신념과 가치가 그들의 외교정책 행동을 이끌 수 있다고 주장하였다.

이후로 앨리슨(Graham Allison), 저비스(Robert Jervis), 월트(Stephen Walt)를 비롯한 많은 학자들이 신념이 외교정책결정에 미치는 영향을 연구하였다. 이들의 연구를 통해 우리는 외교정책결정에 대한 신념의 영향을 이해할 수 있게 되었다.

특히 저비스는 신념이 정치심리학의 핵심이지만 종종 이론화되지 않은 채로 남아 있다고 지적한다. 그는 신념을 이해하는 것이 정치적 행동을 이해하는 데 매우 중요하다고 말한다. 저비스는 정치적 행동을 형성하는 데 있어 신념의 역할에 대한 포괄적인 분석을 제공하며, 개인과 국가가 신념을 형성하고 그에 따라 행동하는 방식을 이해하는 것의 복잡성과 중요성을 강조하고 있다. 그의 연구에 따르면, 신념은 개인이 정보를 해석하고, 세상을 이해하며, 그리고 행동을 결정하는 데 중요한 역할을 한다고 본다. 이러한 신념은 개인의 경험, 가치, 지식, 그리고 기대에 기반하며, 이는 외교정책 결정과정에서 중요한 역할을 한다.[15]

홀스티(Ole Holsti)는 미국의 국무장관 덜레스(John Dulles)가 '적'인 소련에 대해 가졌던 신념체계를 외교정책 연구에 적용하여 국제관계에 나타나는 두 가지 모순적인 경향을 발견하였다. 즉 한편으로는 국제관계에서 영원한 적은 없기 때문에 적에 대한 태도는 변화하지만, 다른 한편으로는 국제적 차원의 적대적 관계가 상당한 시간 동안 지속되는 경향이 있다고 주장한다.[16]

국가 지도자들이 갖고 있는 신념은 여러 경로를 통해 생성되고 강화된다. 신념은 개인의 경험과 밀접하게 연관된다. 리더가 경험이 많을수록 통찰력은 더 확고해지고 자신 나름의 신념이 강해지며, 세상을 바라보는 독특한 관점을 구축한다. 지도자들이 그들 앞에 놓인 상황을 어떻게 정의하느냐는 그들의 사회적, 교육적 배경, 이전의 경험, 세계관을 포함한 그들의 개인적 특성과 많은 관련이 있다. 정책결정과정을 분석할 때 신념은 행위자가 구체적인 외교정책결정을 내리는 이유를 설명하는 데 도움이 되기 때문에 종종 결정과정과 함께 고려된다. 따라서 개인의 신념을 조사함으로써 정책결정자의 동기에 대해 더 잘 이해할 수 있다.

외교정책결정에서 지도자의 신념은 중대한 영향을 미치며, 이를 보여주는 대표적인 사례가 1990-91년 1차 이라크 전쟁과 9·11 테러 이후 미국의 대응이다. 1차 이라크 전쟁 당시 부시 대통령의 결정은 과거의 역사적 사건들, 특히 뮌헨 회담과 베트남 전쟁 경험에 의해 형성된 신념에 크게 영향을 받았다. 부시는 후세인의 쿠웨이트 침공을 히틀러의 체코슬로바키아 침략에 비유하며, 후세인을 제재하지 않는다면 더 큰 위협으로 번질 수 있다고 경고했다. 이와 같은 역사적 교훈에 기초한 신념은 군사력을 통해 이라크를 제압해야 한다는 그의 결단으로 이어졌다.

9·11 테러 이후의 미국 대응 사례 역시 신념이 외교정책결정에 미치는 영향을 잘 보여 준다. 9·11 이전까지 미국은 테러리즘을 주로 법집행과 형사 사법체계로 해결해야 할 문제로 간주했다. 그러나 9·11 사건은 미국의 신념에 급격한 변화를 가져왔다. 테러리즘이 단순한 법적 문제를 넘어서는 국가안보 위협으로 인식되면서, 이를 대응하기 위해 군사적 수단이 필요하다는 신념이 자리 잡았다. 이 새로운 인식은 미국 외교정책의 근본적인 변화를 초래했으며, 아프가니스탄과 이라크에서의 군사 작전을 정당화하는 근거가 되었다.[17]

6. 스키마(Schemas)

신념과 밀접한 연관을 갖는 것이 스키마이다. 스키마는 개인이 세상을 이해하고 해석하는 데 사용하는 정신적 프레임워크 또는 개념 구조를 의미한다. 스키마 이론은 개인이 환경과의 상호작용을 통해 지속적으로 학습한다고 주장한다. 인간은 수동적인 존재가 아니라 지속적으로 가설을 테스트하고 환경으로부터 받는 피드백에 적응하는 존재라고 가정한다.

스키마는 정보를 처리하고, 해석하며, 기억하는 방식에 영향을 미친다. 외교정책결정자들은 스키마를 사용해 종종 복잡한 국제 상황을 이해하고 해석한다. 예를 들어 '적대 국가', '우방 국가', '중립 국가' 등 다른 국가와의 관계를 평가하고 이해한다.

또한, 스키마는 외교정책결정자가 예상되는 결과나 가능한 시나리오를 예측하는 데도 사용된다. 이는 결정자가 미래의 국제적인 상황에 대해 시뮬레이션하고, 다양한 대안을 평가하며, 최종적으로 외교정책결정을 내리는 데 도움이 된다.

그러나 스키마는 때때로 오류를 유발할 수도 있다. 예를 들어, 과도하게 단순화된 스키마나 편견이 담긴 스키마는 외교정책결정자가 정보를 잘못 해석하거나 중요한 정보를 놓치게 만들 수 있다. 따라서 스키마의 이러한 잠재적 한계를 인식하는 것이 중요하다.[18]

7. 운영 코드(Operational Code)

지난 수십 년 동안 운영 코드의 개념은 신념체계를 연구하고 측정하는 데 널리 사용되는 접근 방식이 되었다. 운영 코드는 국제정치 및 외교정책 연구에서 사용되는 개념으로 정책결정자를 안내하는 일련의 신념 또는 하나의 '정신적인 지도(map)'이다. 운영 코드는 정치의 본질에 대한 개별 리더의 신념과 정치적 목표를 달성하기 위한 최선의 방법으로 구성된다. 운영 코드 분석은 정치적 행동주의에 대한 지도자의 기본

성향을 조사하는 데 도움이 되는 도구를 제공한다.

조지(Alexander George)는 1960년대 운영 코드 개념을 도입해 외교정책연구를 했다. 특히 리더의 세계관을 구성하는 두 가지 핵심 신념으로 체계화했다. 즉 '철학적 신념'은 리더가 특정 상황에서 어떤 선택을 해야 할지 판단하는 데 기초가 되는 믿음체계이고, '도구적 신념'은 리더가 어떤 행동을 할 수 있고 또 어떤 행동을 해야 하는지에 대한 인식을 반영하는 믿음체계이다. 운영 코드 분석의 주요 구성요소로는 철학적 신념과 관련된 질문이 포함되는데, 이것은 정치의 본질에 대한 리더의 근본적인 신념과 도구적 질문을 포함한다. 리더의 철학적 신념을 밝혀내는 질문의 예는 다음과 같다.[19]

- 정치의 본질적인 성격은 조화와 갈등 중 어느 것인가?
- 정치적 미래는 예측 가능한가?
- 역사적 발전에 대해 얼마나 많은 통제권을 가질 수 있는가?
- 인간사와 역사 발전에서 우연의 역할은 무엇인가?
- 자신의 근본적인 정치적 가치와 열망을 실현할 수 있는 전망은 무엇인가?

반면 도구적 질문은 리더가 정치적 목표를 어떻게 추구해야 한다고 생각하는지에 초점을 맞춘다. 도구적 신념과 관련한 질문의 예는 다음과 같다.

- 정치적 행동의 목표 또는 목적을 선택하는 데 가장 좋은 접근 방식은 무엇인가?
- 목표를 가장 효과적으로 추구하는 방법은 무엇인가?
- 정치적 행동의 위험은 어떻게 계산하고, 통제하고, 수용하는가?
- 자신의 이익을 증진하기 위한 최선의 행동 타이밍은 언제인가?
- 자신의 이익을 증진하기 위한 다양한 수단의 효용과 역할은 무엇인가?

이러한 질문들에 대한 답을 얻기 위해서 리더의 발언이나 저술을 조사하여 리더의 신념이 전략과 행동을 어떻게 형성하는지를 파악할 수 있다. 이러한 질문에 대한 응답을 분석함으로써 연구자들은 다양한 정치적 상황에서 리더의 사고 패턴을 파악하고 그들의 행동을 예측할 수 있다.

물론 운영 코드는 특정 상황에서 학습을 통해 변경하거나 수정할 수 있지만, 리더의 운영 코드는 여전히 핵심 성향에 기반을 두고 있기 때문에 이에 반하거나 모순되는 행동은 규범에서 벗어난 행동을 의미한다.[20] 따라서 운영 코드는 리더가 정보를 해석하고, 사회적 환경을 인식하여 정책결정을 내리는 방식에 막대한 영향을 미친다.[21]

이와 같은 방식으로 렌숀(Jonathan Lenshon)은 부시(George W. Bush) 대통령의 운영 코드를 4가지 단계로 정리하였다.[22]

- 1단계: 대통령 임기 이전의 제한적 개입주의로, 국내 문제에 초점을 맞춤
- 2단계: 9·11 테러 이전의 다자주의적 외교로, 국제 협력을 중시하던 단계
- 3단계: 9·11 테러 이전 신념의 한계가 드러나면서 기존의 방어적 접근이 테러리즘 같은 새로운 위협에 효과적이지 않음을 깨달은 시기
- 4단계: 9·11 테러 이후, 공격적 개입주의와 예방적 군사 행동으로 전환된 단계로, '테러와의 전쟁'과 '악의 축' 개념이 등장하며 미국 중심의 세계질서유지를 강조하게 된다.

이와 같은 과정들을 살펴보면, 리더의 핵심 운영 코드와 해당 프로세스의 변경 사항, 운영 코드의 강력한 영향과 환경에 대한 변경 능력을 설명할 수 있다. 렌숀은 이 연구에서 부시 대통령의 신념의 변화가 외교정책과 국가안보전략에 중대한 영향을 주었으며 특히 이라크 전쟁과

같은 주요 결정에 반영되었다고 주장하였다.

허만(Margaret Hermann)도 마찬가지로 외교정책 성향과 관련하여 지도자들을 유형화하려는 시도를 하였다. 수정된 운영 코드로 콘텐트 분석을 통해 리더의 신념, 동기, 정책결정 스타일, 대인관계 스타일을 비교하였다.[23)]

8. 귀인 편향(Attribution Bias)

심리학에서 귀인 편향은 사람들이 다른 사람의 행동을 설명할 때 나타나는 심리적 지름길이자 때로는 인지적 오류로 간주되기도 한다. 귀인 편향 이론이 등장하기 이전, 귀인 과정을 설명하는 심리학 이론의 대부분은 경제학이나 정치학과 마찬가지로 관찰자가 타인의 행동에 대한 이유를 추정하는 과정에 있어 합리적으로 정보를 처리할 것이라고 가정하였다. 그러나 귀인 편향은 사람들이 가지고 있는 인지적 자원의 한계로 인해, 모든 정보를 합리적으로 수집하고 판단하는 데는 많은 시간과 자원이 필요하므로, 정책결정의 편리성과 효율성을 더 추구하기 위해 심리적 지름길을 선택한다는 것을 보여 주었다. 이 지름길은 많은 상황에서 빠른 판단을 내리는 데 도움이 되지만, 복잡한 정책결정을 내려야 하는 상황에서는 오류를 가져올 수 있다. 즉 정확한 정보를 수집하고 사용하기보다 손쉽게 파악 가능한 정보에만 주의를 기울이거나, 과거 경험이나 편견, 고정관념에 기반하여 판단하는 편향이 발생한다.

귀인 편향에는 기본적 귀인 오류(Fundamental Attribution Error)와 자기고양적 편향(Self-Serving Bias)으로 나눈다. 기본적 귀인 오류는 여러 편향된 판단 중 관찰자들이 타인의 행동에 대해 설명할 때 그 행동의 원인을 상황보다는 그 사람의 성격이나 특성에 귀인하는 경향을 말한다.

예를 들어 한 친구가 시험에서 좋은 성적을 받지 못했을 때, 그 친구가 게으르다고 생각하지만, 자신이 그 경우에 해당하게 되면 시험이 어려웠다고 생각하는 경우이다.

반면, 자기 고양적 편향은 자신의 성공을 자신의 능력이나 노력 덕분으로 기인하는 경향이 있다. 이러한 편향의 대표적 예시로는 만약 운동경기에서 이겼을 때 자신의 실력 덕분이라고 생각하지만 졌을 때는 심판의 판정이 불공정하다고 여기는 경우이다.

외교정책 연구와 관련해 귀인 편향에 대한 첫 번째 연구는 1970년대에 시작되었다. 외교정책 결정과정에서 정책 입안자가 다른 국가의 행동을 어떻게 귀인하는지 그 과정을 통해 살펴볼 수 있다. 저비스(Robert Jervis)는 귀인 편향이 정책입안자의 인식 형성을 포함하여 국제관계에 상당한 영향을 미칠 수 있으며, 다른 행위자에 대한 잘못된 인식으로 이어지면서 국제협상 및 갈등의 결과에 영향을 미칠 수 있다고 주장했다.[24)]

귀인 편향에 의하면 냉전 시기 동안 각 나라의 지도자들은 상대 국가의 행동에 대해 부정적인 것으로 파악하였다. 예를 들어 미국은 쿠바 미사일 사건은 소련이 쿠바에 미사일 기지를 건설하려 했기 때문에 발생했다고 여겼다. 그러나 실제로 소련의 이러한 행동은 미국이 터키에 미사일을 배치한 것에 대한 대응책의 일환이었다. 이 사건에서 보듯 미국과 소련은 해당 행동의 원인을 다른 국가 지도자의 성향이나 성격 결함 또는 그들이 자국에 대해 갖고 있는 근본적인 적대감 때문이라고 귀인하였다. 이렇게 되면서 경제적, 정치적 또는 안보 문제와 같은 요인들을 무시하는 결과를 초래하였다.[25)]

귀인 편향은 특정 행동이나 사건의 원인을 개인의 성격이나 의도에 지나치게 초점을 맞추는 경향으로, 상황적 맥락을 간과함으로써 상황에 대한 오인(misperception)을 초래할 수 있다. 2003년 미국의 이라크 침공은 귀인 편향의 전형적인 사례로 자주 언급된다. 당시 미국은 이라크가 대량살상무기를 보유하고 있다는 주장을 근거로 군사적 개입을 정당화했다. 그러나 실제로 대량살상무기의 존재를 입증할 증거는 거의 없었으며, 이 주장은 주로 후세인(Saddam Hussein) 개인의 성격과 의도에 대한 선입견에 기반한 것이었다. 후세인은 강력한 지도자의 이미지를 유지하기 위해 실제로 대량살상무기를 보유하지 않았음에도 불구하고 모호한 태도를 보였고, 이는 미국과 동맹국들이 그의 정권을 위협으로 간주하도록 만들었다.

이러한 귀인 편향은 이라크 침공이라는 중대한 결정으로 이어졌으며, 후세인 정권의 전복이라는 단기적 목표는 달성했지만, 장기적으로는 미국과 중동 간의 관계에 심각한 갈등을 초래했다. 이 결정은 이라크 내 정치적 불안정, 테러리즘 확산, 그리고 미국의 국제적 신뢰 손상과 같은 부정적인 결과를 가져왔다. 또한, 이라크 전쟁은 미국의 대외정책이 정보분석과정에서 어떻게 심리적 편향과 선입견의 영향을 받는지 보여 주는 대표적 사례로 평가된다. 귀인 편향에 기반한 오인은 단순한 정보 해석의 오류를 넘어, 장기적 외교정책에 심각한 영향을 미칠 수 있다는 점에서 경계가 필요하다.

9. 유추(Analogy)

정책결정자들은 종종 역사적 상황을 참고하여 현재 직면하고 있는 상황을 해석하고자 한다. 콩(Yuen Foong Khong)의 연구에 의하면 뮌헨, 쿠바, 한국 전쟁으로부터 얻은 교훈이 베트남 전쟁을 개전하고자 하는 결정과정에 영향을 미쳤음을 보여 주고 있는데, 정책입안자들은 단순히 정책을 정당화하기 위해 유추를 사용하는 것이 아니라 정책입안자가 직면한 상황의 본질을 정의하고 이해관계를 평가하며, 정책처방을 제공하는 등 정치적 정책결정에 필수적인 특정 인지적 작업을 수행하기 위해 유추를 사용한다.[26)]

과거의 경험으로부터 비롯된 비유와 학습은 정책결정자들이 현재 상황을 대처하는 데에 도움을 준다. 지도자들은 결정을 내릴 때, 과거의 유사한 상황과 대안, 그리고 가능성 있는 결과를 반영하는 경향이 있다. 즉, 정책결정자들은 현재를 대처하기 위해 과거로부터 학습한다. 뮌헨 신드롬(Munich Syndrome)이라 불리는 '뮌헨의 비유'가 그러하다. 독일에 주데텐란트(Sudetenland) 지방을 넘겨줌으로써 더 이상의 전쟁은 일으키지 않겠다는 독일의 확답을 받은 뮌헨 협정문을 체결한 영국의 체임벌린 총리는 이를 자랑스럽게 여겼지만, 다음 해에 독일은 체코 병합과 폴란드 침공으로 제2차 세계대전을 일으켰다. 이는 '유화 정책의 실패'로, 독재자와 합의를 할 때에는 양보, 즉 유화정책을 펼쳐서는 안 된다는 교훈을 남겼다. 이는 한국 전쟁, 베트남 전쟁과 냉전 기간 동안 소련이 취했던 행동들에 대해 적용되어 왔다. 이렇듯 과거의 경험으로부터 학습되어 온 것들이 현재의 정책결정에도 영향을 미친다는 점을 알 수 있다.

10. 리더십 스타일

대통령의 리더십 스타일은 단순히 개인적 성향의 문제를 넘어, 외교정책의 형성과 결정과정에 중요한 영향을 미친다. 지도자의 리더십 스타일은 대통령이 자문 시스템을 운영하는 방식뿐만 아니라 정책결과에도 영향을 미치며, 궁극적으로 특정 외교정책이 왜 채택되었는지를 설명하는 핵심 요소가 된다. 허만(Margaret Hermann)은 지도자의 리더십 스타일을 분석하기 위해 세 가지 기준을 제시했다. 첫째, 지도자가 정치적 제약을 얼마나 수용하는가, 둘째, 지도자가 새로운 정보를 기꺼이 받아들이는가, 셋째, 지도자가 문제해결에 집중하는지 혹은 관계 유지에 집중하는가에 따라 지도자의 리더십 스타일을 목표 지향적인지 맥락 지향적인지로 구분했다.

목표 지향적인 지도자는 자신의 신념과 정책목표를 고수하며, 이를 실현하기 위해 강력한 리더십을 행사한다. 이러한 유형의 지도자는 자신의 입장이나 이념을 쉽게 변경하지 않으며, 정책결정과정에서 자신의 목표를 최우선으로 고려하는 경향이 있다. 또한, 자신에게 충성하는 인사들을 중용하며, 국내외적으로 광범위한 연합을 구축하는 것에는 큰 관심을 두지 않는다. 이들은 새로운 정보에 대해 덜 개방적이며, 기존의 신념과 일관성을 유지하려는 경향이 강하다. 이는 정책결정과정에서 집단사고(groupthink)나 인지적 일관성(cognitive consistency)과 유사한 현상을 초래할 수 있다.

이러한 특징을 잘 보여 주는 사례가 바로 부시 대통령의 2003년 이라크 침공 결정이다. 부시 행정부는 유엔의 승인 없이 이라크 전쟁을 강행했으며, 국내외에서 강한 반대 여론이 존재했음에도 불구하고 자신의 정책목표를 고수했다. 이 과정에서 부시 행정부는 새로운 정보에 대한 수용력이 낮았고, 이라크가 대량살상무기(WMD)를 보유하고 있다는 기존의 신념을 유지하는 방향으로 정보해석을 일관되게 조정했다. 결과적으로, 잘못된 정보에 근거한 결정이 내려졌음에도 불구하고 정책기조를 바꾸지 않는 모습을 보였으며, 이는 목표 지향적 지도자의 특징이 외교정책 결정과정에서 어떻게 작용하는지를 보여 준다.

반면, 맥락 지향적인 지도자는 보다 유연한 사고를 바탕으로 정책을 수립하며, 변화하는 상황에 적응하는 능력이 뛰어나다. 이들은 새로운 정보를 적극적으로 수집하고 다양한 관점을 받아들이며, 정책결정과정에서 개방적인 태도를 유지한다. 충성심이나 이념적 일치보다는 현실적이고 실용적인 접근을 중시하며, 내부적으로 다양한 관점을 수렴하는 한편, 국제적으로도 광범위한 연합을 구축하는 데 힘쓴다. 이러한 지도자들은 정치적 민감성이 높으며, 정책결정과정에서 폭넓은 토론과 자문을 중시하는 특징을 보인다.

맥락 지향적 지도자의 대표적인 사례로는 오바마 대통령의 외교정책을 들 수 있다. 오바마 행정부는 외교정책 결정과정에서 다자주의(multilateralism)와 국제적 협력을 중시하며, 기존 정책을 필요에 따라 조정하는 유연한 태도를 보였다. 특히, 2015년 '이란 핵협정(JCPOA)' 체결 과정에서 오바마 행정부는 동맹국들과 협력하며 국제적 합의를 도출하는 데 집중했다. 오바마는 단순히 미국의 전략적 이익만을 고려하는 것이 아니라, 협정이 국제사회의 안정을 가져올 수 있는지에 대한 논의를 거쳐 정책을 결정했다. 이 과정에서 그는 기존의 제재정책을 일방적으로 유지하기보다는, 이란과의 외교적 대화를 통해 합의를 도출하는 방식으로 문제를 해결했다. 이는 새로운 정보를 받아들이고 다양한 가능성을 열어두는 맥락 지향적 지도자의 전형적인 특징을 보여 준다.

이러한 사례들은 정책결정자의 심리적 요인이 외교정책 결정과정에서 중요한 변수로 작용한다는 점을 시사한다. 이는 지도자들이 비합리적이어서가 아니라, 인간으로서 누구나 가지는 인지적 한계를 반영한 결과이다. 한 지도자가 정책목표에 집착하는 경향이 있는지, 혹은 새로운 정보를 적극적으로 수용하며 상황에 맞게 변화에 맞춰 유연하게 대응하는지를 분석함으로써, 특정 외교정책이 왜 그러한 방식으로 결정되었는지를 보다 깊이 이해할 수 있다.

뿐만 아니라, 역사적으로도 지도자의 리더십 스타일이 정책결정에 미친 영향을 돌아볼 때, 지도자의 심리적 요인이 국가의 운명과 국제질서에 중대한 변화를 초래할 수 있음을 확인할 수 있다. 지도자의 성향과 리더십 스타일은 단순히 개인의 특성이 아니라, 외교정책의 방향과 결과를 결정하는 핵심적인 요소로 작용한다. 이러한 점에서 외교정책 연구에서 지도자의 리더십 스타일을 분석하는 것은 필수적인 과정이라 할 수 있으며, 이는 국제정치의 복잡성을 이해하는 데 중요한 시사점을 제공한다.

11. 성격(Personality)

지도자의 성격이 얼마나 외교정책에 영향을 주는가를 아는 것은 중요하다. 특히 대통령의 성격이 적극적인지 혹은 수동적인지에 따라 외교정책이 달라지기 때문이다. 이와 관련해 바버(James Barber)는 그의 저서 *The Presidential Character*에서 성격, 세계관, 스타일에 따라 미국 대통령을 네 가지 유형으로 분류하였다.[27)]

첫째는 적극적이고 긍정적인(Active – Positive) 타입이다. 이 부류의 대통령들은 루즈벨트와 케네디와 같이 활기차게 업무를 즐기는데, 적응력이 뛰어나고 자신감이 넘친다.

둘째, 적극적이지만 부정적인(Active – Negative) 유형의 지도자이다. 이러한 유형은 닉슨과 존슨 대통령처럼 활기차지만 권력과 통제를 달성해야 한다는 필요성에 의해 움직인다. 그들은 때로는 강박적이며 자존감이 낮은 모습을 보인다.

셋째, 수동적이지만 긍정적인(Passive – Positive) 지도자이다. 이 유형은 레이건 대통령처럼 수용적이고 순응적이며, 낙관적인 편이다.

넷째, 수동적이고 부정적인(Passive – Negative) 유형의 지도자이다. 대표적으로 아이젠하워 대통령처럼 권력을 피하며 종종 낮은 자존감을 보이기도 한다.

물론 바버의 연구처럼 성격 유형이 외교정책에 상당한 영향을 주는 것도 사실이다. 그러나 인간의 성격이 단선적이기보다는 매우 복잡하고 다면적이기 때문에 어떤 성격은 어떠한 특성을 갖는다고 단정적으로 말하기 어렵다. 오히려 한 사람의 성격은 다양한 측면과 특성을 포함하고 있으며 특정 상황이나 맥락에 따라 다르게 나타날 수 있는 것이다.

12. 감정(Emotion)

감정에 대해 다양한 정의가 존재한다. 개념적으로 감정은 특정한 상황에 대한 즉각적인 반응으로, 기쁨, 슬픔, 두려움, 자신감, 굴욕과 같이 다양한 형태로 나타난다. 또한 감정은 행동으로 나타날 수 있다. 울거나 웃거나 하는 등의 반응이 그것이다. 여기서 감정은 성격(Personality)과 밀접한 관계가 있다. 성격이란 개인의 일관된 행동 패턴과 사고방식, 감정 반응의 총체를 말한다. 성격 특성 중 하나인 정서 안정성이 낮은 사람은 부정적인 감정을 자주 경험할 수 있으며, 감정은 성격 형성에 영향을 미치고, 성격은 감정의 표현과 조절 방식에 영향을 준다.

전통적으로 합리성과 감정은 항상 반대되는 것으로 여겨져 왔는데, 이러한 이분법적 추론은 인간이 감정을 완전히 인식하고, 통제 추론할 수 없다는 생각을 반영하고 있다. 서구적 사고 내 전형적인 위계관계에서는 항상 합리성이 감정보다 우선한다. 감정이 정책결정에 영향을 미치는 가장 중요한 경로는 개인의 생각에 영향을 주는 것이다.[28)]

외교정책 연구에서 감정의 역할을 완전히 무시하지는 않았지만, 감정은 일반적으로 비정상적이거나 역기능적인 것으로 간주되어 정책결정에

손상을 줄 수밖에 없는 요소로 여겨졌다. 그러나 감정 없이는 정책 결정이 불가능하다. 감정은 옳고 그름을 판단하는 신호, 정당화, 전략적 도구로서 외교와 협상에서 중요한 역할로서 기능한다. 외교정책 연구에서 심리학과 신경학을 결합한 최근의 연구는 지도자의 감정에 초점을 맞추며 대통령, 수상 외에도 의회, 장군, 안보 보좌관 등 조언 그룹까지 그 대상을 포함하기도 한다.[29)]

감정은 '필수적(integral)'이고 '우발적(incidental)'이라는 두 범주로 나뉜다. 필수적인 감정은 현재 결정과 관련된 감정이다. 외교정책입안자들은 앞으로 내려질 결정상황을 예측하고 감정을 계산에 반영하려고 할 것이다. 이러한 방식으로 외교정책결정자는 덜 위험한 조치를 선택하여 미래의 후회를 최소화할 수 있다. 또한 필수적인 감정에는 정책결정과정에 영향을 줄 수 있는 다양한 옵션을 고려할 때 개인이 경험할 수 있는 즉각적인 감정 상태도 포함된다. 예를 들어 북한 김정일의 핵과 미사일 실험은 미국 외교정책입안자들의 분노를 낳았고 북한의 제안을 신뢰하지 않게 된 데에 영향을 미쳤다.

우발적인 감정은 현재 결정과 관련이 없지만, 여전히 중요한 방식으로 정책결정에 영향을 미친다. 과거 사건의 감정과 연결돼 계속해서 기능을 하기 때문이다. 예를 들어 쿠바 미사일 위기를 비롯한 미소 대결에 대한 집착은 미국 대통령들의 외교정책결정에 영향을 미쳤다. 제한된 합리성을 강조한 시몬은 인간의 합리성에 대한 완전한 이론을 갖기 위해서는 감정의 역할을 이해해야 한다고 주장했다.[30)]

외교정책 연구에서 진정한 감정과 전술적인 감정 표현을 구별하는 것은 쉽지 않다. 감정을 과장하거나 감추는 것은 외교상황에서 보편적으로 많이 쓰이는 방법이기 때문이다. 분노를 표현하는 것은 종종 국제적인 협상에서 도움이 되기도 한다. 또한 외교정책 연구에서 감정적 단서를 연구하고 명확히 하는 것은 쉬운 일이 아니다. 국가 원수에게 심리 상담을 진행시키거나, MRI를 찍거나, 감정 설문지에 답하게 할 수 없기 때문이다.

이처럼 리더의 감정적 변화를 측정하는 것이 어렵다는 점 때문에 연구자들은 심리학적 접근 방식을 적용하게 되었다. 이 방법은 어린 시절을 포함하여 특정 리더의 경험에 대해 가능한 포괄적이고 상세한 프로필을 수집하는 것과 연결된다. 가족, 친구, 동료와의 인터뷰, 학교 과제, 서신 및 개인 일기를 포함한 아카이브 데이터 분석과 같은 다양한 정보 소스를 수집하는 것이다. 예를 들어 허만(Margaret Hermann)의 세계 지도자들의 개인적 특성에 대한 연구는 지도자의 성격이 외교정책결정에 중요한 영향을 미칠 수 있는 상황을 결정한다는 것을 알려준다. 허만은 지도자들의 세계관, 정치 스타일, 외교 문제에 대한 관심, 환경에 대한 민감성, 정치 사회화 등을 검토하면서 공격적 성격을 가진 리더가 군사적 갈등을 초래할 가능성이 많다고 주장하였다.[31)]

IV 요약

- 합리적 행위자 모델은 국가가 고정된 선호와 이익을 바탕으로 최적의 결정을 내린다고 가정하며, 전통적 외교정책 연구의 기본 틀로 사용되었다. 하지만 인간의 인지적 한계, 정보 왜곡, 심리적 편향으로 인해 실제 정책결정과정이 비합리적으로 이루어질 가능성이 높다는 한계가 드러났다. 이러한 문제를 보완하기 위해 정책결정의 '과정'과 인간적 요인을 분석하는 심리적 접근이 제

기되었다.

- 심리적 요인은 외교정책 결정과정에서 중요한 역할을 하며, 지각, 신념, 스키마, 오인 등 다양한 개념으로 설명된다.
- 지각과 인지는 정책결정자가 국제 문제를 어떻게 인식하고 정보를 처리하는지에 영향을 미치며, 냉전 시 미국이 소련의 행동을 위협으로 간주하고 군사적 대응을 선택한 사례로 나타난다.
- 오인은 불완전한 정보와 심리적 편향으로 인해 잘못된 판단이 이루어지는 현상으로, 2003년 이라크 전쟁 당시 대량살상무기 위협을 과대평가하여 군사개입을 결정한 사례에서 확인된다.
- 거울 이미지는 적대적 관계에서 서로를 왜곡된 시각으로 인식하며, 냉전 기간 동안 미국과 소련이 서로의 군사 증강을 공격적 의도로 해석하여 갈등을 심화시킨 상황을 보여 준다.
- 신념과 스키마는 리더의 과거 경험과 가치관이 현재 상황을 해석하고 행동을 결정하는 데 영향을 미치며, 부시가 후세인의 쿠웨이트 침공을 히틀러의 침략과 동일시하며 군사 개입을 결정한 사례가 대표적이다.
- 심리적 요인은 국가 간 안보 딜레마와 갈등을 심화시키거나 협력을 제한하는 결과를 초래하기도 하며, 리더의 감정과 행동 양식이 외교정책결정에 미치는 영향을 구체적으로 보여 준다.
- 심리적 접근의 의의는 외교정책 연구에서 전통적 합리적 모델의 한계를 보완하며, 정책결정과정의 복잡성과 인간적 요인을 보다 심층적으로 이해할 수 있는 틀을 제공하는 데 있다. 이를 통해 국가 간 갈등과 협력의 본질을 설명하고, 현실적인 외교정책 분석에 기여할 수 있다.

4장

외교정책 연구와 집단 수준 요인

4 장

외교정책 연구와 집단 수준 요인

I 개요

- 외교정책 결정과정에서 최종 결정 단위의 역할과 중요성을 평가하며, 지배적 리더, 단일 집단, 복수의 자치 그룹과 같은 구조적 특징을 탐구. 지배적 리더의 권한과 외교정책에 미치는 영향을 분석하며, 리더십 스타일과 역사적 사례를 통해 리더의 정책결정 방식과 결과를 구체적으로 연구.
- 단일 집단의 경우 합의 형성과 정책결정과정을 살펴보고, 공통 신념이 정책결정에 미치는 영향을 이해하며 외부 요인의 개입 가능성을 검토. 복수의 자치 그룹은 분산된 권한 구조에서 협상과 타협의 복잡성을 중심으로 제로섬과 비제로섬 관계를 학습.
- 관료제와 조직문화가 외교정책 결정과정에 미치는 영향을 분석하며, 표준운영절차(SOP)가 정책의 연속성과 효율성을 보장하는 방식과 그로 인한 경직성과 한계를 평가. 집단사고의 발생 조건과 대표적인 사례를 통해 집단의 비합리적 정책결정 원인을 이해하고, 이를 방지하기 위한 비판적 사고와 리더십 전략을 모색.
- 정부(관료)정치 모델을 통해 다원적 구조에서의 정책결정과정을 학습하며, 행

위자 간 상호작용을 중심으로 정치적 경쟁과 협상이 이루어지는 방식을 탐구. 다양한 모델의 상호 보완성을 검토하며, 특정 외교정책 결정과정에서 이론들이 어떻게 결합되고 적용되는지 분석.

- 쿠바 미사일 위기와 피그스만 침공 사례를 활용하여 이론의 실제 적용 가능성을 탐구하며, 외교정책결정에 대한 비판적 사고를 강화. 사례를 통해 정책 결정과정에서의 리더십, 조직적 한계, 구조적 요인을 종합적으로 평가.

II 외교정책의 최종 결정 단위(Final Decision Unit)

마가렛 허만(Margaret Hermann)과 찰스 허만(Chalrels F. Hermann)은 한 연구를 통해 많은 국내외 요인이 외교정책결정에 영향을 미칠 수 있는데, 이러한 영향은 외교정책을 식별, 결정, 실행하는 정부의 구조를 통해 전달되어야 한다고 설명한다. 그들은 이 구조 안에서 '지배적인 리더', '단일 그룹', '복수의 자치 그룹' 등의 '최종 결정 단위'가 사회의 자원을 투입할 수 있는 권한과 특정 문제에 대한 결정을 내릴 수 있는 권한이 있다고 말하면서 1959년부터 1968년까지 10년 동안 25개 국의 데이터를 사용하여 다양한 정책결정 단위가 외교정책 행동에 어떤 영향을 미치는지 조사했다.[1)]

외교정책의 최종 결정 단위는 국가 내에서 외교정책을 결정하고 실행하는 책임 있는 집단 또는 기관을 말한다. 이러한 단위는 정부의 정치 시스템과 구조에 따라 달라질 수 있는데, 대부분의 고위급 외교정책결정은 약 15명 이하의 소규모 집단에서 이루어진다. 이는 대통령이나 수상과 같은 리더가 동료들과 함께 정책적 대안에 대해 광범위하게 토론하기를 요구하는 상황을 의미하며, 이러한 권한을 가진 집단을 '최종 정책결정 단위'라고 한다. 결정 단위의 구성과 역할은 궁극적으로 외교정책 행동의 본질을 형성하는 데 영향을 미친다.[2)]

정책의 선택과정, 즉 정책입안은 결정하기 어려운 특성 때문에 장기간에 걸쳐 진행된다. 이 장기간의 결정과정은 규칙적이며, 이 과정을 이해하면 복잡한 정책결정 주체가 작동하는 방식에 대한 통찰력을 얻을 수 있다. 최종 결정 단위는 문제의 특성에 따라 변화할 수 있다. 국가의 매우 중요한 문제의 경우 최고 권력기관이 최종 정책결정 단위의 일부가 되지만, 일반적인 문제의 경우 하위 기관도 최종 정책결정 기관이 될 수 있다.

최종 결정 단위를 결정하는 중요한 요소는 국가가 자원을 투입하거나 보유할 수 있는 능력에 있다. 지배적인 리더, 단일 집단 또는 다수의 자율적 행위자 등 정책결정 단위의 구조에 따라 정부의 외교정책이 형성된다. 허만(Charles Hermann)은 정책결정 단위가 주로 그 단위에 참여하는 사람들의 기존 지식, 신념, 스타일을 통해 외교정책에 영향을 미친다고 주장하고 있다.

1. 지배적인 리더(Predominant Leader)

지배적인 리더는 반대를 무릅쓰고 정책적 옵션을 선택하고 진행시킬 수 있는 힘을 가진 지도자를 의미한다. 외교정책 수립과정에서 지배적인 위치에 있는 리더는 정부의 '최상위'에 위치한다. 많은 정치체제에서 국가 원수나 정부 수반은 국가 자원을 할당하고 외교정책을 수립하는 데 실질적인 권한을 갖고 있다. 이 리더는 보통 국가의 최고 지도자, 즉 대통령, 총리 또는 외무장관 등으로 국가를 위해 자원을 할당하고 개인적으로 정책결정을 내릴 수 있는 권한을 가진다.

외교정책결정에서 지배적인 리더가 최종 정책결정 단위로 결정되면 그 사람은 정부를 대신하여 외교정책결정을 내릴 권한이 있는 개인이 된다. 따라서 외교정책결정 집단에서 리더의 지배력은 확실시되며, 이 때문에 지배적인 리더의 결정이 내려지면 다른 사람들은 대개 자신의 견해를 표현하는 것을 피한다. 대안이 제시되더라도 지배적인 리더의 관점과 일치하지 않거나 반대되는 경우 의견이 반영될 가능성이 낮기 때문이다. 구체적으로 지배적인 리더의 임무는 다음과 같이 요약할 수 있다.

- 국가의 장기적인 외교정책 목표와 우선순위를 설정하고 이를 국내외에 명확히 전달해야 한다.
- 국제적 위기나 갈등상황에서 신속하게 군사, 정보, 외교 기관과 협력하여 효과적인 대응 방안을 실행한다.
- 외교적으로 국제 포럼, 정상회담, 양자 회의 등에서 국가를 대표하며, 동맹 및 파트너십 구축에 힘써야 한다.

지배적인 리더에 대한 연구는 많다. 이 분야의 연구는 심리학, 성격 및 개인의 특성에서부터 의회 또는 정부의 정책결정과정과 관련한 개별 대통령의 외교정책 접근방식에 대한 연구에 이르기까지 다양하다. 마가렛과 허만의 '최종 정책결정 단위'에 대한 연구에서 지배적 리더는 외교정책을 결정하고 실행할 수 있는 충분한 권한을 가진 3가지의 유형 중 첫 번째로 간주된다.[3)]

외교정책 결정과정에서 지배적인 리더가 존재할 수 있는 경우는 개인이 지배적 리더십을 행사할 수 있는 능력, 즉 시스템에서의 통제 및 정책결정 권한을 갖는다는 것을 의미한다. 이것은 헌법뿐만 아니라 지배적인 리더의 권한을 규정하는 법률이나 관습을 통해 입증된다. 지배적인 리더에게 권한을 부여하는 이유는 그들이 약속을 이행하고 외교 문제에 대한 정부 자원을 엄격하게 유지하도록 하기 위함이다. 이들은 외부 세력이나 다른 조직, 기관의 부당한 영향력 없이 외교정책을 결정하고 수행할 권한을 가지며 이 원칙이 적용될 수 있는 대표적인 정치체제가 대통령제이다. 이러한 시스템에서 외교정책결정은 대통령이나 국가원수가 주도한다.

또 다른 형태는 정부의 외교정책기관이 계층 구조로 조직되어 있고, 한 사람이 외교정책결정에 궁극적인 책임을 지는 경우이다. 리더가 다양한 형태의 압박을 통제할 수 있거나 사용할 권한이 있으면 지배적인 리더가 될 수 있다. 독재 정부와 권위주의 정부처럼 리더가 다른 사람들과 정부 전체를 통제할 수 있다.

그렇다면 지배적인 리더가 어떤 경우에 외교정책결정에서 적극적일까? 지배적인 리더가 직접적으로 결정의 기회를 가질 때, 그가 책임을 지고 권한을 행사할 가능성이 높아진다. 대표적인 사례로는 정상회담이 있는데, 지배적인 리더는 정책결정과정에 적극적으로 참여할 가능성이 높다. 특히 평소에는 관여하지 않더라도 위기상황에 직면했을 때 외교정책결정에 적극적으로 참여할 가능성이 높다. 관료제에 관한 연구를 보면 최고 수준의 정책 리더들은 그들의 위치와 정책이 도전을 받을 때 정책결정에 참여한다. 사건에 대한 책임이 커짐에 따라 과정 감시에 대한 관심이 높아지기 때문이다.[4)]

정치 리더십에 대한 연구를 보면 지배적인 리더가 외교정책에 대한 관심이나 경험, 전문성에 따라 외교정책 결정과정에 참여할 가능성이 더 높다는 것을 시사한다. 이러한 리더들은 외교정책에서 발생하는 문제를 추적하고 행정부의 의제와 문제를 정의하는 데 도움을 준다. 그들은 자신의 전문 지식과 경험을 바탕으로 외교정책의 방향을 설정하고, 전략적 결정을 내리며, 다른 행정부 구성원들에게 영향력을 행사한다. 이러한 지배적인 리더는 복잡한 국제 문제를 이해하고 해결하는 데 중요한 역할을 한다.

외교정책 경험이 많지 않거나 외교에 대한 관심이 크지 않은 지도자라 하더라도, 특정한 정책이 국가의 핵심 이익과 직접적으로 연결될 경우 적극적으로 개입하는 경향을 보인다. 이러한 지도자들은 국가의 중요한 이해관계가 걸린 사안에서 책임을 지고자 하며, 이를 통해 자신의 리더십을 공고히 하고 국가의 이익을 보호하려는 의지를 나타낸다. 그 대표적인 사례가 아이젠하워(Dwight Eisenhower) 대통령의 원자력 정책이었다.

아이젠하워는 군사적 배경을 가진 지도자로, 대통령 재임 기간 동안 전반적인 외교정책에 대해 적극적으로 개입하기보다는 군사전략과 관련된 사안에 집중하는 모습을 보였다. 그러나 원자력 기술과 관련된 정책에서는 예외적으로 강한 관심을 보이며 주도적인 역할을 수행했다. 그는 1953년 유엔에서 '평화를 위한 원자력(Atoms for Peace)' 연설을 발표하며, 원자력의 평화적 이용을 적극적으로 추진할 것을 제안했다. 이는 단순히 미국의 핵 정책을 조정하는 것을 넘어, 국제사회에서 핵무기 확산을 통제하고 미국이 핵기술을 주도하는 위치를 유지하려는 전략적 고려가 포함된 결정이었다. 아이젠하워는 자신의 군사적 경험을 바탕으로 핵무기의 위협을 누구보다 깊이 이해하고 있었으며, 핵기술이 국제 안보와 미국의 군사전략에서 중요한 역할을 한다고 판단했다. 따라서 원자력과 관련된 정책에서는 직접 개입하여 모든 주요 결정에 대한 책임을 지고자 했으며, 핵확산 방지와 평화적 이용을 위한 정책을 주도했다.

이는 지도자가 특정한 외교정책 분야에 대한 전문성을 가질 경우, 해당 분야에서는 적극적인 리더십을 발휘할 가능성이 크다는 점을 보여 준다.

또한, 지도자의 리더십 스타일은 그가 조언자들과의 관계를 어떻게 형성하고, 정책결정과정에서 어떤 역할을 수행하는지를 통해 더욱 명확하게 드러난다. 리더가 주변 사람들을 모으고 집단의 중심이 되는 역할을 강조할 경우, 외교정책 결정과정에서 적극적인 참여를 통해 정부 내 정책방향을 직접 주도하는 경우가 많다. 지배적인 리더는 정부 내 정보 네트워크의 중심이 되어 중요한 정책결정이 자신을 중심으로 이루어지도록 통제력을 유지하려 한다.

닉슨 대통령의 사례는 이러한 리더십 스타일을 잘 보여 준다. 닉슨은 외교정책에 대한 강한 관심과 통제력을 갖춘 지도자로, 그의 리더십 스타일은 모든 외교적 결정이 그의 승인 없이 이루어지지 않도록 하는 방식으로 나타났다. 그는 국무부를 비롯한 주요 외교 담당 기관들을 신뢰하기보다는, 키신저 국가안보보좌관을 자신의 최측근으로 두고 외교정책을 직접 조율했다. 1971년 미국의 중국 방문과 1972년 미·소 정상회담과 같은 주요 외교적 이니셔티브는 모두 닉슨이 핵심정보와 전략을 직접 관리하는 방식으로 추진되었다. 그는 외교정책 결정과정에서 정부 기관들이 개별적으로 움직이는 것을 경계하며, 모든 주요 정책결정이 자신을 거치도록 조정했다.

리더 개인이 외교정책에 미치는 영향에 대해 웰치(David Welch)는 정책결정과정에서 개인이 갖는 심리적 요인의 중요성을 강조하였다. 카리스마가 있는 리더들은 사회적 자원을 동원하여 논란이 많고, 비용이 많이 드는 국내외 정책을 강행한다. 예를 들어, 케네디 대통령은 전 세계에서 공산주의를 억제할 수만 있다면 미국인들이 "어떤 대가를 치르더라도, 어떤 부담도 감수할 것"이라고 선언하였다. 쿠바가 라틴 아메리카와 아프리카의 다양한 혁명운동을 적극 지지하겠다고 선언한 카스트로(Fidel Castro)도 마찬가지이다.[5)]

헤이건(Joe Hagan)은 민주국가의 리더와 외교정책 간의 관계를 연구하였는데, 그는 리더의 주요 관심사는 정치적 생존이며 모든 정책선택은 궁극적으로 정치적 생존이라는 필수적인 상황을 배경으로 설정된다고 주장했다.[6)] 리더의 임무는 여당 내 또는 야당으로부터 해당 의제에 대한 반대를 관리하고, 해당 외교정책 의제에 대한 지지 연합을 구성하거나 유지하는 것이다. 헤이건은 이것이 협상, 격리, 동원을 통해 달성된다고 가정했는데, 리더는 외교정책에 반대하는 사람들과 협상하고, 쟁점이 되는 외교정책에서 관심을 돌려 리더가 선호하는 외교정책을 위한 '정치적 공간'을 확보하며, 정책에 반대하는 사람들을 설득하여 외교정책에 대한 지지를 얻는다고 주장하였다.[7)]

리더가 외교정책을 결정할 때 역사를 거울로 삼기도 한다. 외교정책 결정자들은 복잡한 현실 상황을 관리하고 정책 대안을 파악하기 위해 역사적 유추를 하며, 이를 통해 리더들은 인지적 능력을 향상시킬 수 있다. 또한 역사를 통해 리더들은 자신이 처한 국면을 파악하고 정치적 이해관계를 평가하고 대안이나 해결책을 찾는다. 예상된 결과를 기반으로 정책 대안을 평가하고 잠재적 위험에 대해 인식하는 데에도 역사적 유추가 활용될 수 있다.

외교정책 문제에 대한 지배적인 리더의 대응을 설명하는 데 중요한 것은 국제 문제에 대한 리더의 성향을 인식하는 것이다. 만약 '최종 정책결정 단위'가 지배적인 리더라면 그 리더의 외교정책결정의 성향을 확인하는 것이 중요하다. 성향은 리더가 정치적 환경의 정보에 민감하게 반응할지 아니면 무감각하게 반응할지를 결정할 수 있기 때문이다. 리더가 독립적인 경향이 있을 때 리더의 외교정책결정 성향에 대한 인식은 정부의 외교정책에 대한 지표를 제공한다. 반대로 리더가 민감한 편이라면 외부 요인으로부터 영향을 받을 수 있는 최종 정책결정 단위가 된다. 따라서 정부 정책과 행위를 이해하기 위해서는 정책 시스템과 정치적 환경의 다른 측면을 탐구하는 것이 필요하다.

지배적인 리더가 독립적인 성향인 경우 리더는 국제 문제에 대한 확고한 견해를 가지고 있고, 자신의 관점을 렌즈로 사용하여 정보를 선택하고 해석한다. 리더는 외교정책을 결정할 때 자신의 신념을 확인하는 신호를 찾을 것이고, 결과적으로 다른 조언과 상충되는 데이터에 상대적으로 둔감할 것이다. 모든 지배적인 리더가 외교정책을 통제하는 권한을 원하는 것은 아니다.

2. 단일 집단(Single Group)

외교정책결정자가 최종 결정 권한이 없거나 해당 권한의 행사를 거부하는 경우가 생기면 이를 대체할 최종 결정 기관이 운영돼야 하는데 바로 이때 기능하는 최종 결정 단위를 '단일 집단'이라고 한다. 단일 집단은 말 그대로 집단적으로 정책결정을 내리는 개인들의 집합으로 정의된다.

단일 집단은 2명 정도로 작을 수도 있고, 수백 명의 의회만큼 클 수도 있는데, 이들은 소규모로 구성되고, 고도의 전문 지식을 갖고 있으며 집합적이고 상호작용하는 정책결정 프로세스를 갖는다. 구체적으로, 정책결정과정에 필요한 모든 개인이 하나의 집단에 속해 있으면서 구성원 간의 대화과정을 통해 결정을 내리면 그 집단은 최종 정책결정 단위가 된다.

단일 집단이라는 최종 정책결정 단위는 현대 정부에서 일반적인 모델이다. 소련 공산당 정치국, 중국 공산당 중앙정치국 상무위원회, 미국 국가안전보장회의, 여러 의원내각제 정부의 내각 등 최종 정책결정 단위는 단일 집단이다. 단일 집단은 일련의 규칙과 자원유지능력이 있어야 하고, 특히 다른 주체가 그 단일 집단의 정책결정이나 수정에 자의적으로 참여할 수 없다.

그러므로 단일 집단은 정부의 자원 투입을 독립적으로 결정할 수 있으며, 결정된 입장을 정부 내 다른 조직이 번복하는 것을 막을 수 있다. 이는 다른 당사자의 개입에 영향을 받지 않는 최종 정책결정 단위의 독립성과 자기 결정을 강조하는 것이다. 따라서 이러한 단일 집단의 중요한 특징은 외부와 상의하지 않고 의견을 형성하고 변경할 수 있는 능력이 있다.

외교정책 결정과정에서 단일 집단의 행위를 이해하는 열쇠는 그 집단이 빠르게 합의에 도달하는지 여부이다. 합의가 빠르게 이루어진다는 것은 외부 요인이 외교정책결정에 거의 영향을 미치지 않는다는 것을 의미하며, 동시에 집단의 내부 역학에 전적으로 집중된다는 의미이기 때문이다. 이렇게 되면 이제 단일 집단은 독립적인 최종 정책결정 단위로 간주된다.[8)]

단일 집단이 최종 정책결정 단위가 될 경우 합의에 도달하는 집단의 능력에 영향을 미치는 다양한 요소가 있는데, 그중 하나가 공통의 신념체계이다. 합의에 도달하는 것은 집단 구성원이 공통의 이데올로기 또는 정권 지향성을 공유하는 경우 더 가능성이 높다. 즉, 집단의 구성원들이 현재 문제와 관련된 공통의 가치관과 신념을 공유하는 것이다.

반면에, 구성원들이 합의에 도달하는 데 어려움이 있는 경우라면 외교정책을 결정하기 위해 어떤 외부 요인이 과정에 영향을 미쳤는지 식별해야 한다. 이 경우에 단일 집단은 외부 영향을 받는 최종 정책결정 단위가 된다. 집단에서 불일치의 경우가 생기면 외부 요인이 영향을 미칠 수 있다. 이러한 문제가 발생할 때 집단 구성원은 문제를 재해석하거나 갈등을 해결하기 위해 자신의 관점을 뒷받침하는 정보를 찾을 것이다.

합의에 도달할 가능성을 감소시키는 요인으로는 집단의 힘이 구성원들 사이에 고르지 않게 분배되는 경우, 즉 강력한 리더가 있는 경우, 다양한 자료의 원천으로부터 정보가 제공되지만, 집단 구성원이 공유하지 않는 경우와 집단의 구성원이 자신의 외부 조직에 대한 충성심이 강한 경우, 또는 집단이 모호하거나 복잡하고 논쟁의 여지가 있는 문제에 직면해 있는 경우 등이 있다.

3. 복수의 자치 그룹(Multiple Autonomous Groups)

외교정책결정에서 지배적인 리더나 단일 집단 외에 다른 대안도 존재하는데, 바로 '복수의 자치 그룹'이다. 복수의 자치 그룹은 외교정책 연구에서 국가의 외교정책 결정과정이 단일한 합리적 행위자(국가)에 의해 일관되게 결정되는 것이라기보다는, 국내외의 다양한 행위자들의 상호작용과 경쟁에 의해 이루어진다고 보는 시각이다. 즉, 한 국가 내부 또는 국가들 간에 여러 독립적이거나 자율성을 가진 집단이 존재하면서 외교정책 결정과정에 영향을 미친다는 것을 말한다. 예를 들어 유고슬라비아 전쟁 당시 유럽연합의 외교정책은 회원국 간 협상의 결과였다. 이들 집단의 구성원들은 모두 독립적이고 분리된 독립체이며 각각 고유한 관심사, 목표 및 정체성을 가지고 있다. 이러한 구조는 특정한 정책결정권한이 한 그룹이나 기관에 집중되어 있지 않고 여러 그룹 간에 분산되어 있음을 나타낸다.[9]

복수의 자치 그룹 개념이 중요한 이유는 외교정책이 단일한 국가 이익의 결과가 아님을 보여 주고 있고 정책결정의 복잡성과 비합리성을 설명하는 데 유용하기 때문이다. 복수의 자치 그룹의 필수 행위자는 정부를 대표하거나 정부를 대신하여 행동할 수 있는 능력을 갖고, 외교정책결정 또는 관리와 관련된 기타 활동에 참여할 수 있다. 이론적으로 복수의 자치 그룹은 중앙정부만이 외교정책을 주도하는 것이 아니라 기업, 지방정부, NGO 등이 자율적인 영향력을 행사한다고 본다. 각 그룹은 자체의 이익이나 관점을 바탕으로 독자적인 외교 행동을 취하기도 한다. 다양한 자치 그룹이 등장하면서 외교정책이 다양한 이해관계를 반영한다. 또한 지방정부나 기업들의 해외 활동이 증가하면서 민간 외교가 강화되기도 한다.

하지만 정부를 대신하여 행동할 때는 정부와의 합의가 필요하다. 왜냐하면 복수의 자치 집단에서 어느 쪽도 상대방이 결정된 사안을 준수하도록 강요할 권한이 없기 때문이다. 따라서 결정은 일반적으로 협상, 타협 또는 단체 협약을 통해 이루어진다.

복수의 자치 그룹의 외교정책 결정과정에서 개별 개인, 집단 또는 연합을 모두 통제할 수 있는 포괄적인 권한은 존재하지 않기 때문에 유연성이 필요하다. 허만(Charles Hermann)이 지적하듯이 집단 구성원의 역할 유형뿐만 아니라 집단 내 권력 배분과 같은 집단의 구조적 요인이 중요한 영향을 미친다.[10)] 복수의 자치 그룹이 최종 결정 단위일 때, 외교정책의 본질을 파악하는 열쇠는 복수의 자치 행위자 간의 정치적 관계가 제로섬 관계인지 아니면 비제로섬 관계인지에 따라 달라질 수 있다.

제로섬 게임에서는 행위자들이 서로의 힘과 이익을 극대화하려 하며, 한쪽이 이득을 보면 반드시 다른 쪽은 손해를 보게 된다. 이러한 관계에서는 외교정책 결정과정이 경쟁적 성격을 띠게 되며, 각 행위자는 상대방의 영향력을 줄이기 위해 독립적인 정책결정을 내리려 한다. 현실에서 이러한 구조는 강대국 간의 경쟁에서 자주 나타난다. 냉전 시기 미국과 소련의 관계가 대표적인 사례다. 두 국가는 군사력, 경제력, 이념적 영향력을 놓고 치열하게 경쟁했으며, 상대방이 세력을 확장하면 이를 저지하기 위한 정책을 펼쳤다. 미국이 나토를 결성해 서방 동맹을 강화하자, 소련은 바르샤바 조약기구(Warsaw Pact)로 대응하는 방식으로 상호 견제를 지속했다. 이러한 제로섬 관계에서 각국의 외교정책은 상대방을 약화시키고 자국의 이익을 극대화하는 방향으로 움직였다.

그러나 제로섬 게임이 항상 갈등으로만 귀결되는 것은 아니다. 상호 경쟁을 지속하면서도, 일정한 규칙과 절차를 설정함으로써 교착상태를 피하고 정치적 경쟁을 조율하려는 시도도 이루어진다. 예를 들어, 미·소 간의 핵무기 경쟁이 극도로 치열했던 1960~70년대에도, 두 국가는 핵 군축 협정을 통해 일정한 규칙을 만들었다. 1972년 체결된 전략무기제한협정(SALT I)은 양국이 보유할 수 있는 탄도미사일의 수를 제한하는 내용을 포함하고 있었으며, 이를 통해 무한경쟁이 초래할 수 있는 위험을 일정 부분 완화하고자 했다. 이처럼 제로섬 게임의 논리가 작용하는 상황에서도, 당사자들은 서로의 권위를 인정하고 협상의 틀을 마련함으로써 보다 예측 가능한 환경을 조성하려고 노력할 수 있다.

특정한 사안에서는 제3자의 개입이 협상과정에 영향을 미칠 수도 있다. 외부 세력은 직접적인 개입뿐만 아니라 간접적인 압력을 행사하여 협상을 조정할 수 있다. 국제기구는 규칙을 설정하거나 중재역할을 수행함으로써 협상과정의 공정성을 높이는 역할을 하기도 한다. 예를 들어, 1990년대 보스니아 전쟁을 종식시키기 위해 체결된 데이턴 평화협정(Dayton Agreement)에서는 미국과 유럽연합(EU)의 외교적 개입이 결정적인 역할을 했다. 미국이 협상의 틀을 주도하고 나토가 군사적 개입 가능성을 시사함으로써 당사자들에게 협상에 응할 동기를 부여한 것이다. 이처럼 외부 세력은 협상 당사자들이 합의에 도달하도록 압박하는 역할을 하며, 때로는 협상의 틀을 조정하거나 절차적 규범을 설정하기도 한다.

비정부기구(NGO) 역시 외교협상에 간접적으로 영향을 미칠 수 있다. 환경보호, 인권 문제, 인도주의적 지원과 같은 이슈에서 NGO는 국제 여론을 조성하고, 협상 당사자들에게 정치적 압력을 가하는 방식으로 개입할 수 있다. 예를 들어, 1997년 체결된 오타와 협약(Ottawa Treaty), 즉 대인지뢰금지협약은 국제적 NGO들의 강력한 로비활동이 중요한 역할을 했다. 당시 국제 지뢰금지운동(ICBL)과 같은 단체들은 각국 정부를 압박하여 대인지뢰 사용을 금지하는 국제적 합의를 이끌어냈다. 이처럼 외부 행위자들의 개입은 협상과정의 복잡성을 높이지만, 때로는 합의를 촉진하는 역할도 할 수 있다.

결국 제로섬 게임의 상황에서는 국가나 자율적 행위자들이 서로의 힘과 이익을 극대화하려는 노력이 지속되는 동시에, 장기적인 손실을 피하고 교착상태에서 벗어나기 위해 협상규칙과 절차를 설정하는 것이 중요하다. 또한, 외부 세력의 개입과 압력이 협상과정에서 어떠한 영향을 미칠지 고려해야 하며, 이를 전략적으로 활용하는 것이 필요하다. 국제정치에서 국가 간의 경쟁은 필연적이지만, 효과적인 협상전략과 규칙설정을 통해 보다 안정적이고 예측 가능한 환경을 조성하는 것이 외교정책의 성공을 결정짓는 핵심 요소가 된다.

4. 관료조직(Bureaucracy)

외교정책을 수립하고 집행하는 과정에서 정부의 관료조직이 중요한 역할을 한다. 관료는 정보수집, 정책개발 및 제안, 조언 제공, 정책실행 및 때로는 외교정책을 결정하는 일을 담당한다. 외교를 하나의 게임으로 비유한다면, '국제관계'는 국익을 추구하는 게임이다. 하지만 정부 내에서 발생하고 있는 또 다른 게임이 있다. 바로 관료조직에서의 정책결정으로, 여기에는 개인 및 조직이 지위와 권력을 놓고 경쟁하는 과정이 있다.[11] 실제로, 이 과정이 국가의 외교정책에 더 결정적일 수 있다.

관료조직의 제도적 구성은 국가의 행정 및 집행장치의 구조, 조직 및 프로세스를 말한다. 이러한 구성요소에는 해당 국가의 외교정책에 영향을 미칠 수 있는 정부 조직, 법 집행기관 및 비정부 조직이 포함된다. 조직이 행정부로부터 제도적으로 독립될수록 자율성이 높아짐과 동시에 조직의 이익 추구 가능성이 높아진다.

베버(Max Weber)는 관료조직의 역할을 강조하기 위해 현대 국가 모델에서 실질적이고 불가피한 지배자는 관료라고 했다. 정책은 리더가 지시하지만, 실제 그 정책의 시행은 공무원들의 손에 달려 있다. 핼퍼린(Morton Halperin)은 아이젠하워, 케네디, 존슨 시대 미국 국방정책의 여러 사례를 살펴본 후, 공무원들은 종종 관료적 입장과 인식에 따라 문제를 파악한다고 주장했다. 공무원의 내부 목표가 정부의 목표보다 훨씬 더 중요하기 때문이다.[12]

관료조직은 생존을 최우선 순위로 삼고 있는데 이러한 생존은 다른 조직에 대한 상대적 영향력, 조직의 예산, 그리고 직원들의 사기에 의해 측정된다. 관료들은 통일된 태도와 공통된 이미지를 따르는 경향이 있다. 관료들의 기본적인 태도와 이미지는 정책입안자들이 특정 외교정책 사건이나 문제를 인식하는 방식을 형성하는 데 중요한 역할을 한다. 또한 외교정책 결정과정에서 관료들은 이러한 통일된 태도와 공유된 이미지를 통해 외교정책 사건의 의미를 평가하고 연구한다. 안보 문제를 예로 든다면, 재무부는 재정 예산이나 국방비에 집중하고, 국방부는 국가안보에 집중하며 국무부는 외교나 국제정치를 더 중요시할 것이다.

이러한 관료조직의 특성과 관련해 외교정책 결정과정은 리더의 관리 스타일, 즉 정보와 주변 사람들을 관리하는 방식에 따라 달라지며, 다양한 관리 스타일이 정책결정과정에 영향을 미치고 궁극적으로 외교정책 자체에 영향을 미친다.

관료조직이 외교정책에 미치는 영향은 외교와 외교관의 개념을 통해 이해할 수 있다. 외교는 국가가 다른 국가에 연설하고 소통하여 국가 목표, 정책 및 현안에 대한 견해를 설명하는 도구이다. 외교에는 여러 유형들이 있는데, 양자 간, 다자 간, 정상회담, 임시 외교, 공개·비밀, 공공 외교 등이 있다. 여기서 임시 외교는 특정 임무를 수행하기 위해 특사 또는 임시 사절을 파견하는 가장 오래된 형태를 말한다. 국가 간 회의를 통한 외교는 다자 외교의 일반적인 형태이고, 비밀 외교는 국가 간의 민감한 문제를 해결하거나 중요한 결정을 내릴 때 활용된다.

조지(Alexander George)는 대통령의 관리 스타일에 대한 연구에서 세 가지의 뚜렷한 모델을 제시했다. 이러한 관리 스타일은 대통령이 복잡한 거버넌스와 정책결정에 접근하는 방식을 보여 주며, 리더의 개인적인 태도와 선호도가 행정부 운영에 미치는 영향을 분석하는 데 유용한 틀을 제공한다. 조지가 제시한 세 가지 모델은 공식적(formal) 모델, 경쟁적(competitive) 모델, 협업적(collegial) 모델이다.[13]

공식적 모델은 정책결정과정이 고도로 구조화되어 있으며, 명확한 절차와 계층적 의사소통 라인을 특징으로 한다. 이 모델을 채택한 대통령은 체계적인 정책결정과정을 선호하며, 결정과정의 모든 단계가 사전에 정해진 프로토콜을 따르도록 한다. 공식적 모델을 대표하는 대통령으로는 레이건이 있다. 레이건 행정부에서는 참모들이 정해진 보고 체계를 따라 의견을 전달했고, 대통령이 직접 개입하는 대신 주요 보좌진들이 정책 조율을 담당하는 방식으로 행정이 운영되었다. 레이건은 정치적으로 강한 비전을 제시했지만, 세부적인 정책결정은 행정관리체계를 통해 이루어지도록 했으며, 이를 통해 행정부 내 질서를 유지하고 정책 추진의 일관성을 확보하려 했다. 그러나 이러한 방식은 지나치게 경직된 정책운영으로 이어질 위험이 있으며, 때로는 중요한 정보가 대통령에게 전달되는 과정에서 왜곡되거나 지연될 가능성이 있었다. 실제로 이란-콘트라 사건(Iran-Contra Affair) 당시, 레이건 대통령이 핵심 사항을 제대로 인지하지 못했다는 점은 공식적 모델의 단점이 드러난 사례로 볼 수 있다.

반면, 경쟁적 모델은 대통령이 정책결정을 중앙집중화하고, 행정부 내 경쟁과 권력의 역학관계를 적극적으로 활용하는 방식이다. 대통령은 행정부 내에서 다양한 의견을 장려하면서도 최종 결정을 독점하는 경향이 있으며, 정책결정과정에서 적극적인 갈등 조정을 수행한다. 이러한 모델을 대표하는 대통령으로는 루즈벨트가 있다. 루즈벨트는 행정부 내에서 일부러 경쟁을 유도하여 다양한 정책 대안을 얻고, 이를 바탕으로 최적의 결정을 내리는 방식으로 행정을 운영했다. 예를 들어, 제2차 세계대전 당시 루즈벨트는 국무부와 국방부, 재무부 사이의 견제와 균형을 적극 활용하여 각 부처가 서로 경쟁적으로 정보를 제공하도록 유도했다. 이러한 방식은 보다 혁신적인 정책대안을 도출하는 데 기여할 수 있지만, 지나친 내부 경쟁은 행정부 내 갈등을 심화시키고 조정의 어려움을 초래할 수도 있다. 루즈벨트의 경우 각료들 간의 경쟁을 통해 보다 창의적인 정책을 얻어내려 했지만, 때로는 행정부 내 혼란을 초래하기도 했다.

마지막으로 협업적 모델은 대통령이 고문과 직원들 간의 협력과 팀워크를 강조하는 방식이다. 리더는 열린 의사소통을 장려하고 다양한 이해관계자의 의견을 수렴하여 협력적인 환경을 조성하며, 합의형성과 집단적 정책결정을 중시한다. 이러한 스타일을 대표하는 대통령으로는 클린턴이 있다. 클린턴 행정부에서는 정책결정과정에서 광범위한 논의를 거쳤으며, 다양한 관점을 고려하여 최종 결정을 내리는 방식이 강조되었다. 클린턴은 정책 문제를 해결하기 위해 전문가와 참모진들의 토론을 장려했고, 다양한 의견을 수렴하여 결정을 내리는 데 집중했다. 그러나 이러한 접근 방식은 때때로 결정과정이 길어지고 정책방향이 불분명해지는 단점이 있었다. 예를 들어, 의료개혁정책 추진과정에서 다양한 의견을 조율하는 데 많은 시간이 소요되었고, 정책결정과정이 지나치게 복잡해지면서 최종 실행이 지연되는 문제가 발생했다.

5. 집단사고(Groupthink)

집단사고는 집단 내에서 만장일치와 조화를 유지하려는 압력이 강할 때 발생하는 현상으로, 이는 종종 비합리적이거나 비효율적인 결정을 초래할 수 있다. 재니스(Irving Janis)는 집단사고가 마치 '군중 심리'와 같으며, 집단 내에서 개인이 반대 의견을 제시하거나 의심을 표명하는 것을 자제하게 만든다고 보았다. 그 결과, 집단 내에서 비판적 사고가 억제되면서 잘못된 결정을 내릴 가능성이 커지게 된다.

집단사고는 특정한 환경에서 더욱 쉽게 발생한다. 리더가 반대 의견을 억누르거나, 구성원들이 의견 불일치를 피하려는 경향이 강할수록 집단사고의 위험은 증가한다. 예를 들어, 2003년 미국의 이라크 침공 결정과정에서, 부시 행정부 내에서는 후세인이 대량살상무기(WMD)를 보유하고 있다는 가정이 거의 의심 없이 받아들여졌다. 이 과정에서 일부 정보기관이 WMD 존재 여부에 대한 불확실성을 보고했음에도 불구하고, 이러한 반대 의견은 정책결정과정에서 충분히 고려되지 않았다. 집단 내 만장일치를 강조하는 분위기 속에서, 반대 의견을 제시하는 것이 용납되지 않는 환경이 조성되었고, 결과적으로 부정확한 정보에 기반한 침공 결정이 내려졌다.

집단사고가 발생하기 위한 조건으로 재니스는 네 가지 요소를 제시했다. 첫째, 정책결정을 내리는 집단은 높은 응집력을 가져야 하며, 내부적으로 강한 결속력을 유지하는 경향이 있어야 한다. 둘째, 조직이 외부와 단절되어 있거나, 독립적인 정보출처에 접근할 기회가 제한되어 있을 경우 집단사고가 쉽게 발생할 수 있다. 셋째, 그룹 내에서 구성원들의 사회적 배경과 이념이 지나치게 동질적일 경우, 새로운 시각이나 반대 의견이 등장하기 어려운 환경이 조성된다. 마지막으로, 최근의 실패 경험으로 인해 집단의 자존감이 낮아졌거나, 대안이 부족하다고 믿게 되는 경우, 집단은 내부적으로 더욱 단결하려 하면서 비판적 사고를 배제할 가능성이 높아진다.[14)]

집단사고의 대표적인 사례로 자주 언급되는 것은 1961년 쿠바 피그스만 침공 사건이다. 케네디 행정부는 쿠바의 피그스만(Bay of Pigs)에 반카스트로 세력을 지원하며 침공을 감행했으나 작전은 실패했다. 이 과정에서 케네디 대통령의 참모진들은 작전의 성공 가능성을 지나치게 낙관했으며, 쿠바 내 반카스트로 세력이 쉽게 봉기할 것이라는 가정을 의심 없이 받아들였다. 그러나 실제로는 카스트로 정권의 군사력이 예상보다 강했고, 반카스트로 세력의 내부 조직도 미흡했기 때문에 작전은 실패로 돌아갔다. 더욱이 침공계획이 공식적으로 논의될 때 참모진들은 만장일치를 이루었으며, 누구도 작전의 현실적인 문제점에 대해 공개적으로 문제를 제기하지 않았다. 이 사건은 집단사고의 전형적인 사례로 꼽히며, 반대의견을 제시할 수 있는 건강한 논쟁이 부재할 경우 어떤 결과를 초래할 수 있는지를 보여 준다.

집단사고는 정치적, 군사적 결정뿐만 아니라 기업과 조직 내에서도 발생할 수 있다. 1986년 챌린저 우주왕복선 폭발 사고는 NASA 내부에서 경영진이 엔지니어들의 기술적 우려를 무시하고 발사를 강행한 결과로 분석된다. 당시 엔지니어들은 기온이 낮을 때 고무 오링(O-ring)이 제대로 작동하지 않을 가능성을 제기했지만, NASA의 경영진은 미디어 일정과 정치적 압력을 고려하여 발사를 예정대로 진행하기로 결정했다. 결국 발사 직후 우주왕복선이 폭발하면서 7명의 우주비행사가 사망하는 참사가 발생했다. 이 사례 역시, 조직 내에서 반대 의견이 충분히 논의되지 않고, 다수의 결정을 거스르기 어려운 분위기가 조성될 경우 위험한 결과로 이어질 수 있음을 보여 준다.

집단사고를 피하는 가장 효과적인 전략 중 하나는 리더가 정책결정과정에서 적극적으로 반대의견을 장려하는 것이다. 조직 내에서 리더가 모든 결정을 주도하는 것이 아니라, 다른 구성원들이 자유롭게 의견을 개진하고 논쟁할 수 있는 환경을 조성하는 것이 중요하다. 실제로 케네디 대통령은 피그스만 침공 실패 이후 정책결정 방식을 수정하여, 1962년 쿠바 미사일 위기 당시에는 보다 신중한 접근을 취했다. 그는 회의에서 일부 참모진이 '악마의 변호인(devil's advocate)' 역할을 하도록 유도했고, 다양한 시나리오를 검토하면서 최종 결정을 내렸다. 이러한 변화는 미국이 핵전쟁을 피하고 소련과 외교적 합의를 도출하는 데 중요한 역할을 했다.[15)]

또한, 집단 내 다양성을 확보하는 것도 집단사고를 방지하는 효과적인 방법이 될 수 있다. 구성원들이 다양한 배경과 경험을 가지고 있을수록, 서로 다른 관점이 제시될 가능성이 높아지며, 특정한 사고방식이 지배적인 문화로 자리 잡는 것을 방지할 수 있다. 실제로 외교정책 결정과정에서 다양한 부처와 전문가들의 의견을 듣는 것은 중요한 전략이며, 특정 그룹에 의해 정책이 독점되는 것을 막기 위한 장치가 될 수 있다.

집단사고는 때때로 위험한 결과를 초래할 수 있지만, 그렇다고 해서 모든 정책결정과정에서 만장일치가 반드시 부정적인 것은 아니다. 중요한 것은 반대 의견이 억압되지 않고 충분히 논의될 수 있는 환경이 조성되는 것이다. 건강한 조직문화와 균형 잡힌 정책결정구조를 통해 집단사고의 위험을 줄이고, 보다 합리적이고 신중한 결정을 내릴 수 있도록 하는 것이 필수적이다.

III 앨리슨(Graham Allison)의 결정의 본질 (Essence of Decision)

앨리슨의 연구는 시몬의 '제한된 합리성'에 영향을 받았는데, 기본적으로 외교정책이 합리적인 계산에 의해 발생하지 않는다고 주장한다. 이를 위해 앨리슨은 그의 저서 *Essence of Decision*(결정의 본질, 1971)에서 쿠바 미사일 위기를 분석하며, 기존의 합리적 행위자 모델(Rational Actor Model)에 조직 과정(Organizational Process) 모델과 관료정치(Bureaucratic Politics) 모델을 제시하였다. 이후 1999년 젤리코(Philip Zelikow)와의 협업을 통해 조직행동(Organizational Behavior) 모델과 정부정치(Governmental

Politics) 모델로 원래의 이론이 일부 수정되었다.[16] 이 연구가 나오면서 관료조직과 연관이 있는 조직행동·조직과정 모델과 정부정치·관료정치 모델에 대해서 학자들 간의 격렬한 논쟁이 이루어졌다.[17]

1. 조직 행동(조직 과정) 모델

조직 행동(조직 과정) 모델에서는 외교정책이 지도자의 개인적 선택이 아니라 정부 조직의 표준운영절차(Standard Operating Procedures, SOP)와 관행에 따라 결정된다고 본다. 정부는 느슨하게 연결된 하위 조직들의 연합체이며, 각 조직은 상당한 자율성을 가지고 운영된다. 따라서 정책결정과정에서 중요한 것은 국가의 목표보다는 개별 조직의 목표와 절차다. 예를 들어, 1962년 쿠바 미사일 위기 당시 미국의 대응은 단순히 대통령의 결단이 아니라, 국방부와 정보기관, 국무부 등의 조직적 절차에 의해 상당 부분 결정되었다. 당시 미군의 해군 봉쇄 작전은 국방부의 표준운영절차에 의해 선택된 것이었으며, 케네디 대통령이 다양한 군사적 옵션을 고려했음에도 불구하고, 군 조직의 SOP가 작전의 실행방식을 결정하는 데 중요한 역할을 했다. 이러한 점에서 조직과정 모델은 외교정책결정이 지도자의 의지보다 조직적 관행과 절차의 결과물임을 보여 준다.

이 모델의 핵심은 정부가 복잡한 문제를 해결하기 위해 다양한 조직에 사안을 배분하고, 조직이 표준운영절차를 통해 문제를 해결한다는 점이다. 이러한 절차는 외교정책의 예측 가능성을 높이고, 효율성을 보장하는 장점이 있다. 예를 들어, 미국 국무부는 특정 국가와의 외교적 분쟁이 발생했을 때, 기존의 외교적 대응절차를 따르며, 정보기관은 위기상황이 발생하면 정해진 정보수집 및 분석절차를 통해 정보를 제공한다. 1990년 걸프전 당시, 미군의 대응전략도 미 국방부와 합참의 기존

작전계획에 의해 상당 부분 결정되었으며, 이는 SOP가 실제 정책 결정 과정에서 어떻게 작용하는지를 보여 주는 사례다.

그러나 조직과정 모델에는 한계도 존재한다. 특히 위기상황에서는 SOP가 오히려 정책결정과정에서 경직성을 초래할 수 있다. 1941년 진주만 공습 당시 미국 정보기관들은 일본의 공격 가능성을 포착했지만, 기존의 정보분석절차와 대응 SOP가 지나치게 관료적이고 비효율적이었기 때문에 적절한 대응이 이루어지지 않았다. 당시 미 해군과 육군은 서로 다른 정보체계를 운영하고 있었고, 각 조직은 자신들의 SOP에 따라 정보를 분석했지만, 이를 조정하는 과정이 미흡했다. 그 결과, 미국은 일본의 공격을 사전에 차단하지 못하고 기습을 당하는 결과를 초래했다.

2. 정부(관료)정치 모델

정부(관료)정치 모델은 조직과정 모델과 달리, 외교정책결정이 조직의 절차뿐만 아니라, 정책결정에 참여하는 개별 관료들의 정치적 이해관계와 협상을 통해 이루어진다고 본다. 이 모델에서는 외교정책이 단일한 국가 목표에 의해 결정되는 것이 아니라 각 부처와 기관, 그리고 정책 결정자 개인의 정치적 목표와 이해관계가 복잡하게 얽혀서 만들어진다. 예를 들어, 1965년 베트남전 확대 결정과정에서 국방부, 국무부, 백악관 내부에서는 서로 다른 입장이 충돌했다. 국방부는 군사적 개입 확대를 주장했고, 국무부 내 일부는 외교적 해결책을 고려해야 한다고 주장했다. 결국 존슨 대통령은 국방부와 군부의 입장을 반영하여 베트남전 개입을 확대하는 결정을 내렸지만, 이 과정에서 각 부처의 관료들이 자신의 입장을 관철하기 위해 치열한 내부 경쟁을 벌였다는 점에서 정부정치 모델이 설명력을 갖는다.

또한, 1979년 이란 주재 미국 대사관 인질사태 대응과정에서도 정부 정치 모델의 특징이 뚜렷하게 드러났다. 당시 카터 행정부 내에서는 국무부와 국방부, 국가안보회의(NSC)가 서로 다른 대응책을 주장했다. 국무부는 외교적 협상을 선호했지만, 국방부는 군사적 구출 작전을 고려했다. 결국 카터 대통령은 이글 클로(Operation Eagle Claw)라는 특수작전을 승인했지만, 부처 간 조율 부족과 군 내부의 조정 실패로 인해 작전은 큰 실패로 끝났다. 이 사례는 정책결정과정에서 다양한 관료 조직과 개별 행위자의 이해관계가 충돌하면서 정책이 형성된다는 점을 보여준다.

정부(관료)정치 모델은 정책결정이 다양한 행위자들의 상호작용과 타협을 통해 이루어진다고 보기 때문에, 외교정책이 때때로 비효율적이거나 일관성이 부족할 수 있음을 시사한다. 예를 들어, 2009년 아프가니스탄 전략 검토 과정에서 오바마 행정부는 국방부, 국무부, 국가안보회의(NSC) 사이에서 다양한 입장이 충돌하며 정책결정이 지연되는 상황을 경험했다. 국방부는 병력 증강을 주장했고, 국무부는 아프간 정부와의 협력을 강조했으며, 백악관 내부에서는 비용 문제와 국내 정치적 영향을 고려해야 한다는 의견이 제기되었다. 이러한 내부 갈등 속에서 최종적인 정책 결정은 수개월간 지연되었고, 그 결과 일관된 전략을 수립하는 데 어려움을 겪었다.

그러나 정부(관료)정치 모델이 모든 외교정책결정을 설명할 수 있는 것은 아니다. 특히 위기상황에서는 최고 정책결정자의 역할이 훨씬 중요해지는 경향이 있다. 예를 들어, 1962년 쿠바 미사일 위기 당시 케네디 대통령은 정책결정과정에서 관료적 조정보다는 핵심 참모들과의 긴밀한 논의를 통해 신속한 결정을 내렸다. 군부는 강경 대응을 주장했지만 케네디는 외교적 해결책을 선호했고, 결국 해군 봉쇄와 비밀협상을 통해 위기를 해결했다. 이처럼 국가안보와 관련된 중대한 위기 상황에서는 정부(관료)정치 모델이 강조하는 부처 간 협상이 상대적으로 덜 중요한 역할을 할 수도 있다.

또한, 정부정치 모델은 정책결정과정에서 대통령의 역할을 충분히 반영하지 못한다는 비판도 존재한다. 키신저(Henry Kissinger)와 슐레진저(Arthur Schlesinger)는 외교정책결정에서 대통령이 강력한 권한을 행사할 수 있다는 점을 강조하며, 정부정치 모델이 최고지도자의 결단력을 과소평가한다고 지적했다. 예를 들어, 2001년 9·11 테러 이후 부시 대통령은 단기간 내에 아프가니스탄 전쟁 개입을 결정했으며, 이는 개별 부처의 정치적 조정보다는 대통령의 강력한 리더십에 의해 주도된 사례로 볼 수 있다.

IV 요약

- 외교정책결정에서 최종 결정 단위는 국가 내에서 외교정책을 최종적으로 결정하고 실행하는 책임 있는 그룹이나 기관을 의미하며, 정부구조와 정치 시스템에 따라 결정 단위의 성격이 달라진다.
- 지배적 리더는 외교정책결정에서 핵심적인 역할을 수행하며, 대통령이나 총리 등 최고 지도자가 주요 결정권을 가진다. 이들은 국가의 장기목표 설정, 국제적 위기 대응, 정상회담에서 국가 대표 역할을 담당하며, 개인적 성향과 경험이 결정과정에 큰 영향을 미친다. 예를 들어, 아이젠하워는 군사적 경험을 바탕으로 원자력 외교정책에 깊이 관여했다.
- 단일 집단은 소규모로 구성된 전문 집단이며, 상호작용과 합의를 통해 외교

정책을 결정한다. 단일 집단은 구성원 간 공통 신념과 가치관이 합의를 촉진하며, 외부 요인의 영향을 최소화하려는 경향이 있다. 그러나 구성원 간 의견 불일치 시 외부 요인이 영향을 미칠 가능성도 존재한다.

- 복수의 자치 그룹은 독립적 권한을 가진 다수의 그룹이 외교정책을 결정하며, 협상과 타협을 통해 합의를 도출한다. 이러한 구조는 특정 그룹이 독점적으로 결정을 주도하지 않으며, 제로섬 관계나 교착 상태가 발생할 수 있다. 규칙과 절차를 통해 갈등을 조정하고 합의 가능성을 높이려는 노력이 중요하다.
- 관료제는 외교정책결정과 집행에서 중요한 역할을 수행하며, 정부 조직은 정보수집, 정책 실행, 조언 제공 등에서 핵심적인 기능을 담당한다. 각 조직은 표준운영절차(SOP)를 통해 정형화된 행위 패턴을 따르며, 이는 정책의 일관성과 효율성을 보장하지만, 동시에 변화에 대한 적응력이 떨어질 수 있다.
- 집단사고는 집단 내 만장일치와 조화를 우선시하는 압력으로 인해 비합리적 결정이 이루어지는 현상을 뜻하며, 피그스만 침공 사례가 대표적이다. 집단사고를 방지하려면 비판적 사고와 반대 의견을 자유롭게 제시할 수 있는 환경이 필요하다.
- 정부(관료)정치 모델은 외교정책 결정과정이 다양한 행위자들의 상호작용과 정치적 경쟁의 산물임을 강조하며, 관료들의 개인적 신념과 조직의 이익이 정책형성에 영향을 미친다. 이는 타협과 협상을 통해 정책이 결정되지만, 일관성 부족과 복잡성으로 비판받기도 한다.
- 외교정책 결정과정에서 각각의 모델은 상호 보완적으로 작용하며, 특정 상황에 따라 다른 모델이 더 유효할 수 있다. 정책결정의 복잡성과 다양성을 이해하기 위해 각 모델의 장단점을 파악하는 것이 중요하다.
- 이상에서 각각의 외교정책모델은 서로 유기적으로 결합되어 있으며, 상호 보완적이어서 어느 하나의 모형으로 한 국가의 외교정책 전체를 이해하는 것은 사실상 불가능하다.

5장

국가 유형과 외교정책

Ⅰ. 개요
Ⅱ. 국가 유형과 외교정책
Ⅲ. 요약

5 장

국가 유형과 외교정책

I 개요

- 강대국, 중견국, 약소국의 외교정책 특징과 국제체제 내 역할을 이해하며, 국가 속성과 환경적 특성이 외교정책에 미치는 영향을 탐구.
- 군사력, 경제력, 문화적 자원을 외교적 수단으로 활용하는 강대국 외교정책을 중점적으로 분석. 미국 외교정책의 고립주의에서 국제주의로의 전환 과정과 봉쇄정책 사례를 통해 강대국이 외교적 우위를 유지하는 전략을 학습.
- 중견국 외교정책은 국제 분쟁 중재와 다자 협력을 촉진하는 역할에 초점을 맞추며, 소프트파워 활용과 틈새 강국으로서의 전략적 접근방식을 분석. 사례를 통해 중견국이 다자체제에서 영향력을 확대하는 방식을 연구.
- 약소국 외교정책은 피난처 추구, 중립전략, 헤징과 같은 생존전략을 중심으로 학습. 제한된 자원을 활용해 국제체제에서 생존과 이익을 도모하는 약소국의 사례를 조사.
- 외교정책과 힘(파워)의 관계를 중심으로 강대국과 약소국의 힘의 활용방식의 차이를 비교. 강대국의 구조적 힘과 약소국의 전략적 적응 사이의 상호작용을 탐구.

• 외교정책 연구의 시사점으로 강대국 중심의 기존 이론과 약소국 및 중견국 사례 간의 불균형을 비판적으로 평가. 약소국 외교정책 연구가 국제정치 분석에 기여하는 이론적·실천적 가치를 확인.

II 국가 유형과 외교정책

국제체제에는 다양한 국가들이 존재한다. 군사력과 경제력이 월등한 강대국, 힘이 약한 약소국, 그리고 그 중간에 위치하고 있는 중견국으로 나눌 수 있다. 국가 고유의 환경적 특성은 그 국가만의 독특한 외교정책을 형성한다. 국가들은 저마다 처한 환경에서 최선의 노력을 기울이며 국가를 운영하려고 한다. 그렇기 때문에 국제체제 내 구조적 제약이 적은 강대국과 생존을 유지하기 위해 체제 차원의 요인에 의해 부과되는 제약에 주의를 기울여야 하는 약소국의 입장은 다르게 나타난다.

과학적 외교정책 연구의 대표적인 학자인 로제나우는 국가의 규모(인구를 기준으로 큰 국가, 작은 국가), 경제(특히 GDP에 따라 선진국, 중진국, 후진국), 정치체제의 성격(민주국가, 비민주국가)이라는 3가지 국가속성 지표에 따라 외교정책의 선택이 달라질 수 있다고 보았다. 이스트(Maurice East)와 허만(Charles Hermann)도 외교정책 선택에 영향을 주는 요소로 규모, 경제발전 정도, 정부의 정치적 책임을 연결하는 27가지 가설을 제시하고, 국가의 일부 속성이 외교정책 선택과 강하게 연관되어 있다는 결과를 분석했다.

홀스티(K. J. Holsti)도 '국가의 역할(National role)' 개념을 통해 정책결

정자가 자국에 취하는 가장 적합한 종류의 결정, 규칙, 행동 및 국제체제에서 국가가 수행해야 하는 기능에 대해 분류하였다. 홀스티의 국가역할 개념은 국가가 자국의 이익을 인식하고 외교정책을 결정하는 방식에 영향을 미친다고 본다. 그는 세력균형이 국제체제의 역학을 적절히 설명하지 못한다고 비판하면서, 국가 역할 개념이 다양한 국제적 맥락에서 국가가 특정 방식으로 일관되게 행동하는 이유를 설명하는 데 도움이 된다고 보았다.[1)]

이 장에서는 개별 국가들이 처한 국내적인 여건이 다르기 때문에 외교정책도 다르게 나타난다는 점을 강조하며, 강대국(Great Powers/Big Powers), 중견국(Middle Powers), 약소국(Dependent States)의 외교정책이 어떠한 특징을 지니고 있는지를 알아본다. 우선, 강대국의 외교정책과 관련해 미국의 외교정책에 영향을 주는 요인들을 살펴본다.

1. 외교와 국가의 힘

힘(power)은 국제정치 및 외교정책에서 가장 기초적이고 중요한 개념이지만 그 개념의 모호성으로 외교정책에서 소홀하게 취급된 경향이 있다. 힘은 국제정치에서 상대를 통제할 수 있는 능력으로 국가가 가진 힘의 크기는 외교가 영향력으로 전환되는 정도를 나타낸다. 외교는 정책결정자가 국가목표를 달성하기 위해 잠재적인 국가의 힘을 실제로 사용할 수 있도록 현실화하는 역할을 한다. 외교정책결정자들은 힘 그 자체를 목적으로 하여 극대화해 나가기 때문에 상대 국가의 힘의 행사를 무시할 수 없다.

힘은 서로 다른 목적을 가진 행위자들이 상대방과 상반된 행위를 하고자 할 때, 행위자가 바라는 대로 상대의 행위를 바꾸거나 압력을 행사하는 상황에서 영향력을 가진다. 즉 힘은 행위자들이 상호 의존관계에 있을 때 상대의 행동에 영향을 끼칠 수 있다. 그러므로 다른 국가에 보다 큰 영향력을 행사하기 위해서는 자국의 자원을 효과적으로 행사할 수 있는 힘으로 바꾸어야 한다.

어느 국가가 힘을 얼마만큼 가지고 있는지에 따라 외교정책의 결정과정 및 방식은 다르게 나타난다. 약소국은 외교정책에서 국가이익을 극대화하는 데 초점을 두기보다는 위험을 최소화하는 데 우선순위를 두는 정책을 취한다. 그렇기 때문에 약소국은 특정 국가에 치우치지 않는 중립외교정책을 기본 노선으로 한다. 약소국은 강대국과의 양자 간 동맹, 약소국들 간의 연합, 다수의 강대국과 약소국이 혼합된 동맹의 전략을 취하며 상대방에 대한 영향력 발휘 수단으로서의 외교방식에 의존한다. 반면 강대국은 자국의 이익을 극대화하는 데 초점을 맞추며, 실재적 능력을 우월하게 사용할 수 있는 힘을 바탕으로 경제, 군사, 문화 등 다양한 외교전략 수단을 사용한다.

2. 강대국(미국)의 외교정책

미국 외교정책은 국가안보, 경제적 번영, 그리고 전 세계적으로 더 나은 세상을 구축한다는 사명을 목표로 다양한 방식으로 전개되고 있다. 미국은 전통적인 국가 간의 갈등뿐만 아니라 비국가 행위자(non-state actors)로부터 발생하는 위협도 안보의 중요한 대상으로 간주한다. 예를 들어, 테러리즘, 사이버 공격, 대량살상무기(WMD) 확산과 같은 현대적 위협은 미국 외교정책의 우선순위에서 중요한 부분을 차지한다. 이러한 안보 위협과 외교목표를 중심으로 미국의 외교정책은 시대와 상황에 따라 고립주의와 국제주의로 양분되며 진화해 왔다. 제2차 세계대전 이전,

미국은 유럽에서 떨어진 지정학적 이점을 활용하여 유럽의 복잡한 정세와 세력균형에 거리를 두고 북미 대륙 내 안정과 번영을 도모하기 위해 고립주의(Isolationism)를 주된 외교정책으로 채택했다. 이는 유럽의 빈번한 전쟁과 정치적 혼란에 개입하지 않으려는 미국인의 대중 정서에 따른 것이었다. 그러나 제2차 세계대전 이후 세계 강대국으로 부상한 미국은 고립주의를 버리고 국제주의(Interventionism)로 방향을 전환했다. 특히, 냉전의 시작과 함께 소련의 공산주의 팽창을 막기 위한 봉쇄정책(Containment Policy)은 미국 외교정책의 핵심으로 자리 잡았다.

트루먼 독트린과 마셜 플랜, 그리고 나토의 창설 등이 봉쇄정책의 대표적인 사례다. 트루먼 독트린을 통해 미국은 그리스와 터키 등 소련의 영향권에 놓일 위험이 있는 국가들에게 군사적, 경제적 지원을 제공하며 민주주의를 지키겠다는 의지를 보여 주었다. 마셜 플랜은 유럽 국가들에게 대규모 경제원조를 제공함으로써 전후 복구를 돕고, 공산주의로 넘어갈 가능성을 차단하는 데 중점을 두었다. 나토는 미국과 서유럽 동맹국 간의 군사적 협력체를 형성하여 소련의 유럽 내 확장을 견제하기 위한 집단안보체제였다. 이러한 정책들은 미국의 외교정책이 단순히 자국 방어에 그치는 것이 아니라, 전 세계 민주주의 수호를 목표로 하는 국제주의의 구체적 실행으로 자리 잡았음을 보여 준 것이다. 냉전의 종식과 소련의 붕괴 이후, 미소 간의 군축이 이루어지며 세계 안보 위협이 완화되기도 하였지만, 핵확산과 테러리즘이라는 새로운 안보 위협으로 미국 외교정책의 우려는 여전히 지속되고 있다. 특히, 2001년 9·11 테러는 미국 외교정책에 큰 변화를 가져왔다. 9·11 테러는 단순한 테러 공격 이상의 의미를 가지며, 미국이 테러리즘과의 세계적 전쟁을 선포하고 군사적 개입을 강화하는 계기가 되었다. 테러와의 전쟁으로 아프가니스탄의 탈레반 정권과 이라크 전쟁이 이루어졌다.

세계 경제와 관련해서도 미국은 자유주의 시장경제체제의 선도국으로서 세계 경제질서를 형성하는 데 중요한 역할을 했다. 세계무역기구(WTO)를 설립하여 자유무역을 촉진하고 회원국 간의 무역분쟁해결 메커니즘을 제공했으며, 이를 통해 글로벌 경제의 상호 의존성을 강화했다. 또한, 미국은 매년 300억 달러 이상의 대외원조를 제공하며 개발도상국의 경제적 성장과 사회적 안정을 지원했다. 동시에 무역 금수조치, 투자 금지, 여행 금지, 은행자산 동결과 같은 경제 제재를 통해 협조적이지 않은 국가들을 압박하며 국제질서를 유지하려는 노력을 기울였다. 더불어 세계은행(World Bank)을 설립하여 국가 재건과 발전을 지원했으며, 국제통화기금(IMF)을 통해 경제적 위기에 처한 국가들에게 단기 자금을 지원하여 세계 경제의 안정성을 도모했다. 이러한 경제정책은 미국의 경제적 번영뿐만 아니라 세계의 안정과 협력을 증진하는 데 기여했다. 결과적으로, 미국 외교정책은 안보, 경제, 그리고 국제 협력을 통해 세계적 리더로서 입지를 유지하며 세계 질서의 형성과 발전에 중요한 역할을 수행하고 있다.

미국 헌법은 외교 및 군사정책에 대한 대통령과 의회의 권한을 명확히 나누고 있다. 대통령은 외교정책의 핵심 설계자이자 실행자로서 조약을 협상하고, 이를 통해 국가 간의 협력을 구축하거나 갈등을 해결하는 데 중요한 역할을 한다. 또한, 대통령은 대사를 임명하여 미국의 외교적 입장을 국제사회에 대변하며, 군사적으로는 최고사령관으로서 미군을 지휘한다. 이 권한은 전시상황이나 국제 위기 속에서 특히 중요하게 작용하며, 국가안보와 국제질서유지에 있어 대통령이 신속하게 결정을 내릴 수 있도록 한다. 그러나 대통령의 권한은 헌법에 의회의 견제를 받도록 설계되어 있다. 예를 들어, 조약은 대통령이 협상하더라도 상원의원 3분의 2 이상의 비준을 받아야 효력을 갖는다. 이는 외교정책에 대한 대통령과 의회 간의 권한을 분리해 균형을 유지하려는 헌법적 장치다.

그럼에도 불구하고, 역사적으로 미국의 대통령들은 의회의 승인을 거치지 않고 제한된 권한 내에서 독립적으로 행동하기 위해 다양한 전략을 사용해 왔다. 대표적으로, 대통령은 행정부 수장의 권한과 군 통수권자의 지위를 활용하여 단기적인 군사행동을 의회의 승인 없이 실행할 수 있다. 전쟁권한법(War Powers Resolution)에 따라 대통령이 의회 승인 없이 60일 동안 군사력을 배치할 수 있는 것이다. 이후에도 군사적 행동을 지속하기 위해서는 30일의 추가 기간 내에 의회의 승인을 받아야 한다. 2차 세계대전 이후 미국이 단독으로 공식적인 전쟁을 선포한 적은 없지만, 이러한 형태로 수많은 군사작전이 수행되었다. 예컨대, 한국전쟁, 베트남전쟁, 그리고 최근의 이라크 및 아프가니스탄 군사개입은 의회의 공식적인 전쟁 선포 없이 대통령의 권한으로 시작되었다. 이는 대통령이 외교 및 군사정책에서 독립적으로 행동할 수 있는 상당한 재량권을 가지고 있음을 보여 준다. 특히 냉전 이후 미국의 글로벌 리더십이 강조되면서, 대통령은 의회와의 협의 없이 긴급상황에 대응할 수 있는 권한을 자주 행사해 왔다.

반면, 의회는 본질적으로 대통령의 권력을 견제하는 역할을 수행한다. 전쟁선포는 의회의 권한이다. 특히 의회는 대통령의 전쟁개시 권한을 남용하지 않도록 전쟁권한법을 제정하여 대통령이 미군을 해외에 파병하려고 할 때마다 의회의 승인을 받도록 하였다. 그러나 전쟁권한법은 닉슨 대통령을 비롯해 많은 대통령들이 반대해 유효성에 논란이 있었다. 그러나 클린턴 대통령은 소말리아와 보스니아로의 파병에서, 부시 대통령은 걸프전쟁 직전에 의회의 승인을 요구하기도 했다.

또한 의회는 예산권을 가지고 있어 해외 및 국내 프로그램에 대한 모든 자금은 의회의 승인을 받아야 한다. 의회는 추가로 예산책정과 관리감독에 대한 권한도 함께 보유하고 있어 대외원조나 국방비를 줄이거나 인상할 수 있는 권한을 갖고 있다. 의회는 국제적 위기와 관련해 미군이 주둔할 수 있는 일정 기간을 넘기면 이에 대한 예산을 승인하는 것을 거부함으로써 미군 파병에 제한을 둘 수 있다.[2)]

미국 행정부에서 외교정책을 주로 담당하는 부서로는 국무부와 국방부, 중앙정보국(CIA), 군사 문제에 관해서는 합동참모본부, 대외 경제 문제에 관해서는 상무부와 재무부 등이 있다. 미국 외교정책에서 중요한 결정이 이루어질 때 대통령, 국가안보보좌관, 그리고 사안에 직접적으로 관련된 부서의 수장이 국가안보회의(NSC)를 개최한다. NSC는 대통령과 부통령, 국방부 장관, 중앙정보국장, 합동참모본부 의장 그리고 여러 정부 관료들로 구성된다. 이들은 대외정책과 관련해 대통령에게 조언하며, 대통령이 바뀌어도 다음 행정부에서까지 역할을 수행할 수 있다.[3)]

CIA는 국가안보와 관련된 정보들을 수집, 분석, 평가한다. 대부분의 정보는 정부 공식자료나 일반 대중을 대상으로 한 언론발표 등을 통해 수집된다. CIA 활동 중 가장 논란이 되는 것은 암살, 타 정부의 전복 시도 및 선거 조작과 같은 비공개 작전이다. CIA와 여타 정보기관들은 9·11 테러 이후 미국을 향한 테러리스트들의 위협을 파악하는 데 실패했다는 비판을 받기도 하였다.

이외에도 이익집단과 미디어도 미국의 외교정책에 상당한 영향력을 행사한다. 특히 미디어가 부정적인 여론을 형성할 수도 있다는 점에서 미디어의 영향력을 간과할 수 없다.

3. 중견국의 외교정책

중견국은 강대국과 약소국 사이에 위치한 독특한 지위를 가진 국가들로, 단순히 강대국의 영향력 아래 존재하는 소극적 행위자로 분류되지는 않지만, 독립적인 강대국의 역할을 수행하기에도 한계가 있는 국가들이다. 예를 들어, 전통적으로 국제무대에서 주도적 역할을 하지 않았지만 특정 이슈에서 중요한 역할을 맡으면서 틈새 강국으로 부상할 수 있는 국가이다. 이러한 중견국의 외교정책은 국제체제의 구조적 변화뿐만 아니라 국가 내부의 정치적, 경제적, 사회적 역학 관계에서 비롯된 선호의 산물이다.

중견국은 강대국이 주도하는 국제질서를 유지하고 강화하는 데 중요한 역할을 한다. 캐나다, 호주, 한국과 같은 국가는 국제 평화를 위한 중재자, 분쟁 관리와 해결의 조정자로서 국제사회에서 중요한 위치에 있다. 예를 들어, 유엔 평화유지활동에 적극적으로 참여하며 분쟁 지역의 안정과 평화를 위해 노력하고, 기후변화와 같은 글로벌 이슈에서 다자간 협력을 촉진하는 역할을 수행한다. 중견국의 역할은 특정 이슈와 관련해 강대국의 영향력이 약화되는 상황에서 더욱 힘을 발휘한다. 강대국은 안보와 같은 하드파워 중심의 정책에서 중요한 역할을 하지만, 중견국은 인권, 기후변화, 개발원조 등의 소프트파워 영역에서 강한 리더십을 발휘할 수 있는 기회를 얻는다. 이는 국가의 역할이 단순히 국가의 물리적 규모나 군사력에만 달려 있는 것이 아니라는 점을 잘 보여준다.[4)]

국가들은 자신들이 가지고 있는 경제적, 군사적 역량에 따라 국제체제에서 역할을 인식하고 조정한다. 강대국은 세계 패권 유지와 세력균형을 목표로 하며, 약소국은 강대국과의 동맹이나 편승전략을 통해 자국의 생존을 도모하려 한다. 한편, 중견국은 독자적으로 틈새를 공략하며 국제체제의 안정성을 증진시키려고 노력한다. 중견국은 특정 이슈 영역에서 리더십을 발휘하거나, 강대국과의 협력 또는 견제를 통해 자신들의 외교적, 경제적 목표를 달성하려 한다. 예를 들어, 브라질, 러시아, 인도, 중국, 남아프리카공화국으로 구성된 브릭스(BRICS)는 기존 국제 금융 및 무역 시스템의 질서를 변화시키려는 노력을 통해 국제적 영향력을 확대하려 한다. 반면, 호주, 캐나다, 네덜란드와 같은 국가는 국제사회에서 강대국과의 격차를 보완하기 위해 인도주의적 정책, 기후변화, 개발원조, 금융 서비스와 같은 틈새 영역에서 강점을 발휘한다. 이는 중견국이 강대국과의 경쟁 대신 협력을 통해 국가 입지를 강화하려는 전략적 선택을 보여 준다.

국제정치에서 소프트파워의 중요성이 강조되면서 중견국의 역할은 더욱 두드러지고 있다. 소프트파워는 군사력이나 경제력과 같은 하드파워와 달리, 설득과 규범, 그리고 공유된 아이디어를 통해 다른 국가의 행동을 변화시키는 힘을 의미한다. 중견국은 다른 국가와 공유된 가치를 기반으로 국제적 신뢰를 구축하고, 자신들의 외교정책을 다른 국가가 수용하도록 만드는 데 유리한 위치를 점할 수 있다. 예를 들어, 기후변화에 대한 다자간 협력이나 인권 문제 해결을 위한 국제 캠페인은 중견국이 소프트파워를 활용해 글로벌 리더십을 발휘하는 대표적인 사례이다. 이처럼 중견국은 단순히 규범적 역할에 그치지 않고, 국제사회에서 다른 국가들과의 긍정적 상호작용을 통해 외교정책 선호를 공유하고 확산시키는 공공외교를 구현한다. 글로벌 의제 설정과 규범 형성과정에서 중견국은 지속적으로 중요하게 기여할 수 있는 잠재력을 보여 준다.

4. 약소국의 외교정책

외교정책 연구에서 제3세계, 종속국, 약소국의 외교정책을 연구하는 많은 학자들은 외교정책 분석의 이론적 모델이 대부분 제1세계나 제2세계의 행동을 설명하기 위해 개발되었다고 비판한다. 대부분의 이론적 모델이 강대국, 중견국의 행태를 설명하기 위해 개발되어 왔기 때문에 제3세계에 속하는 약소국의 외교정책을 분석하기에는 한계가 있다는 것이다. 무엇보다, 약소국을 규정하는 것은 어려운 문제이다. 강대국 또는 약소국이라고 말하는 '규모'는 관계적인 개념이지만, 규모 차이의 근거가 정확히 무엇인지, 작거나 큰 것의 경계를 어떻게 바라봐야 할지는 논쟁적이다. 또한 강대국인지 약소국인지를 결정하는 것은 인구 수, 군사력, 경제력 등 다양한 요인에 따라 이루어지기 때문이다.

약소국들의 외교정책은 대부분 국제체제 내에서 열등한 위치를 보여주는 경우가 많다. 상대적으로 약한 국가가 강대국의 강력한 외부 압력에 직면할 경우, 국가 수준의 요인은 체제 수준의 압력에 압도당한다. 이로 인해 국가 수준의 요인이 분석적으로 무의미하다는 주장이 있지만 최근 한 연구에서는 약소국의 외교정책 결정과정이 강대국이나 중견국과 크게 다르지 않다고 보았다. 헤이(Jeanne Hey)는 코스타리카가 미국에 경제의존이 심했음에도 불구하고 레이건 행정부의 대외정책에 무조건 순응하지만은 않았다고 말했다.[5]

약소국의 외교정책 연구에서 본질적인 것은 경제적 의존이 외교정책을 무조건적으로 따르게 했는지(compliance) 아니면 반대인지에 대한 여부이다. 종속이론가들은 주변국의 경제가 외국 투자자들의 경제적 이해관계와 직접적으로 연결된 경제엘리트 계층에 의해 통제된다고 설명한다. 실제로 주변부 엘리트들은 물질적인 유대 외에도 정치·경제의 이념적 견해를 중심부 엘리트들과 공유한다. 대체로 주변부의 엘리트들이 중심부 국가에서 교육을 받는 경우가 많기 때문에 이에 따른 이해관계, 배경, 의견이 융합되어 외교정책을 포함한 많은 문제들이 주변부와 중심부 지도자 간의 합의로 이어지게 된다. 따라서 약소국 외교정책은 합의에 의한 것이지 강압에 의한 것으로만 해석해서는 안 된다.

약소국 외교정책과 관련해서 팬케(Diana Panke)와 토르할손(Baldur Thorhallson)은 약소국이 역량 부족으로 국제적 수준의 리더가 되기 위해 강대국으로부터 피난처를 찾는다고 보는 피난처 추구(shelter-seeking) 접근, 약소국이 중립(neutrality)으로 남으려는 접근, 약소국이 목표 달성을 위해 강대국 및 여러 지역 강국들과 협력하는 헤징(hedging) 접근, 약소국이 가지고 있는 제한된 역량의 한계로 다양한 협상에서 성공할 수 없다는 것을 지적하는 역량 관련(capacity-related) 접근, 약소국이 국제적 차원에서 인정을 얻으려는 지위 추구(status-seeking) 접근법 등으로 나누어 설명한다.[6]

첫째, 피난처 추구 접근법은 약소국이 국제체제에서 주도적인 행위자가 되기에는 역량이 부족해서 생기는 약점을 극복하기 위한 피난처를 강대국 또는 국제기구에서 찾는다는 것이다. 여기서 약소국이 피난처를 찾는 접근 방식은 모든 국가가 동일한 도전과 기회에 대처한다는 신현실주의의 기본 가정과 다르다. 약소국은 능력 면에서 강대국과는 달라 필요한 자원을 확보하기 위해 피난처를 찾거나 약소국에 내재된 구조적 약점을 보완하기 위해 피난처를 찾는다고 본다.

약소국이 피난처를 찾는 행동은 정치적, 경제적, 사회적 세 가지 유형으로 나누어 살펴볼 수 있다. 정치적 피난처를 찾는 행동은 약소국의 생존을 위한 기본 요건인 안보를 보장하기 위한 것으로, 약소국이 자국의 이익을 방어하고 국제체제에서 발언권을 가지는 데 도움을 준다. 약소국은 경제적 피난처를 위해 공동 시장, 통화 연합, 직접적인 경제 지원을 필요로 한다. 약소국들은 자국의 사회적 고립을 막고 사회적 발전을 위해 사회적 피난처를 찾기도 한다. 약소국들은 다른 문화, 사상, 이념과 교류를 통해 고립과 사회적 침체를 방지하고자 한다.[7]

둘째, 약소국의 중립 접근법은 분쟁이나 갈등이 발생할 때마다 명시적으로 어느 한 쪽의 편을 들지 않는 중립전략을 추구한다고 본다. 이 전략은 능력이 부족한 약소국이 중립적 선택을 취함으로써 분쟁에 휘말리지 않을 수 있다는 점에서 매우 유용하다. 약소국은 경쟁적인 강대국이나 국가 블록 간의 권력 투쟁에 편승하지 않으며, 동맹을 맺거나 더 큰 국가나 특정 지역 및 국제기구로부터 피난처를 찾지 않는다는 것이다.[8]

셋째, 약소국의 헤징(hedging) 접근법은 패권국뿐만 아니라 지역의 강대국 모두에게 협력함으로써 혹시라도 생길 수 있는 안보 불안정을 피하는 것을 강조한다. 약소국이 헤징 접근법을 사용하게 되면 한쪽에 대한 의존도를 줄이고 선택의 폭을 강화할 수 있어 특정 국가에 대한 의존을 줄일 수 있다. 결론적으로 강대국을 상대할 때 이익을 극대화하면서도 비용을 줄이는 차원에서 또 다른 견제 장치를 마련하는 것이 헤징 접근법이다.

넷째, 역량 관련(capacity-related) 접근법은 약소국이 양자 또는 다자 협상에서 강대국과 유사한 실질적 목표를 추구하는 경우가 많지만 약소국은 경제 규모가 작고, 인력이나 행정 역량이 제한되어 있다는 것이다. 즉, 약소국은 적은 예산, 정부 부처의 적은 직원, 그리고 일반적으로 해외 외교 공관 및 대사관 수가 적은 소규모 외교 기관을 기반으로 운영되기 때문에 약소국이 국제정치를 주도적으로 형성할 수 있는 기회가 적을 수밖에 없다고 본다.[9]

다섯째, 지위 추구(status-seeking) 접근법은 약소국도 다른 국가로부터 인정을 받고 행위의 정당성을 획득하려고 노력한다는 주장이다. 특히 덴마크, 노르웨이, 스웨덴, 핀란드 등과 같은 국가들은 크게 안보적인 위협에 노출되어 있는 것은 아니지만 적극적으로 평화 유지나 인도주의적 활동에 참여하면서 동료 국가들로부터 지위를 인정받으려는 것이 그 대표적인 예이다.

약소국의 외교정책과 관련해 팬케와 토르할손이 말하는 것처럼 약소국이라고 피난처를 찾거나 중립을 추구하는 것은 아니라는 연구도 있다. 약소국의 외교정책은 강대국과 큰 차이가 없다는 시각도 있다. 국제체제에서 합리적 행위자로서 자국의 이익을 극대화하려는 것은 국가의 규모나 국력의 차이와 상관이 없다는 논리이다.

한편, 헤이(Jeanne Hey)는 약소국이 종종 강대국에 적대적인 외교행태를 보인다고 말한다.[10] 외교정책에서 약소국의 반의존행동은 자국의 의존적인 상황에 대한 불만을 표출하거나 의존국가 지도자들이 의존에 대한 국내의 반대를 완화하기 위해 외교정책을 사용한다는 것이다. 실제로 아프리카의 대외 경제와 관련한 연구에서 아프리카의 탈식민지 개발 추진력과 세계은행 및 국제통화기금을 포함한 국제기구와의 관계의 중요성을 강조하기도 하였다. 연구에서는 개발도상국과 국제기구 사이의 많은 관계의 종속적 비대칭성을 강조한다.[11]

외교정책에서 약소국의 반중심적 외교 행태는 의존적인 지도자들이 자국의 의존적인 상황에 대한 좌절의 표출 혹은 국내 정치에서 어떤 반응을 끌어내기 위한 표현일 수도 있다. 약소국의 지도자가 적대적인 외교정책을 펼침으로써 국가 내부의 반대를 완화하고자 하는 것이다.

III 요약

- 국제체제는 강대국, 중견국, 약소국으로 구분되며, 각 국가의 환경적 특성은 독특한 외교정책을 형성한다. 강대국은 구조적 제약이 적고 독립적으로 행동할 가능성이 크며, 약소국은 생존을 위해 체제 차원의 제약에 민감하게 반응한다. 로제나우는 국가의 속성(인구 규모, 경제 수준, 정치체제)이 외교정책 선택에 영향을 미친다고 주장했으며, 이스트와 허만은 외교정책행동과 국가 속성 간의 상관관계를 연구하며 이를 구체적으로 연구하고 분석했다. 홀스티는 국가 역할(National Role) 개념을 통해 외교정책 결정과정에서 국가적 특수성을 강조했다.
- 강대국은 자국의 이익 극대화를 목표로 경제, 군사, 문화적 수단 등을 활용하는데, 미국의 사례가 대표적이다. 미국은 고립주의에서 국제주의로 전환하면서 안보, 경제 번영, 글로벌 리더십을 외교정책의 주요 목표로 삼았다. 냉전 시기에는 봉쇄정책(트루먼 독트린, 마셜 플랜, 나토)을 통해 소련의 확장을 견제했으며, 9·11 테러 이후에는 테러와의 전쟁으로 외교정책 방향이 변화되었다. 미국 대통령은 외교정책의 설계자이자 실행자로서 중요한 역할을 하며, 의회와의 균형 속에서 정책을 결정한다.
- 중견국은 강대국과 약소국 사이에서 국제 안정성과 규범 형성에 기여하며, 소프트파워를 활용한 다자 협력을 주도하는 역할을 한다. 대표적으로 캐나다, 호주, 한국은 유엔 평화유지활동, 기후변화 협력 등에서 중재자 역할을 함으로써 국제 평화에 기여하고 있다.
- 약소국은 구조적 제약 속에서 생존과 위험 최소화에 초점을 맞춘다. 팬케와 토르할손은 약소국 외교정책을 피난처 추구, 중립전략, 헤징 전략, 제한적 자원의 활용, 지위 추구의 다섯 가지 접근법으로 설명했다. 약소국은 강대국이나 국제기구에 의존하거나, 갈등상황에서 중립을 유지하며, 강대국과의 협력

으로 안보 불안을 완화하려 한다. 또한 제한된 자원을 최대한 활용해 목표를 달성하고, 평화유지와 인도주의적 활동을 통해 국제적인 인정을 받으려고 한다. 경제적 의존상황에서도 독립적인 외교정책을 수행하는 사례로 코스타리카가 있다.

- 외교정책은 국가의 잠재적 힘을 현실적 영향력으로 전환하는 과정이며, 약소국은 위험 최소화를, 강대국은 자원 우위를 활용해 이익 극대화를 추구한다. 권력은 상호 의존관계에서 작동하며, 자국 자원을 효과적으로 활용하는 것이 중요하다. 학자들은 강대국, 중견국, 약소국의 외교정책이 국가 간 힘의 수준과 국제적 위치, 경제적 여건에 따라 달라진다고 보았으며, 약소국도 강대국과 유사한 전략을 사용하거나 반중심적 외교를 통해 강대국과의 관계를 조정할 수 있다고 분석했다.

6장

국내 요인과 외교정책 연구

6 장

국내 요인과 외교정책 연구

I 개요

• 외교정책은 국내 환경과 밀접하게 상호작용하며, 주요 요인으로는 정당의 이념, 국민 여론, 이익단체, 싱크탱크, 매스 미디어와 뉴 미디어, 비정부기구(NGO) 등이 포함.

• '투 레벨 게임'과 '윈셋' 개념은 외교정책결정에서 국내 협상과 국제 협상이 상호연결되는 방식을 설명하며, 정책 성공 가능성을 높이는 국내적 지지 기반의 중요성을 강조.

• 정당 이념과 외교정책 노선은 정부의 정책 우선순위와 대외 목표 설정에 영향을 미치며, 각 정당이 지향하는 가치와 이념에 따라 정책의 차이를 형성함.

• 여론은 정책결정자에게 압박을 가하거나 정당성을 부여함.

• 이익단체는 특정 이익을 대변하며 외교정책 형성에 기여하지만, 때로는 제한된 관점을 제시하거나 정책의 균형성을 저해할 수 있음.

• 싱크탱크는 정책대안 제시와 전문성 제공을 통해 외교정책결정에 중요한 역할을 수행하며, 연구와 분석을 통해 정책결정자에게 실질적 도움을 제공함.

• 매스 미디어와 뉴 미디어는 외교정책 이슈를 프레이밍하거나 여론을 형성하

는 데 중요한 역할을 하며, 정보 전달과 선전 매체로도 활용됨.
- 청중비용과 랠리효과를 통해 외교정책 실패 또는 성공이 국내 정치적 지지에 미치는 영향을 분석하며, 정책결정자에게 동기와 압박을 동시에 제공하는 요소를 검토.
- 비정부기구(NGO)는 국제적 이슈에 대한 관심과 정책적 대안을 제시하며, 정부와 협력하거나 견제하는 방식으로 외교정책 결정과정에 관여.

II 국내 요인과 외교정책

모든 국가의 외교정책은 해당 국가의 국내 정치, 사회, 경제 제도와 역학 관계에 따라 어느 정도 영향을 받는다.[1] 외교정책은 대외적으로 다른 국가와의 관계를 타깃으로 한 것이지만, 국내 환경에서의 비국가 행위자, 이익집단, 사회문화 등은 외교정책의 결정과정에서 고려되고, 궁극적으로 외교정책에 영향을 미친다. 이처럼 국가 수준으로 외교정책 결정을 분석하거나 비국가 행위자들이 외교정책결정에 미치는 영향을 설명할 때에도 유용하다.[2]

외교정책과 국내정책은 긴밀하게 연결되어 있다. 예를 들어 2기 트럼프 행정부가 추진하고 있는 대외적인 관세인상정책은 재정적자와 무역불균형 해소, 미국 제조업 보호, 국내적인 실업률, 국내 일자리 정책 등과 관계가 있다. 한 국가의 '협상 대표'는 국제적 차원에서 다른 국가의 협상 파트너와 공통점을 찾아야 함과 동시에 국내적으로도 지지를 받아야 한다. 퍼트넘은 이 관계를 투 레벨 게임(two-level game; 양면게임이론)으로 설명한다.[3] 이 비유는 국내 이익단체가 정부에 특정 정책을 채택하고 연합을 형성하도록 압력을 가하는 반면, 국제적으로 정부는 국내 유권자를 만족시킬 뿐만 아니라 다른 국가 행위자의 행동에도 반응해야 한다는 것을 의미한다.

퍼트넘은 투 레벨 게임에서 윈셋(win-set)은 국제협상에서 주어진 상황을 전제로 국내에서 비준을 얻어낼 수 있는 모든 합의의 집합이라고 정의내린다. 양국 당사자의 윈셋이 교차하는 부분이 있어야 하는데 윈셋의 크기가 크면 클수록 협상 대표가 합의에 이르기 쉽다. 윈셋을 결정하는 요인으로는 국내 이익집단과 정책결정자의 선호에 의해 달라진다. 또한, 각국의 정치제도가 윈셋에 영향을 준다. 협상전략으로는 자국의 윈셋을 축소하거나 확대할 수 있다. 자국의 윈셋을 축소할 경우 국내적으로 강경한 입장을 취하는 집단에 정부가 공개적으로 약속을 함으로써 협상에서 상대방 발목을 잡아 협상을 유리하게 이끌 수 있다. 반대로 상대국의 윈셋을 확대할 수 있는데, 이는 상대국의 국내 집단에 직접 호소해 윈셋을 확대시키는 전략이다.

외교정책 결정과정에서 국내와 국제적 관심사 간의 균형은 고립된 게임이 아니다. 외교정책입안자로서 정치지도자들은 여러 분야에서 반대세력이 존재하는 이중적인 국내 정치적 과제에 대처해야 한다. 국내 정치의 효과는 지도자의 대안적 정치전략 선택에 따라 달라지며, 그 결과 외교정책에 극명하게 다른 영향을 미친다.

이 장에서는 로비스트, 미디어, 정당, 여론, 미디어, 이익집단, 싱크탱크, 비정부기구와 시민단체 등을 비롯한 국내 비국가 행위자들이 어떻게 외교정책에 영향을 미치는지 살펴보겠다. 이들은 자신들의 이익이 외교정책에 반영될 수 있도록 정부나 중요한 정치 엘리트들과 적극적으로 접촉한다.

1. 정당(Political Parties)과 외교정책

정당은 외교정책에 영향을 미치는 국내 요인 중 핵심을 차지한다. 정당은 주된 외교정책 의제설정자임과 동시에 자신의 이익을 지키려는 여러 이익집단의 지원을 받는 수혜집단이기도 하다. 또한, 정당은 국내의 지지를 기반으로 독특한 정치적 취향과 이념을 반영하는 담론을 통해 외교정책에 영향을 미친다.4)

정당은 플랫폼, 입법활동, 행정부 역할, 대중 옹호, 국제적 참여를 통해 한 국가의 외교정책의 방향과 우선순위를 형성하는 데 중요한 역할을 한다. 정당은 플랫폼과 선언문(매니페스토)을 통해 외교정책의 목표와 전략을 제시하며, 이는 집권 시 행동지침이 된다. 또한, 정당은 의회에서 외교정책에 대해 토론하고 논의하여 여론과 정부결정에 영향을 미치는데, 정당의 의원들은 외교위원회에서 활동하며 외교정책입법을 검토하고 형성한다. 정당은 캠페인과 집회를 통해 외교정책 입장에 대한 대중의 지지를 이끌어내고 미디어를 통해 자신의 외교정책 견해를 전달하고 상대방의 정책을 비판한다.

정당과 외교정책 간의 연구는 한 국가의 외교정책에서 특정 이념의 지향이나 특정 정책의 채택이 정부가 아닌 정당의 결정과 투입의 산물임을 보여 준다. 미국의 민주당과 공화당, 영국의 노동당, 독일의 기민당 등은 모두 저마다의 특색 있는 외교정책을 펼친다. 이념이 같은 정당들은 서로 다른 국가에 있음에도 외교정책 노선이 비슷한 경향을 보이기도 한다. 따라서 국가 내 정당들이 어떤 외교정책 노선을 갖는지 파악하는 것은 중요하다.

예를 들어, 미국의 공화당과 민주당의 외교노선은 뚜렷한 차이를 보인다. 공화당은 전통적으로 미국의 힘을 과시하는 것을 선호하고 이를 보여 주기 위해 국제 문제에 개입한다. 반면, 주로 중산층 이하의 국내 복지에 초점을 두는 민주당은 군사력 증진보다는 경제 및 복지 예산을 늘리는데 집중하고 국제문제 개입과 관련해서도 공화당보다는 주저하는 경향을 보인다.

이러한 정당들은 종종 싱크탱크와 협력하여 세부적인 외교정책을 개발한다. 미국 공화당은 해리티지재단(The Heritage Foundation)과 미국기업연구소(American Enterprise Institute)와 같은 보수적인 싱크탱크와의 협업을 통해 보수적인 정책을 만든다. 반대로, 민주당은 브루킹스연구소(Brookings Institution)와 진보정책연구소(Center for American Progress)와 같은 좌파 성향의 싱크탱크와 연대하여 정책을 수립하고 실제로 집권했을 때 정책에 반영한다.

2. 여론과 외교정책

여론은 사회 대중의 공통된 의견을 말하는 것으로 한 국가의 정치, 사회에서 커다란 정치적 영향력을 갖고 있으며 외교정책결정에도 중요한 요인으로 작용한다. 여론은 정책결정자들이 정책을 결정하는 과정에서 사회적 요구를 받아들이도록 하는 역할을 한다. 민주주의 정치체제에서 국민의 의사가 중요하게 여겨지면서 여론의 역할은 중요하게 인식되고 있다. 그러나 외교정책을 입안하고 수행할 때 군사와 안보 분야에서 국민의 의사는 국가이익이라는 측면에서 무시되는 경우가 많다. 또한 정책결정자의 의도에 따라 여론은 조작되기도 하고, 여론조사를 통해 국민의 의사를 정확하게 파악할 수 있는 것도 아니어서 여론의 역할이 경시되는 경향이 있다. 그렇기 때문에 실제로 여론이 외교정책에 영향을 미치고 있는지는 중요한 문제이다.

여론은 외교정책에 영향을 미치는 국내 요인 중 하나로 특정 사안에 대한 대중의 공통된 견해나 감정을 의미한다. 이는 사회 구성원들이 어떤 문제나 사건에 대해 가지고 있는 생각과 태도의 총체로, 여러 가지 요소에 의해 형성된다. 여론은 일반 대중을 포함해 공공 영역에 관심이 많은 인사, 다양한 로비 혹은 이익단체를 포괄하는 광범위한 말로 이해할 수 있다.

여론이 실제로 외교정책에 많은 영향을 미칠 수 있을까? 이에 대한 답은 '그렇다'일 것이다. 적어도 민주주의 국가에서는 일반적으로 여론이 변화할 경우 국가의 외교정책도 변화한다. 그러나 여론이 외교정책에 주는 영향은 직접적이기보다는 간접적인 경우가 많다. 최근의 한 연구에서는 국가에 안보 위협이 존재하는 경우 여론과 외교정책 간의 연계가 그렇게 강하지 않았다.[5)]

여론은 외교정책의 수립과 실행에 영향을 준다. 학자들은 외교정책에 대한 여론의 영향에 대해 계속해서 논쟁을 벌이고 있다. 민주주의 체제에서 여론은 어떤 문제에 대해 동의할 수도 있고 크게 반대할 수도 있다. 예를 들면, 다른 국가에 군사적으로 개입하거나 특정 무역협정에 서명하는 것에 대해 찬성하거나 반대할 수 있다.

여론은 끊임없이 조사되지만, 언론은 일부의 여론조사 결과만 보도하기도 한다. 정치 지도자들도 스스로 기관에 의뢰하여 여론조사를 진행하지만, 그 결과를 공개하지 않기도 한다. 어떤 사람들은 지도자들이 자신의 선호도에 맞게 메시지를 구성하여 여론을 주도하거나 대중을 완전히 무시한다고 주장하기도 한다.

여론이 외교정책에 어떻게 영향을 미치는지에 대한 연구는 최근 수십 년 동안 크게 발전했다. 1970년대까지 대부분의 학자들는 여론에 대해 극도로 비판적인 태도를 보였다. 여론은 일관성이 없고, 변화무쌍한 것으로 인식되었기 때문이다. 여론은 위기상황에서 정부의 개입을 지연시키고 정부가 실패할 수밖에 없는 논쟁에 빠지도록 한다는 것이다. 리프만(Walter Lippmann)에 따르면 여론은 “평상시에는 너무 평화적이고, 전시에는 너무 호전적”이다.[6)]

토크빌과 일부 동시대 학자들은 외교정책이 지나치게 복잡하므로 전문가들이 결정해야 한다고 보았다. 국민은 생계를 유지하는 데 집중해야 하며, 외교협상은 기밀 유지가 필요하다는 점도 대중 개입을 제한해야 하는 이유로 제시되었다. 이러한 엘리트주의적 관점은 프랑스 제5공화국 헌법에서 대통령에게 강한 외교권한을 부여하는 방식이나, 미국에서 조약 체결이 행정부와 상원의 권한으로 제한된 구조에서도 찾아볼 수 있다.

제2차 세계대전 직후, 현실주의자들은 여론이 감정적이고 비합리적이라며 정책결정에서의 개입을 경계했다. 루즈벨트가 전쟁 개입을 결정할 때 여론조사를 중시한 점은 현실주의자들에게 불안요소였다. 이들은 특히 히틀러가 대중을 선전과 선동을 통해 동원한 사례를 경고하며, 외교정책이 감정적 여론에 휘둘릴 경우 지도자가 이를 악용할 가능성이 크다고 보았다.

이러한 시각은 냉전기 미국의 외교정책에 반영되었다. 트루먼 독트린과 마샬 플랜은 국민 여론보다 외교 전문가 그룹의 논의에 따라 추진되었으며, 공산주의 확산을 막기 위한 전략적 고려가 중심이었다. 현실주의자들은 외교정책이 단기적인 여론에 좌우되지 않도록 전문가 중심의 결정을 강조했고, 이는 오늘날 외교정책 운영 방식에도 영향을 미쳤다.

모겐소(Hans J. Morgenthau)는 합리적인 외교정책을 수립하려면 정책결정자들은 감정에 좌우되는 여론에 의지하면 안 된다고 지적한 바 있다.[7)] 모겐소를 비롯한 대부분의 현실주의 학자들은 국제관계와 외교정책 연구에서 여론은 비합리적이고 변덕스럽다고 여겼다. 특히 외교정책 문제에서 정책결정자에게 거의 영향을 미치지 않는다고 여겼다.

하지만 여론을 진지하게 분석한 학자도 있었다. 현실주의자 중에서도 카(E. H. Carr)는 여론의 결함은 "변덕스럽고 느리고 감정적이며 속기 쉽고 무지한 것이지만, 외교정책 문제에 대해 강하게 느끼는 여론의 엄청난 힘이 있으며 다수의 국민이 원하는 행동 방침에 대해 하원이 만장일치로 반대한다는 것은 상상할 수 없는 일"이라고 지적하면서 여론을 무시해서는 안 된다고 주장하였다.[8)]

알몬드(Gabriel Almond)도 여론이 변덕스럽다는 가설을 경험적으로 검증한 최초의 학자 중 한 명이었다. 그는 제1차 세계대전과 러시아 혁명 동안 대중의 통찰력 부족을 지적했던 저널리스트 리프만(Walter Lippmann)의 입장에 동의했다. 두 사람은 함께 여론의 변동성에 관한 '알몬드－리프만 합의(Almond－Lippmann Consensus)'라 부르는 이론의 경험적인 기틀을 구축하였다.

외교정책과 여론에 관한 부정적 견해를 대표하는 알몬드－리프만 합의의 내용은 크게 세 가지로 정리할 수 있다.

첫째, 외교에 대한 여론은 그 속성이 불완전하고 비합리적이기에 이를 외교정책의 형성과 유지의 잣대로 삼는 것은 의문시된다.

둘째, 특정 외교정책에 대한 대중 및 개인의 태도는 인식론적 구조가 명확하지 않고 논리적 일관성이 없으므로 일반 대중의 외교정책 신념은 불명확한 것으로 간주해야 한다.

셋째, 외교정책에 영향을 주는 여론은 극히 제한적이며 대중의 무지에서 오는 시행착오는 큰 문제가 아니다.

그러나 베트남 전쟁 동안 미국의 외교정책을 반대하는 여론이 높아짐에 따라 일부 연구자들은 '알몬드－리프만 합의'에 의문을 제기하기 시작했다.

페이지(Benjamin Page)와 샤피로(Robert Shapiro)는 알몬드-리프만 합의를 정면으로 부정하였다. 두 학자는 일반적인 통념과는 달리 미국 여론이 불안정하기보다는 오히려 상대적으로 안정적이고 일관적이며 합리적이라는 결론을 내렸다.[9] 더 나아가 페이지와 샤피로는 대중의 선호도가 합리적이고 일관되며 안정적이라면, 이를 구성하는 무언가를 찾기 위해서 가설을 세울 수 있다고 주장하며 세 가지 근거를 제시하였다.

우선, 성별, 연령, 학력 등 사회 인구학적 요인이 외교정책 이슈에 대한 대중의 인식과 관련이 있다는 것이다. 이러한 변수는 사람들의 사회화 과정과 축적된 경험으로 형성된 정책 이슈에 대한 태도에 반영되어 그 결과가 외교정책 이슈 전반에 걸쳐 비교적 일관되게 나타난다고 주장한다.

또한, 외교정책에 대한 태도를 결정할 때 정치 이데올로기의 영향을 받는다. 따라서 이념적 성향과 관련된 아이디어나 신념, 가치가 정책 선호도를 형성한다고 주장한다. 우파 성향의 사람들은 무력 사용과 국방비 지출을 더 지지하는 것으로 나타났다. 반대로 좌파 성향의 사람들은 국제주의, 인도주의적 개입, 국제법, 해외원조, 기후변화정책에 대한 헌신을 지지하는 경향이 더 높다.

마지막으로, 대중의 태도는 각자가 갖고 있는 외교정책에 대한 신념체계에 의해 형성된다고 보았다. 이에 대해 홀스티(K. J. Holsti)는 "물리적, 사회적 환경에 관한 정보를 받아들이는 일련의 렌즈로 정의되는 '신념체계'에 의해 여론이 영향을 받는다"라고 주장한다. 신념체계는 개인이 자신의 환경에 맞춰서 환경을 정의하고 그 환경의 두드러진 특징을 식별한다.[10]

비록 여론이 정책결정자들로 하여금 특정 정책을 채택하도록 이끌지는 못하지만 외교정책의 수립을 위한 일련의 매개변수를 설정하며, 이러한 매개변수 범위 내에서 일련의 정책을 수용할 수 있는 것으로 간주한다. 즉, 여론은 외교정책의 선택 범위를 제시한다. 여론은 직접적이기보다는 간접적인 방식으로 외교정책에 영향을 미칠 수 있다. 정책결정자는 국민의 목소리를 대변하는 정책을 수립하는 것이 필요하다. 또한 국민의 지지를 얻지 못하는 정책은 정치적으로 성공할 수도 없다.[11)]

여론과 외교정책과의 관계와 관련해 우리는 청중비용 개념을 이해해야 한다. 청중비용(Audience Cost)은 피어론(James Fearon)이 제시한 개념으로 지도자가 외교정책 위기상황에서 강경한 위협을 선언하거나 군사적 개입을 암시한 뒤, 이를 실행에 옮기지 않고 후퇴했을 때 발생하는 국내 정치적 비용을 의미한다. 이러한 비용은 주로 국내 청중, 즉 유권자, 입법부, 언론 등으로부터의 신뢰 상실, 정치적 지지 약화, 심지어는 재선 실패로 이어질 수 있는 부정적인 결과로 나타난다. 따라서 청중비용은 외교정책을 결정할 때 리더가 단순히 국제적 반응만 고려하는 것이 아니라, 국내 여론과 정치적 반발 가능성도 동시에 염두에 두어야 한다는 점을 강조한다.[12)]

청중비용 개념은 특히 민주주의 국가에서 중요한 역할을 한다. 민주적 체제에서는 리더가 국민의 지지를 바탕으로 정책을 추진해야 하며, 외교적 약속을 지키지 못하거나 위협을 철회할 경우 국민의 신뢰를 잃을 위험이 높다. 이러한 이유로 민주적 리더는 외교적 선택에 있어 더 큰 제약을 받는 경향이 있다. 예를 들어, 대통령이 군사 개입을 하겠다고 위협한 후 이를 철회하면 이는 단순한 정책실패로 간주되지 않고, 지도자의 신뢰도와 권위에 심각한 타격을 줄 수 있다. 이는 선거 결과에도 직접적인 영향을 미칠 수 있기 때문에 민주주의 국가의 지도자는 청중비용을 무시할 수 없다.

그러나 청중비용의 중요성에 대해 모든 학자가 동의하는 것은 아니다. 일부 학자들은 청중비용이 국제정치에서 리더의 행동을 설명하는 데 충분하지 않다고 주장한다. 이들은 제도적 제약(institutional constraints)이나 국제규범(international norms)과 같은 다른 요인이 리더의 행동을 형성하는 데 더 중요한 역할을 한다고 본다. 또한, 청중비용의 영향은 정치체제와 문화적 맥락에 따라 크게 달라질 수 있다. 민주주의 체제에서는 청중비용이 중요한 요인으로 작용할 수 있지만, 북한과 같은 권위주의 또는 사회주의 체제에서는 청중비용의 적용이 제한적이다. 이러한 체제에서는 지도자가 국민으로부터 직접적인 정치적 압력을 받지 않기 때문에 외교정책을 결정할 때 청중의 반응을 크게 고려하지 않는다. 따라서 청중비용의 개념은 민주주의 국가에서 외교정책 분석에 유용하지만, 모든 국가에 보편적으로 적용되는 것은 아니라는 점에서 한계가 있다.

3. 매스 미디어와 외교정책

매스 미디어는 신문, 잡지, 영화, 텔레비전과 같은 대중매체를 통해 정보를 전달하며, 외교정책 결정과정에서 중요한 역할을 한다. 언론인들 중에서도 소수만이 외교정책과 관련된 핵심 정보에 직접 접근할 수 있기 때문에 보도의 선택과 편집이 매우 중요한 요소로 작용하며, 특정 뉴스가 정책결정에 미치는 영향력도 커진다.

매스 미디어는 정부 지도자와 외교정책에 세 가지 방식으로 영향을 미칠 수 있다. 첫째, 언론은 정책결정자들이 간과했던 외교정책 이슈를 공론화하도록 압력을 가할 수 있다. 기자들의 질문이나 보도가 정부가 우선순위에 두지 않았던 문제를 정책의제로 포함시키는 계기가 될 수 있다. 예를 들어, 1990년대 소말리아 내전과 기아 사태는 원래 미국 정부의 주요 정책 관심사가 아니었지만, 주요 뉴스매체가 기아로 고통받는 소말리아인들의 참혹한 모습을 집중 보도하면서 공론화되었다. 그 결과 당시 부시 대통령은 미군을 소말리아에 파병하기로 결정했으며, 이는 국제사회에서 인도적 개입 논의를 확산시키는 계기가 되었다.

둘째, 주요 신문의 해외보도와 사설은 정부가 작성한 공식 보고서를 보완하는 정보원으로 활용될 수 있다. 정부 지도자들은 미디어 보도를 통해 외교정책과 관련된 새로운 정보를 접하고, 기존의 정책방향을 재검토할 수도 있다. 대표적인 사례로, 트럼프(Donald Trump) 대통령이 2017년 시리아 정부의 화학무기 공격 사진을 보고 감정적인 반응을 보이며 토마호크 순항 미사일 발사를 승인한 사건이 있다. 당시 시리아 내전상황과 관련된 정보는 미 국방부와 정보기관의 공식 보고서에도 포함되어 있었지만, 트럼프는 실제 공격을 받은 시리아 어린이들의 사진이 대대적으로 보도된 이후 결정을 내렸다. 이 사례는 언론 보도가 정책결정자의 감정적 반응을 유도하고, 그 결과 외교정책결정이 영향을 받을 수 있음을 보여 준다.

셋째, 지도자들은 특정 언론 보도가 유권자들의 의견에 영향을 미칠 수 있다고 판단하며, 선거에서 승리하기 위해 외교정책을 조정하는 경우가 있다. 미디어는 대중 여론을 형성하는 중요한 도구이기 때문에, 정부 지도자들은 정책결정과정에서 이를 적극적으로 고려하게 된다. 예를 들어, 클린턴 행정부는 1999년 코소보 사태에 개입하기 전, 여론의 흐름을 면밀히 관찰하며 개입 시점을 조율했다. 당시 미디어는 세르비아군의 잔혹한 행위를 지속적으로 보도했고, 미국 내 인도적 개입을 요구하는 목소리가 커지면서, 클린턴 행정부는 나토 공습을 결정했다. 이처럼 지도자들은 미디어가 유권자들에게 미치는 영향을 고려하여 외교정책을 수정하거나 추진할 수 있다.

종종 정부는 여론을 유리한 방향으로 유도하기 위해 미디어를 활용할 수도 있다. 예를 들어, 부시 행정부는 2003년 이라크 전쟁을 정당화하기 위해 언론을 적극적으로 활용했다. 당시 부시 행정부는 이라크가 대량살상무기(WMD)를 보유하고 있다는 주장을 강하게 밀어붙였으며, 이를 주요 언론을 통해 지속적으로 강조했다. 미디어 보도를 통해 대중의 우려를 확대하고, 전쟁 개입을 정당화하는 분위기를 조성한 것이다. 이 사례는 정부가 미디어를 이용해 여론을 조작하거나 정책방향을 홍보할 수 있음을 보여 준다.

최근 과학기술의 발전으로 뉴 미디어가 등장하면서 외교정책 결정과정에 미치는 미디어의 영향력도 변화하고 있다. 인터넷 기반 미디어는 블로그, 소셜 네트워크 서비스(SNS)와 같은 플랫폼을 통해 비국가 행위자와 개인이 직접 여론형성에 개입할 수 있는 기회를 제공하고 있다. 뉴 미디어의 가장 큰 특징은 실시간 정보 공유가 가능하다는 점이며, 이는 정부가 여론을 통제하는 것을 어렵게 만든다. 예를 들어, 2011년 아랍의 봄(Aarab Spring) 혁명에서는 트위터와 페이스북과 같은 소셜 미디어가 주요 정보공유 플랫폼으로 활용되었다. 이집트, 튀니지 등에서 정부가 전통적인 미디어를 통제하려 했지만, 소셜 미디어를 통해 시위대가 조직화되면서 결국 권위주의 정권이 무너지는 결과로 이어졌다. 이처럼 뉴 미디어는 정부의 정보독점을 약화시키고, 외교정책 결정과정에서 예상치 못한 변수로 작용할 수 있다.

뉴 미디어의 위력은 권위주의 국가들이 인터넷을 통제하기 위해 기울인 노력에서도 잘 드러난다. 쿠바, 중국, 이란과 같은 국가들은 인터넷 검열과 통제를 강화하여 뉴 미디어가 정치적 변화를 촉진하는 것을 방지하려 했다. 중국은 '만리방화벽(Great Firewall)'이라는 강력한 인터넷 검열 시스템을 구축하여 해외 SNS 플랫폼의 접근을 차단했고, 이란 정부는 반정부 성향의 소셜 미디어 계정을 폐쇄하는 등 강력한 통제를 가하고 있다. 이러한 국가들은 공공 영역을 통제하여 외교정책 결정과정에서 사회적 참여를 최소화하려 한다. 반면, 민주주의 국가에서는 뉴 미디어가 여론형성에 중요한 역할을 하며, 정부 정책 결정에 영향을 미칠 수 있다.

결국, 매스 미디어와 뉴 미디어는 외교정책 결정과정에서 강력한 영향력을 행사하며, 정부와 여론 간의 상호작용을 형성하는 중요한 도구로 작용한다. 전통적인 매스 미디어는 정부의 정책방향을 조정하거나 정당성을 강화하는 역할을 하며, 뉴 미디어는 보다 빠르고 광범위하게 정보를 확산시키면서 정부가 여론을 통제하는 데 새로운 도전 과제를 제공하고 있다.

매스 미디어의 효과는 크게 프레이밍 효과(framing effect), 프라이밍 효과(priming effect), 마케팅 효과(marketing effect), CNN 효과 등이 있다. 우선 미디어 참여자가 뉴스 수용자의 의견에 영향을 미치기 위해 뉴스 기사의 특정 요소를 선택하거나 제시하는 과정을 프레이밍이라고 한다. 즉, 뉴스를 제공하기 위해 미디어가 사용하는 각도를 뜻하는데, 여기에는 뉴스에 내용을 제공하고 뉴스 해석을 구조화하는 정보요소의 선택 및 배치가 포함된다.[13)]

프레이밍은 문제를 정의하고 이해관계자 간의 상호작용을 한정하며 일정한 맥락에서 에피소드를 묘사한다. 예컨대, 체첸과 러시아 간의 갈등은 한 민족과 제국 간의 독립 전쟁으로 제시될 수도 있고, 이슬람 문명과 기독교 문명 간의 충돌은 극단주의자들이 주도한 테러로 제시될 수도 있다.[14)] 이러한 편집 방향은 여론에 영향을 미칠 수 있다. 문제의 중요성을 판단할 때, 반복적으로 보이는 문제는 사람들에게 더 중요하게 생각될 수 있다. 오늘날에도 언론에서 정기적으로 다루는 외교 문제

는 대부분 국민이 가장 중요하게 생각하는 문제가 된다.[15)]

최근 연구는 뉴스의 보도방식이 외교정책과 관련된 여론에도 영향을 미칠 수 있음을 시사한다.[16)] 미디어가 이야기를 구성하는 방식은 특정 외교 정책에 대한 여론을 형성하는 데 도움이 될 수 있으며, 미디어 참여자들이 특정 이슈에 대해 어떤 프레임을 선택하느냐에 따라 정치 지도자들이 이해관계를 제기하고 전략을 설계할 수 있는 자유의 정도에 영향을 미칠 수 있다.[17)] 이는 명시적인 의견을 전달하지 않는 기사나 보도도 사람들의 사고를 구조화하고 주어진 방향으로 성찰을 유도하기도 한다.

또한 국가가 국제무대에서 얻은 이익보다 손실을 강조하는 뉴스는 사람들에게 더 위험한 외교정책을 선호하도록 부추기기도 한다.[18)] 특히 미디어 프레이밍은 외교정책에 관해 관심이 거의 없고 최소한의 이해만이 있는 사람에게 영향을 많이 미칠 수 있다.[19)] 외교정책에 무관심한 사람들이 외교정책을 다루는 미디어에 노출되지 않는다고 가정하는 것은 오산이다. 심지어 타블로이드판 신문도 외교정책과 관련하여 시청자들에게 영향을 준다는 것이 밝혀졌다.[20)]

부시 대통령의 "우리와 함께하거나 테러리스트와 함께"라는 선언은 정책결정자가 대중의 인식과 여론을 조작하기 위해 프레임을 활용한 대표적인 사례로 꼽힌다. 이 발언은 테러와의 전쟁을 단순히 군사적 충돌이 아닌 선과 악의 대결이라는 도덕적 구도로 재구성했다. 이를 통해 부시는 국제 사회와 국민들에게 테러리즘에 대한 명확한 입장을 요구하며 중립적 위치를 사실상 배제하는 이분법적 사고를 강요했다. 테러리스트를 지원하거나 수용하는 국가와 단체는 곧 테러리즘 자체와 동일시되었으며, 이는 국제적 지지를 얻고 대중의 비판을 차단하는 강력한 수단으로 작용했다.

프레임은 단순히 국민의 호의적 평가를 얻기 위한 도구에 그치지 않는다. 이는 정책결정자가 문제의 본질에 대한 담론을 장악하고, 대중의 반응을 미리 예측하며, 비판적 시각을 차단하기 위한 강력한 전략으로 활용된다. 부시 대통령의 경우, '선과 악' 이라는 도덕적 구도를 통해 반대 의견을 단순히 정책적 차이가 아닌 윤리적 문제로 규정함으로써, 반대 세력을 테러리즘과 암묵적으로 연관짓는 결과를 가져왔다. 이러한 전략은 복잡한 국제적 문제를 단순화해 대중의 지지를 얻는 데 효과적이었으나, 이분법적 접근으로 인해 복잡한 문제의 본질을 가리고 외교적 해결 가능성을 제한하는 한계도 존재했다.

둘째, 편집 선택에서는 프라이밍(priming)도 중요하다. 즉 보도될 외교정책 뉴스를 파악하고 우선순위를 정하는 것이다. 사용할 수 있는 언론공간이 제한되어 있으므로 언론인은 많은 이슈와 사건들을 비교해 본 후 최종적으로 보도할 내용을 결정한다. 따라서 같은 내용이나 주제가 언론 공간을 많이 차지하고 반복적으로 보도되기도 한다. 예를 들자면 이스라엘-팔레스타인의 분쟁과 그로 인한 반응은 다른 유혈 충돌보다 더 자주 신문의 첫 페이지에 등장한다. 특정 이슈에 대한 지속적인 언론 보도는 대중과 정책결정자들의 관심을 불러일으킬 수 있고 또 다시 관련 이슈가 국제 뉴스의 최대 관심거리로 유지될 수 있는 환경을 조성한다.

셋째, 마케팅 분야는 주로 소비자를 대상으로 한 상품과 서비스의 마케팅과 고객관리를 다룬다. 정치 마케팅에서는 정치 후보, 정치 플랫폼, 정당의 마케팅에 초점을 맞춘다. 그리고 국제관계 마케팅은 평화 및 전쟁 마케팅을 포함한 외교정책과 국가안보정책의 마케팅을 다룬다. 심리학 이론은 외교정책결정의 틀과 마케팅의 중요한 역할에 주목한다. 마케터가 많이 팔기 위해 그들의 제품을 홍보하듯이, 리더 또한 자신의 정책을 다른 선거구에 홍보하는 것이 중요하다. 지도자들은 전쟁(전쟁 개시, 확대, 종료 포함), 평화, 국제협정, 그리고 다른 많은 외교정책결정들을 마케팅할 수 있다.

넷째, 뉴스 미디어가 외교정책결정에 미치는 영향과 관련하여 영향을 미친다고 보는 'CNN 효과'와 영향이 없다고 보는 '여론조작(manufacturing consent)'의 시각이 대표적이다. CNN 효과는 1991년의 걸프전을 계기로 유명해졌는데 절망적인 상황에서 외교정책 행보를 촉구하는 것에서부터 외교정책이 사상자로 이어질 때 후퇴를 촉구하는 것까지의 방대한 언론의 영향 범위를 나타낸다. 예를 들어, 언론을 통해 매일 수많은 사상자가 보도되면서 대중들은 전쟁을 반대하고 철군을 바라는 분위기가 형성되는 것처럼 말이다.

반면 여론조작의 시각은 엘리트가 미디어와 정부를 통제하고 미디어를 이용해 특정 정책에 대해 지지를 창출한다는 주장이다. 즉, 엘리트가 여론을 조작한다는 시각으로서, 사회적 의제에 부합하고 행정부에 우호적인 버전과 엘리트 간 의견 불일치의 결과로 뉴스 보도가 행정부 정책에 비판적인 엘리트 버전이 존재한다.

위 내용들은 다음과 같은 시사점을 준다. 우선, 여론이 외교정책에 미치는 영향에 대한 판단은 미디어를 포함하여 논의되어야 한다. 미디어는 외교정책 수립과정에서 대중, 국가, 그리고 국제사회 간의 정보전달을 위한 가교로서 중요한 역할을 한다. 외교정책에 대한 미디어의 영향력은 의제설정, 정보교환소, 정부 선전도구의 세 가지 관점에서 고려할 수 있다. 정부의 선전도구로서의 매체는 정권 안정을 위해 시민들에게 정보를 선택적으로 유출되도록 정보를 관리하는 폐쇄적인 권위주의 국가에서 잘 활용되며, 민주주의 국가에서도 마찬가지로 매체는 자신들의 이익이 보장될 수 있도록 정치 엘리트들에 의해 조종되며 외교정책에 영향을 끼친다. 간혹 민주주의 국가의 의견형성과정을 '여론조작'으로 특징짓기도 하는데, 이는 국가와 언론 엘리트들이 특정 외교정책 의제의 추구에 대한 지지를 얻기 위함과 자신들의 특정 이익에 부합하도록 시민들의 견해를 형성시키기 위함이다.

언론에 대한 의견을 제공하는 것은 특정 행동방침에 대한 대중의 승인을 구하는 민주주의 국가가 우선적으로 하려는 전략이다. 하지만 베트남 전쟁 이후 미국 정부는 언론에 영향력을 행사하려 했다. 언론이 정부의 외교정책 목표를 훼손할 수 있는 독립적인 행위자로 간주되었기 때문이다. 언론에 영향력을 가하는 미디어 관리에 대한 새로운 접근방식으로는 일상 브리핑, 통제된 유출, 종군기자 도입 등이 있다. 영국 BBC와 같은 국영 미디어도 정부가 언론에 영향을 가하려는 노력으로 볼 수 있다. 오늘날에는 정부뿐만 아니라 싱크탱크와 다국적 기업 등 비국가 행위자도 미디어를 조종함으로써 외교정책에 영향을 미치고 있다.

전 세계의 수많은 전략 연구 센터와 같은 싱크탱크, '카네기 국제평화기금'과 같은 자선 재단, 독일의 '프리드리히 에버트 재단'과 미국 '국립민주주의 기금'과 같은 준국가행위자들이 미디어에 영향을 미친다. 다국적 기업도 미디어에 대한 자금 지원을 통해 자신들의 이해관계에 부합하는 언론 분위기를 조성하고 있다. 환경운동단체나 인권운동단체와 같은 압력단체 역시 그들의 관심사에 대한 대중의 인식을 높이기 위한 미디어 캠페인을 열어 대중의 지지를 얻고 정부의 외교정책에 영향을 미친다.

*** 랠리효과 (Rally Around the Flag Effect)

'랠리효과'는 국제위기나 전쟁상황에서 국민이 정부와 대통령에게 단기적으로 높은 지지를 보내는 현상을 설명하는 개념이다. 이 현상은 위기상황에서 국민이 지도자를 중심으로 결집하여 국가적 통합을 강조하게 되는 심리적 반응에서 비롯된다. 미국 대통령의 경우, 전쟁이나 국가적 위기 시 대통령의 리더십과 결단력이 주목받으며, 이를 통해 지지율이 급격히 상승하는 패턴이 관찰되곤 한다. 이때 대통령과 정부는 외교정책을 둘러싼 비판을 약화시킬 수 있는 기회를 얻게 되며, 이는 외교정책의 실행과 정당성 확보에 중요한 요인으로 작용한다. 따라서 지도자들은 국제적 위기를 활용하거나, 때로는 위기를 과장하여 랠리효과를 통해 국내 정치적 어려움을 극복하려는 시도를 할 수 있다.

랠리효과는 특히 언론의 보도방식과 밀접한 관련이 있다. 신문과 방송은 대중 여론형성에 막대한 영향을 미치며, 일반 대중은 언론이 전달하는 정보를 사실로 받아들이는 경향이 강하다. 미국의 경우, 주요 언론매체의 정치적 성향은 대통령에 대한 지지 여부와 여론형성과정에 큰 영향을 미친다. 예를 들어, 보수 성향의 방송사나 언론사(Fox News, Wall Street Journal)는 공화당 정부의 외교정책에 우호적인 논조를 유지하며 대통령 지지율 상승을 도울 가능성이 크다. 반대로, 진보 성향의 언론사(CNN, The New York Times)는 위기상황에서도 대통령 정책에 대해 비판적인 시각을 유지함으로써 랠리효과의 강도를 약화시킬 수 있다. 이러한 언론의 논조 차이는 한국에서도 뚜렷하게 드러난다. 경향신문, 한겨레신문, MBC와 같은 진보적 매체와 조선일보, 중앙일보, 동아일보와 같은 보수적 매체의 보도는 정권에 따라 정 반대의 성향을 보인다.

또한, 랠리효과는 언론뿐만 아니라 다양한 이익단체와 국제적 요인의 영향을 받는다. 미국에서는 Human Rights Watch, Brookings Institution 등과 같은 워싱턴 기반의 이익단체들이 외교정책 결정과정에 깊숙이 개입하며 여론형성에 영향을 미치려 한다. 이들은 정책 연구와 제안을 통해 언론과 의회, 백악관에 압력을 가하며 특정 외교정책에 대한 지지 혹은 반대를 이끌어낸다. 이러한 단체들의 활동은 위기 상황에서 대통령과 정부의 외교정책에 대한 평가를 형성하는 데 중요한 역할을 한다. 또한, 개별 국가들 역시 로비를 통해 의회와 행정부에 영향을 미치려는 시도를 지속적으로 한다. 예를 들어, 중동 국가들은 미국의 대중동 정책에 영향을 미치기 위해 로비 활동을 펼치며, 이는 특정 위기상황에서 대통령의 외교적 선택에 영향을 줄 수 있다. 이와 관련해서는 미국 이스라엘 공공문제위원회(American Israel Public Affairs Committee: AIPAC)의 영향력에 대한 미어샤이머(John Mearsheimer)와 월트(Stephen Walt)의 연구가 있다.[21]

4. 이익단체와 외교정책

이익단체는 국가의 정책결정과정에서 특정 이익을 옹호하는 데에 전념하는 조직으로 공통의 정치적 관심사를 공유하는 개인 또는 조직으로 구성된다. 이익단체는 거의 모든 국가와 정치체제 유형에서 찾아볼 수 있는데, 표현의 자유와 단결권이 법으로 보호되는 민주주의 국가에서 가장 두드러지게 나타나는 경향이 있다. 이들은 어느 정도 제도화되어 있는 협회를 통해 뭉치고, 그 협회를 통해 지도자와 대중을 설득하여 협회의 선호에 부합하는 정책을 추구, 지지 또는 수용하도록 노력한다.[22]

이익단체는 일반적으로 사안에 따라 조직된다. 이들은 정부의 무역정책, 환경정책, 또는 특정 국가에 대한 전반적인 정책에 영향을 미치는 것을 목표로 활동한다. 프랑스와 일본에서는 정치적으로 연결된 농민들이 지역 및 국제무역 협상에서 자국의 입장에 영향을 미치기 위해 효과적으로 활동하고 있다. 미국에서는 유대인 및 아랍인 로비 단체가 이스라엘과 중동에 대한 미국의 정책에 영향을 미치려고 노력한다.[23)]

이익단체는 특정 사회 부문에 대한 자신들의 확고한 입장을 바탕으로 해당 부문을 동원하여 정부에 압력을 가하고 설득한다. 이익단체는 국가 지도자와 대중에게 영향을 미치기 위해 다양한 수단을 사용한다. 민주주의 국가에서 이익단체는 정책 보고서를 발간하거나 자금을 지원하고, 주요 신문 및 기타 미디어에 광고를 구매하고, 정치 대표자에게 편지 쓰기 캠페인을 조직하고, 입법부 의원 및 행정부 관리와 직접 만나거나 대화하는 등 로비활동을 펼친다. 또한 이익단체는 정치 후보자 및 정당에 기부하거나 정치기금 모금행사를 주최하기도 한다.[24)]

외교정책에 대한 이익단체의 영향은 특정 이슈, 집단의 조직화 수준, 자원, 이익단체와 정부 간의 관계 등에 따라 달라진다. 정부에 영향을 미치기 위해 이익단체는 다른 집단들과 긴밀히 협력한다. 이익단체 간의 연합과 협력은 그들이 얼마나 영향력을 행사할 수 있는지를 결정하는 주요 요인 중 하나이기도 하다.[25)]

이익단체는 경제적, 지역적 또는 정치적 이익을 옹호하기 위해 유사한 전략을 사용한다. 예를 들어, 이들은 다양한 언론매체를 통해서 자신과 관련된 정보나 요구를 전달하고, 자신의 주장을 지지하는 연구를 후원하며, 또는 비공개적으로 정치인들을 만나서 그들이 자기 집단을 지지할 수 있도록 정치인들을 후원한다.[26)]

이익단체는 정책결정과정이 시작되기 전 단계가 중요하다고 여기며 활동한다. 이익단체는 정책결정자들이 이슈를 이해하는 프레임에 영향을 미치고 이슈를 실제로 정치의제에 포함되도록 보장할 수 있다. 가능한 정책(옵션)에 대한 검토와 정책시행 등 후속 단계에서 이익단체의 영향력은 약해지고 점점 관료기구와 자문기구로 대체된다.[27)]

이익단체들이 구체적으로 어떻게 외교정책에 영향을 미치는지 분석한 연구는 아직 많지 않다. 이익단체와 외교정책 간의 관계를 다룬 논문이 거의 없으며 연구결과도 대부분 제한적이다.

5. 싱크탱크와 외교정책

전문가들이 외교정책에 대해 자신의 주장을 밝히고 관여하는 것은 대부분 자신의 이상과 신념 때문이다. 예를 들어, 일부 전문가들은 외국인 투자의 자유화를 위해 캠페인을 벌인다. 이들은 특정 분야에 대한 전문지식을 이용해 정치인들에게 자신들의 주장을 역설한다. 일반적으로 이들은 여론에 영향을 줄 정치적·경제적 수단은 없지만, 특정 분야에 대한 전문지식을 갖고 있는 것으로 평가되기 때문에 보통 대중들에게 신뢰는 받는다. 이런 위상과 신뢰는 전문가들로 하여금 실제 정치에 참여하게 만들기도 한다.

싱크탱크란 특정 학문 분야 전문가들의 두뇌를 조직적으로 결집시켜 조사·분석 및 연구개발을 진행하고, 그 성과를 제공하는 것을 목적으로 하는 집단이다. 싱크탱크는 정부에 의해 자금이 지원되고 운영되는 정부 산하의 싱크탱크, 기업체에 의해 설립된 싱크탱크, 그리고 일반 시민이나 독지가들에 의해 자금이 지원되고 공익을 위해 활동하는 비영리 싱크탱크 등이 있다. 이들은 주로 정부의 정책이나 기업의 경영전략을 연구한다. 전략국제연구센터(CSIS), 카네기국제평화재단(CEIP), 랜드연구소(RAND), 브루킹스연구소(Brookings Institution), 미국외교협회(CFR), 채텀하우스(Chatham House), 국제위기그룹(ICG), 프랑스의 국제관계연구소

(Institut Français des Relations Internationales) 등의 싱크탱크는 외교정책 결정에 영향을 직접적으로 끼칠 수 있는 세계적으로 유명한 싱크탱크들이다.

일부 싱크탱크는 상당한 자금과 인력을 가지고 있다. 예를 들자면, 현재 미국 최대의 싱크탱크인 랜드연구소는 연간 예산이 2023년 기준 4억 달러에 육박하고 직원 수는 1,900명에 이른다. 랜드연구소는 합리성에 대한 분석을 통해 냉전 시기 미국의 외교정책에 상당한 영향을 미쳤다.[28)]

싱크탱크들은 보통 자신들을 독립적이고 비정치적이라고 표방하지만, 몇몇 싱크탱크는 특정 정당과 연결되어 있다. 예컨대, 미국 민주당 인사들이 주로 참여해 정책을 연구, 발표하고 있는 브루킹스연구소는 1975년에 교착 상태에 빠진 아랍-이스라엘 분쟁을 해결하는 내용의 보고서를 발표했다. 이 보고서는 카터(Jimmy Carter) 대통령에게 영향을 많이 미쳤으며, 나중에 카터 행정부에 의해 채택되었다. 이 보고서는 분쟁에 대한 미국의 접근방식을 바꾸었고, 보고서의 일부 저자는 카터 행정부에 참여했다.[29)]

미국의 미디어 비평가 솅크(David Shenk)는 "1970년대 말 이래로 싱크탱크 분야는 거의 전적으로 기업의 돈과 보수적인 정치 철학에 따라 지배됐다"라며 보수적인 연구기관들로 CATO, 허드슨연구소, 윤리와 공공정책 센터 등을 들었다. 한국의 싱크탱크는 재벌 기업들의 전유물로 간주되기도 한다. 이미 수백만 네티즌이 삼성경제연구소 사이트를 방문하고 있고, 삼성경제연구소의 경영자 대상 유료 사이트인 SERICEO는 출범 4년 만인 2005년 9월 초 회원 수 5,000명을 넘겨 연회비만 50억 원의 수입을 올리고 있다. 2007년 10월 1일부터 30일까지 한 달 동안 18개 주요 일간지의 삼성경제연구소 인용 보도는 251건으로 밝혀져, 삼성이 사회적 의제설정을 주도한다는 우려가 제기되었다.

6. 비정부기구(NGO)와 외교정책

시민사회단체는 비정부기구(NGO)로서 시민사회의 의견을 대변하고 공론장에서 영향력을 행사하는 조직이다. 정부나 기업과 달리 실질적인 강제력은 없지만, 여론형성을 통해 정책에 간접적으로 영향을 미치며, 시민들의 요구를 조직화하여 정부가 이를 무시할 수 없도록 압력을 가하는 역할을 한다. 특히 현대사회에서 정부는 모든 사회적 요구를 직접 파악하는 데 한계를 가지기 때문에, 시민사회단체의 주장이 정부정책 결정과정에서 중요한 정보원으로 작용할 수 있다.

예를 들어, 국제사면위원회(Amnesty International)는 세계적으로 인권 보호를 위한 활동을 전개하며, 정부의 인권정책에 지속적으로 영향을 미치고 있다. 1970년대 남미 군사독재 정권이 정치적 반대 세력을 탄압하고 살인과 같은 강제 실종을 자행했을 때, 국제사면위원회는 이를 공론화하여 국제사회의 주목을 이끌어 냈다. 이 단체의 보고서는 유엔과 미국 의회에 전달되었고, 결국 미국 정부가 남미 독재정권에 대한 군사 원조를 제한하는 계기가 되었다. 이는 시민사회단체가 정부의 정책결정을 감시하고 압박하는 기능을 수행함으로써, 인권보호와 민주주의 발전에 기여한 사례로 볼 수 있다.

시민사회단체는 사회적 문제를 지속적으로 감시하고 정부와 기업의 행위를 평가하는 역할도 한다. 예를 들어, 그린피스(Greenpeace)는 환경 보호를 위해 적극적으로 활동하며, 정부와 대기업의 환경정책을 감시하는 역할을 수행하고 있다. 1995년 프랑스 정부가 남태평양에서 핵실험을 재개하려 했을 때, 그린피스는 이에 강력히 반대하며 전 세계적인 항의운동을 전개했다. 프랑스 정부는 처음에는 핵실험 강행 입장을 유지했지만, 그린피스가 이를 지속적으로 공론화하고 국제사회의 비판이

거세지면서 결국 핵실험을 중단하게 되었다. 이 사례는 시민사회단체가 특정 이슈를 부각시키고 여론을 조성하여 정부의 정책결정에 실질적인 영향을 미칠 수 있음을 보여 준다.

시민사회단체의 영향력은 회원들의 참여와 지지에 의해 결정된다. 시민사회단체는 자유로운 가입과 탈퇴가 보장되므로, 시민들의 지지가 조직의 생명력과 직결된다. 따라서 투명성, 공정성, 객관성이 시민사회단체 운영의 핵심 요소가 된다. 예를 들어, 2000년대 초반 미국의 반전 시민단체 무브온(MoveOn.org)은 이라크 전쟁 반대운동을 전개하며 미국 내 여론을 조직했다. 이 단체는 온라인 플랫폼을 활용하여 수백만 명의 시민들에게 정보를 제공하고, 정치인들에게 압박을 가하는 캠페인을 조직했다. 그 결과, 미국 내 반전 여론이 커지면서 이라크전 확전에 대한 의회의 반대가 강해졌고, 결국 미국의 대외정책에도 영향을 미치는 계기가 되었다.

민주화 이후 시민사회단체의 역할은 더욱 중요해졌다. 과거 권위주의 체제에서는 시민사회의 의견이 제대로 표출되지 못했지만, 민주주의가 발전하면서 시민사회단체가 정부정책 결정과정에 보다 적극적으로 개입할 수 있는 환경이 조성되었다. 예를 들어, '참여연대'는 1990년대 이후 한국 사회에서 정부와 기업의 부정부패를 감시하고 정책감시활동을 수행해 왔다. 참여연대는 대기업의 불공정 거래 관행을 비판하고 정부의 반부패 정책 강화를 요구하는 캠페인을 전개하며, 여러 차례 법률 개정을 이끌어 냈다. 이처럼 시민사회단체는 민주주의가 후퇴하지 않도록 감시하는 역할을 수행하며, 다양한 민주적 목표를 실현하는 데 기여한다.

그러나 시민사회단체의 영향력은 사안에 따라 다르게 나타난다. 어떤 경우에는 강력한 여론을 형성하여 정책 변화를 이끌어 내지만, 정부나 기업이 무시하는 경우도 많다. 예를 들어, 2011년에 미국에서 일어난

'월가 점령 운동'은 경제적 불평등과 금융 자본의 횡포를 비판하며 대규모 시위를 조직했지만, 정책적인 변화를 이끌어 내지는 못했다. 이는 시민사회단체가 대중적 지지를 얻더라도 정부의 정책결정이 반드시 이에 따라 변하는 것은 아님을 보여 준다.

결국 시민사회단체는 현대 민주주의에서 중요한 역할을 하며, 정부 정책을 감시하고 여론을 형성하는 데 결정적인 영향을 미칠 수 있다. 그러나 그들의 영향력은 사안의 성격, 정부의 대응, 그리고 시민들의 적극적인 참여 여부에 따라 달라질 수 있으며, 지속적인 조직력과 공신력을 유지하는 것이 그들의 성공 여부를 결정하는 중요한 요소가 된다.[30)]

III 요약

- 외교정책은 국내 정치, 사회, 경제적 요인과 밀접하게 연관되며 이익집단, 사회문화, 비국가 행위자들이 정책결정과정에 영향을 미친다. 국내 정치체제와 경제상황, 사회적 가치와 규범은 정책방향을 설정하는 데 중요한 역할을 하며, 외교정책과 국내정책은 상호작용을 통해 서로 영향을 주고받는다.
- '투 레벨 게임'과 '윈셋' 개념은 외교정책결정에서 국내외 이해관계를 조정하고 균형을 유지하는 데 핵심적이다. 정책결정자는 국내 여론과 국제적 요구 사이에서 조화를 이루기 위해 노력하며, 이는 정책의 성공 가능성을 좌우하는 중요한 요인으로 작용한다.
- 정당은 외교정책의 의제설정과 방향성을 결정하는 데 중추적 역할을 한다. 정당별 이념은 외교정책의 노선 차이를 형성하며, 정당은 싱크탱크와 협력하여 정책을 구체화하고 실행 가능성을 높인다. 여론은 민주주의 국가에서 외

교정책결정에 간접적으로 영향을 미치며, 특히 국가안보나 위기상황에서는 여론의 중요성이 더욱 부각된다. 그러나 여론은 종종 변덕스럽고 일관성이 부족할 수 있어 정책결정자에게 도전적인 과제를 제공한다.

- 이익단체는 특정 정책을 옹호하며 로비 활동, 캠페인, 미디어 활용 등을 통해 외교정책 결정과정에 영향을 미친다. 이러한 단체들은 특정 산업, 지역, 또는 사회적 이익을 대변하며, 정책형성에 대한 직접적 기여와 함께 제약도 동반한다. 싱크탱크는 전문지식과 연구결과를 바탕으로 정책제안에서 중요한 역할을 하며, 외교정책의 실행 가능성과 이론적 근거를 강화하는 데 기여한다.
- 미디어는 외교정책 의제설정과 여론형성에 강력한 영향을 미치며, CNN 효과와 프레이밍 효과는 미디어가 정책결정자에게 미치는 압력을 잘 보여 준다. 매스 미디어는 즉각적인 정보를 전달하며 국제적 논의를 형성하고, 뉴미디어는 디지털 기술을 활용해 공론장을 확대한다. 비정부기구(NGO)도 외교정책에서 점점 더 중요한 역할을 차지하며, 시민사회단체는 정부와 기업 활동을 감시하고 민주주의 발전과 공론장 형성에 기여한다.
- 청중비용과 랠리효과는 외교정책 결정과정에서 나타나는 중요한 현상이다. 청중비용은 외교적 약속 불이행 시 지도자가 직면하는 정치적 비용으로, 국제적 신뢰와 국내적 정당성의 문제를 다룬다. 랠리효과는 국가적 위기상황에서 국민적 지지가 상승하며 외교정책 실행에 유리한 조건을 제공하는 현상으로, 정책결정자에게 중요한 동기와 압박을 동시에 제공한다.

7장

민주주의와 외교정책 연구

Ⅰ. 개요
Ⅱ. 외교정책 연구와 정부 형태
Ⅲ. 민주평화론에 대한 제도적 해석과 규범적 해석
Ⅳ. 문화와 외교정책
Ⅴ. 요약

7 장

민주주의와 외교정책 연구

I 개요

- 외교정책결정에 영향을 미치는 내적 요인으로 제도, 행위자, 경제상황, 역사와 문화의 역할이 있으며, 국가 특성에 따라 외교정책이 어떻게 다르게 나타나는지 분석.
- 권위주의와 민주주의 체제의 외교정책 결정과정을 비교하며, 권위주의 체제의 신속성과 경직성, 민주주의 체제의 참여성과 안정성을 탐구. 대통령제와 의회제(내각제)의 구조적 차이가 외교정책결정에 미치는 영향을 조사하고, 미국(대통령제)과 캐나다(의회제)의 사례를 통해 실질적 차이를 분석.
- 민주평화론이 제시하는 민주주의 국가 간 전쟁 부재 현상의 주요 배경과 주장, 이를 설명하는 제도적·규범적 해석을 비교하며 비판적 평가를 진행. 민주평화론이 현실주의 이론과 어떻게 대조되는지 분석하고, 구체적 사례로 미국의 대외정책을 통해 민주평화론의 적용 가능성을 조사.
- 문화적 요인과 외교정책의 관계를 분석하며, 국가의 가치관, 규범, 전통이 정책결정과정에 미치는 영향을 평가. 문화적 차이가 국가 간 외교 문제 해결방식과 정책결정에 어떤 변화를 가져오는지 탐구하고, 현실주의적 관점과 문화

적 관점의 상호작용을 연구.

• 민주주의 체제 내에서 외교정책의 변동성을 가져오는 요인과 국가의 정치체제 및 문화적 특성이 외교정책에 미치는 실질적 영향을 분석.

II 외교정책 연구와 정부 형태

1. 대통령제와 내각제

국가 수준의 분석은 국가가 특정한 외교정책 행동을 하도록 강요하는 요인으로서 국가 내부의 요인에 초점을 맞춘다. 이러한 분석에는 국가의 제도적 틀(행정부와 입법부의 관계, 정부 관료 조직 또는 국가가 민주주의인지의 여부), 국내 행위자(이익 집단, 민족 집단 또는 더 일반적으로 여론 등), 국가의 경제상황 및 국가 역사와 문화가 포함된다. 국가 수준의 분석은 국가 내부의 요인이 세계무대에서 어떻게 국가의 행동, 외교정책에 영향을 미치는지를 강조한다.

국가 수준을 강조하는 학자들은 국가가 단일 행위자가 아니며 국가 내에서 일어나는 일이 중요하다고 가정한다. 한 국가가 민주적 정권에 의해 통치되는지, 비민주적 정권에 의해 통치되는지 여부는 해당 국가가 외교정책이익을 정의하고 그에 따라 행동하는 방식에 영향을 미친다. 즉, 견제와 균형 구조, 다가오는 선거에서 유권자의 표를 확보하기 위한 정치인들의 필요성, 서로 다른 성향을 가진 유권자들 간의 합의형성문화가 중요한 것이다.

외교정책을 국가 및 사회 수준에서 분석하는 것은 외교정책결정에서 국가의 고유한 특성이 중요하다는 인식에서 비롯된다. 한 국가의 사회, 문화, 역사, 경제적 특징은 외교정책에 영향을 끼친다. 국가 수준의 외교정책에서는 국가 정치체제가 권위주의적인지, 민주주의적인지, 다원주의적인지 등 국가 속성에 따라 서로 다른 외교정책 행동 노선을 나타낸다. 권위주의 국가에서는 정책결정과정에 참여하거나 영향을 주는 행위자가 적어서 외교정책 결정과정에서 개인 수준의 영향력이 크다. 이러한 이유로 신속한 결정 및 정책변화가 가능하지만 정책이 경직될 가능성이 높다. 반면, 민주주의 국가에서는 국가 최고 통수권자, 행정 관료, 여론, 의회, 이익집단 등 외교정책결정에 참여하는 다양한 행위자로 인해 최고 통수권자의 영향력이 권위주의 국가에 비해 작게 나타나고 사회적인 수준의 영향력이 커진다.

현재 외교정책 연구의 주요 대상은 민주주의 국가의 외교정책이다. 민주주의 국가의 외교정책은 공통점이 있지만, 국가의 정부형태에 따라 일정한 차이를 보인다. 민주주의 국가의 정부형태 중 가장 일반적인 것은 의회제(내각제)와 대통령제이다. 물론 이원집정부제는 의원내각제와 대통령제의 요소를 결합한 제도를 말한다. 원칙적으로 위기에 있어서는 대통령이 행정권을 전적으로 행사하나, 평상시에 있어서는 내각 수상이 행정권을 행사한다.

대통령제와 의회제는 근본적인 차이가 있는데, 대통령제에서는 입법권과 행정권이 엄격히 분리되어 있지만 의회제에서는 입법권과 행정권이 상호 의존적이다. 대통령제에서는 외교정책과 관련한 권한이 대통령에게 집중되어 있지만 대통령은 의회가 갖는 대통령 권한에 대한 견제를 무시할 수 없다. 반면에 의회제에서 총리는 보통 의회에 의해 선출되며 대부분 의원의 지지를 받고 있기에 외교정책을 결정하는 데에 더욱 큰 자율성을 갖는다는 장점이 있다.

미국은 대통령의 권력이 의회에 의해 제한되는 가장 대표적인 국가이다. 미국 의회는 법률과 결의안, 재정 정책과 중요한 후보자 추천 등 여러 가지 방법으로 외교정책에 개입할 수 있다. 또한, 미국 헌법은 의회에 대외무역 규제, 전쟁 선포, 조약 비준 등의 권한을 부여한다. 윌슨(Woodrow Wilson) 대통령은 자신이 베르사유조약의 주요 설계자 중 한 사람임에도 불구하고 상원이 베르사유조약을 비준하도록 설득하는 데에 실패하였다. 이처럼 미국의 대통령제에서 의회는 강한 권력을 가지고 있으며 대통령을 강하게 견제한다.

대통령제인 미국과 의회제인 캐나다에서는 양국 의회가 외교정책에 미치는 영향이 다르다. 미국 대통령과 비교해 캐나다 총리는 외교정책에 대한 상당한 권한을 갖고 있다. 캐나다의 의회는 총리가 무역분쟁에 개입하거나 국제조약을 비준하기 전에 의회와 협의해야 할 것을 요구하지 않는다. 캐나다의 의회는 20대 총리였던 크레티앵(Jean Chrétien)에게 일부 의원들의 항의를 무시하고 교토 의정서를 비준하도록 했지만, 미국은 대통령에 대한 국회의 강한 견제 때문에 이렇게 할 수 없었다.[1)]

미국 의회와 대통령 간의 관계가 시기에 따라 변할 수 있는 것처럼 의회가 외교정책에 미치는 영향도 시기에 따라 달랐다. 냉전 초기에 미국 대통령은 의회로부터 상당한 지지를 받았다. 국내 정책과는 다르게 외교정책과 관련해서 미국 의회는 대통령에 대한 반대를 최대한 자제했는데, 이는 선거에서 외교 문제가 차지하는 비중이 크지 않았던 이유도 있지만 소련과의 체제 경쟁을 해야 하는 입장에서 의회가 외교정책에 대한 대통령의 우선권을 인정하는 분위기가 팽배했기 때문이다.

일반적으로는 대통령제를 채택한 국가의 외교정책은 더 장기적이고 지속적이며 안정성을 가질 것으로 기대할 수 있으며, 의회제를 채택한 국가의 외교정책은 더 많은 변동성을 가질 수 있다. 규범적(헌법 등)으로 보면 대통령제와 의회제를 구분할 수 있지만 현실 정치에서 두 체제를 살펴보면 유사한 점도 있다. 대통령제에서는 대통령이 공식적으로, 그리고 일방적으로 행동할 수 있는 모든 권한을 가지고 있지는 않지만, 특정 시기에 대통령은 많은 견제에서 벗어날 수 있다. 의회제에서 총리는 비록 자율성을 갖고 있지만 총리를 비롯한 행정부는 의회의 의견을 무시할 수 없다. 특히 총리가 있는 정당이 국회에서 다수당이 아닌 경우 더욱 그렇다.[2)]

2. 민주평화론

이미 앞에서 언급했듯이 로제나우(James N. Rosenau)는 국가의 물리적 규모, 경제발전 수준, 정치체제의 성격(민주적 혹은 권위적)이라는 세 가지 국가 속성 지표가 국가의 외교정책 결정과정 및 외교정책 행동의 차이와 관련되어 있다는 가설을 제시하였다.

특정 외교정책 행동과 이상적인 국가 형태를 연결하려는 연구는 민주평화론 문헌에서 찾을 수 있다. 전쟁을 국제관계의 '자연적 상태'로 규정하고 적절한 세력균형의 유지를 통해 전쟁을 예방해야 한다는 현실주의 국제관계이론의 인식과는 달리, 민주평화론은 자유민주주의를 지구적 차원으로 전파하고 안정적인 자유민주주의 국가의 수를 증가시켜 지속가능한 국제평화를 구축할 수 있다고 설파한다.

민주평화론은 민주주의 국가 간의 전쟁은 아주 드물다는 이론으로 민주주의 국가는 여러 사회 세력이 정책에 참여하고 타협을 중요시하며, 평화를 선호하는 기본 신념으로 분쟁을 평화적으로 해결하려고 노력한다고 본다. 민주주의 국가 간의 차별화된 전쟁부재현상을 주장하는 민주평화론은 냉전의 종식과 함께 서구 자유주의 국제관계이론의 핵심으로 부상했고, 클린턴 행정부의 민주주의 확장정책의 이론적 기반과 부시 행정부의 테러와의 전쟁의 명분을 제공해 주었다.

민주평화론의 이론적 근거는 1795년 칸트의 저술, 『영구평화론(*Perpetual Peace: A Philosophical Sketch*)』에서 찾아볼 수 있지만 민주주의 국가들의 전쟁부재현상을 과학적으로 규명하려는 노력은 1960년대에 들어와서야 본격적으로 진행되었다. 칸트는 입헌적 공화정이 영구평화 구축을 위한 필요조건 중 하나라고 생각했다. 대다수 국민은 방어적 이유 외의 전쟁을 반대할 것이고, 이러한 국민 의사를 반영한 공화정은 전쟁을 삼갈 것이다. 따라서 모든 국가가 공화정을 채택한다면 전쟁은 종식될 것이라고 주장한다. 이러한 주장은 후술하겠지만 민주평화론의 철학적, 사상적 근거를 제공했다.

민주평화론과 관련한 다양한 연구 성과를 살펴보면 우선 1964년 범죄학자였던 뱁스트(Dean Babst)는 민주평화 현상을 통계적 기법으로 증명하려는 연구 결과를 *Wisconsin Sociologist*에 최초로 발표했고, 1972년에는 1964년의 논문을 조금 더 발전시켜 통상 현안을 주로 다루는 논문을 게재했다. 하지만 뱁스트의 논문은 국제정치 전문저널에 게재되지 않았기 때문에 국제정치학계의 별다른 주목을 받지 못했다. 1976년이 되어서야 스몰(Melvin Small)과 싱어(J. David Singer)가 민주주의 국가 간의 평화부재현상이 존재한다고는 할 수 있으나, 이러한 사실은 통계적으로 유의미한 발견이 아니라는 논문을 발표하면서 민주평화현상에 관한 관심이 시작되었다.[3)]

1980년대에는 도일(Michael Doyle)이 칸트의 영구평화 이론을 민주평화현상에 접목해 민주평화론의 이론적 창안을 주도했고, 럼멜(Rudolph Rummel)은 민주주의 국가들이 비민주주의 국가에 비해 일반적으로 덜 호전적이라는 통계연구를 발표하면서 민주평화 논의에 새로운 논란거리를 제공했다.[4] 이어 1990년대 러셋(Bruce Russett)은 마오즈(Zeev Maoz), 브레머(Paul Bremer) 등과 함께 통계기법을 동원한 공동 작업을 하였다. 그리고 이를 통해 동맹관계, 지역적 근접성, 경제 의존도 등 국가의 전쟁과 평화결정에 영향을 끼칠 수 있는 여타 독립변수들을 통제하고 국가 간의 '민주주의 공유(joint democracy)'가 이들 국가의 평화에 이바지하는 독립변수라는 연구결과를 발표하였다. 이러한 러셋의 연구는 서구 국제정치학계의 민주평화론에 대한 본격적인 논의를 촉발하였다.[5]

3. 도일(Michael Doyle)의 민주평화론

'민주평화론'은 비민주적인 국가들보다 민주주의 국가들이 서로 전쟁을 벌일 가능성이 적다는 주장으로 도일(Michael Doyle)이 1983년에 발표한 "칸트, 자유 유산, 외교 문제(Kant, Liberal Legacies, and Foreign Affairs)"라는 논문으로부터 시작되었다. 도일의 연구는 국제분쟁의 역사적 기록을 분석함으로써 민주주의 평화 이론을 시험하는 데 초점을 맞추었는데 민주주의 국가가 비민주적인 국가보다 서로 전쟁을 벌일 가능성이 훨씬 적으며, 이러한 패턴은 광범위한 역사적 시기와 지리적 지역에 걸쳐 적용된다는 것을 발견했다.

도일이 민주주의 국가가 비민주주의 국가보다 더 평화로운 이유로 크게 세 가지를 주장한다.

첫째, 도일의 민주평화에 대한 연구는 민주정부가 비민주정부보다 평화적인 분쟁해결 수단을 추구할 가능성이 높다는 생각에 기초하고 있다. 도일에 따르면, 민주평화론을 뒷받침하는 주요 제도적 장치 중 하나는 민주적 책임론이다. 민주주의 국가에서 선출된 지도자들은 전쟁과 같은 인기 없는 정책을 추구할 경우, 그들을 공직에서 물러나게 할 권한을 가진 시민들에게 책임이 있다. 이러한 책임감은 민주 지도자들이 분쟁해결의 평화적인 수단을 찾고 불필요한 군사 행동을 피하도록 강력한 동기를 제공한다.[6]

둘째, 민주주의 국가에서 정책결정자들은 타협과 비폭력으로 갈등을 해결하려고 하며, 개인 및 타 국가의 권리를 존중하기 때문이다. 민주주의 국가는 다른 민주주의 국가들과 평화적인 갈등해결의 규범을 따를 것이고 다른 민주주의 국가들도 그렇게 할 것을 기대한다. 반면, 비민주주의 국가들 사이에 폭력적인 충돌이 많은 이유는 비민주주의 국가에서 정책결정자들은 그들의 반대 세력이 국내 정치과정의 일부로 갈등을 해결하기 위해 폭력을 사용한다고 예상할 수 있다. 그러므로 비민주적 국가들은 다른 국가와의 분쟁에서 폭력을 사용할 수 있고 다른 국가도 그렇게 할 것을 예상한다.[7]

셋째, 민주주의 국가는 견제와 균형, 권력의 분할, 그리고 광범위한 지지를 얻기 위한 토론의 필요성이 제기되기 때문에 폭력의 사용 가능성을 늦추거나 감소시킬 수 있다.[8] 민주주의 국가의 지도자들도 상대 민주주의 국가가 그렇게 행동할 것이라고 기대한다. 이와는 반대로 비민주주의 국가 간에는 민주주의 국가처럼 제약을 받는 것이 덜 하기에, 빠르게 대규모의 폭력을 결정할 수 있다. 비민주주의 국가 지도자들은 민주주의 국가가 제약을 받고 있다는 것을 알고 있기 때문에 분쟁에 있어서 더 많은 양보를 받아내려 한다.

민주평화현상과 관련해 도일은 두 가지를 제안한다. 첫째, 분쟁관리에서 민주국가를 인도하는 공통 규범에 초점을 맞춘다. 민주주의 국가들은 비폭력 해결책을 더 많이 사용할 뿐만 아니라, 다른 민주주의 국가들에서도 동일한 것을 기대하여 갈등을 증폭시키는 전반적인 동기를 감소시킨다. 규범과 가치의 공통성은 민주주의 국가의 동맹과 경쟁자들의 네트워크를 형성하고 시민들은 평화, 협력, 타협을 중시하도록 사회화된다. 이러한 가치들은 다른 민주주의 국가들과의 평화적인 관계를 촉진하고 갈등이 전면적인 전쟁으로 확대될 가능성을 줄이는 데 도움이 될 수 있다고 본다.

둘째, 도일은 국제기구가 국가들이 협상하고 분쟁을 해결할 수 있는 장을 제공할 수 있는 만큼, 협력과 갈등해결의 규범을 촉진하는 데 도움이 될 수 있다고 제안한다. 도일은 민주주의 국가들이 협력하고 공동의 가치와 이익을 증진하는 플랫폼 역할을 할 수 있는 효과적인 국제기구를 만드는 것이 중요하다고 여긴다.

III 민주평화론에 대한 제도적 해석과 규범적 해석

민주평화현상에 대해 학자들의 주장은 제도적 해석과 규범적 해석으로 나뉜다. 민주평화론의 제도적 해석과 규범적 해석은 서로 다른 논리적 근거에 바탕을 두고 있는 이론이라고 지적한 바 있다.[9] 민주평화론의 제도적 해석은 합리적 선택 이론이라고 알려진 경제학적 방법론에 기초를 두고 있고, 규범적 해석은 사회, 문화적 요인을 강조하는 사회학적 방법론에 그 뿌리를 두고 있다.

1. 민주평화론의 제도적 해석

민주평화현상을 설명하는 구조적, 제도적 해석은 민주주의 정치제도에서만 발견되는 구조적, 제도적 특성을 통해 민주국가 간의 전쟁부재현상을 설명하고 있다. 즉, 민주주의 정치제도의 특성이라 할 수 있는 권력의 견제와 균형, 국민여론을 정책에 반영하게 하는 열린 민주적 정책결정과정, 그리고 정기적으로 치러지는 선거 등이 민주평화현상에 이바지한다는 것이다.

대부분 국민은 전쟁보다는 평화 상태를 원한다. 그 이유는 자국이 전쟁에 휘말리면 발생하는 인명피해와 재산적 손실을 국민 자신이 부담해야 하기 때문이다. 민주주의 정치제도는 국민의 전쟁과 비(非)전쟁에 관한 선호를 정책결정권자들의 정책결정과정에 반영될 수 있게 하는 기제로 작용한다.

비민주주의 국가와는 달리 민주주의 국가는 정책결정권자들이 국민이 동의하지 않은 전쟁결정을 할 경우, 국민은 선거라는 민주정치과정을 통해 이들을 심판할 수 있다. 즉, 민주주의 정치제도의 특성으로 인해 정책결정권자들이 국민이 동의하지 않는 정책결정을 내리기가 쉽지 않다.

민주평화론의 제도적 해석은 자신의 이익을 추구하는 합리적 행위자와 민주정치제도의 유기적 상관관계에 이론적 초점을 맞추고 있다. 국민은 전쟁으로 인해 발생하는 비용을 부담하고 싶어 하지 않고, 정책결정권자들은 현직을 유지하고 싶어 하기에 이러한 여론을 중시하는 정책결정을 내리게 되는 것이다.

합리적 정책결정론의 관점에서 '제도'는 자신의 이익을 추구하는 행위자들의 행동에 제약을 가하기도 하고 동시에 기회를 제공하기도 하는 전략적 차원의 중요성을 띠고 있다. 정책결정자들이나 국민 모두 자신의 이익을 극대화하려는 합리적 행위자들이고, 이들이 추구하는 이익과 민주 정치제도의 상호작용이 민주평화현상을 설명할 수 있다는 것이다.

2. 민주평화론의 규범적 해석

민주평화론의 규범적 해석은 민주주의 국가들만이 공유하는 평화적 분쟁해결 문화 또는 민주적 규범이 민주평화현상을 설명할 수 있다고 주장한다. 성숙한 민주주의 국가에는 분쟁을 평화적이고 민주적인 방식으로 해결하는 규범이 뿌리내리고 있어, 민주사회의 구성원들이 분쟁에 휘말리면 폭력에 의존하는 해결 방식보다는 법에 따른 평화적 해결 방식으로 분쟁을 해결하기를 선호한다.

같은 논리로, 민주주의 국가가 다른 민주주의 국가와 분쟁에 휘말리게 될 경우, 이들 민주주의 국가는 전쟁과 같은 폭력적 수단으로 분쟁을 해결하려 하기보다는 외교적 수단으로 이를 해결하거나, 제3국이나 국제기구의 중재 또는 국제법에 따른 평화적 분쟁해결 방식을 선호한다는 것이다. 즉, 민주주의 국가는 민주주의 사회에서만 목격할 수 있는 평화적 분쟁해결문화를 다른 민주주의 국가와의 외교관계에도 적용하기 때문에 민주평화현상이 발생한다는 것이다.[10)]

일반적으로 민주주의 국가들이 비민주주의 국가들보다 덜 호전적이고 전쟁을 촉발한 경우가 적어야 하는데, 역사적인 예를 살펴보면 민주주의 국가들이 비민주주의 국가들과 마찬가지로 혹은 비민주주의 국가들보다 더 호전적이고 전쟁을 먼저 유발한 경우가 적지 않았음을 알 수 있다. 따라서 민주주의 제도와 규범이 상호작용을 한다고 가정하더라도, 민주주의 국가들만이 공유하고 있는 평화적이고 민주적인 규범의 효력을 제외하고는 '그들'만의 평화현상을 설명할 수 없다는 것이 학계의 합의라고 할 수 있다.

오웬(John Owen)의 연구는 제도적 해석과 규범적 해석을 통합하여 민주평화현상을 설명하려고 시도하였다. 오웬에 의하면, 민주주의 국가들의 국민은 다른 민주주의 국가들과 이념적인 유대감을 형성하게 되기 때문에 이들 국가와 분쟁이 발생하였을 경우 전쟁과 같은, 폭력적 방법을 동원하기보다는 평화적인 방법으로 해결하기를 희망한다고 한다. 이러한 국민의 민주적이고 평화적인 분쟁해결 규범이 민주적 제도를 통해 정책결정권자의 정책결정을 통제하기 때문에 민주평화현상이 발생한다는 것이다.[11)]

오웬과는 달리 딕슨(William Dixon)은 민주평화현상을 “민주주의 국가의 정책결정자들이 공유하고 있는 평화적 분쟁해결문화에 의해서만 설명할 수 있다”라고 주장한다.[12)] 민주주의 국가가 비민주주의 국가와의 외교관계에서는 평화적 분쟁해결 규범을 적용하지 않고, 오히려 종종 무력을 동원하여 이들 국가와의 분쟁을 해결하려는 이유는 자신들의 평화적 문화나 민주적 규범이 비민주주의 국가의 지도자들에게 역이용(exploit) 당할 경우를 우려하기 때문이라는 것이다.

3. 민주평화론에 대한 비판

민주평화론의 초기 발전단계부터 일부 학자는 규범적 해석이 제도적 해석보다 우월하다는 평가를 해왔다. 마오즈(Zeev Maoz)와 러셋(Bruce Russett)은 규범적 해석이 설득력과 예측력이라는 척도에 있어서 제도적 해석에 비해 우월하다는 결론을 내렸다. 민주평화론에 관한 연구물을 검토한 논문에서 챈(Steve Chan) 역시 규범적 해석이 제도적 해석보다 설득력이 있는 해석이라는 결론을 내리고, 규범적 해석에 근거를 둔 연구물들이 훨씬 더 좋은 연구 실적을 기록하고 있다고 지적하고 있다.[13)]

그러나 대부분의 민주평화 이론가들은 제도적 해석과 규범적 해석을 구별하여 논의하는 것은 민주평화현상을 이해하는 올바른 접근 방식이 아니라고 주장한다. 제도의 광역적 정의에는 적절한 행동양식 내지 문화와 같은 규범적 요소가 포함되어 있으므로, 제도와 규범은 상호 배타적인 개념이 아니라 상호 보완적인 관계로 이해해야 한다는 것이다.

레이(James Ray) 또한 "문화적 요소들은 제도의 형성에 영향을 끼치고, 마찬가지로 제도적 요인들은 문화를 형성한다."라고 지적하며 민주평화론의 제도적 해석과 규범적 해석의 차이는 생각만큼 명확하지도, 중요하지도 않다고 주장한다.[14] 레이는 민주평화현상을 설명하는 기존의 연구들을 검토한 결과, 한 해석이 다른 해석에 비해 압도적으로 우수하다고 평가할 수 없다는 결론을 내리고 있다.

스타(Harvey Starr) 역시 제도적 해석과 규범적 해석의 양분법적 접근 방식이 제도와 규범의 역동적 상호작용을 간과하는 우를 범했고, 그 결과 민주평화론의 이론 발전을 저해한 측면이 있다고 지적했다. 또한, 특정 상황에 따라 제도적 요인과 규범적 요인의 상대적 중요성이 결정된다고 주장했다.[15]

위에서 언급한 민주평화론은 통계적으로 유의미하다는 것이 서구 학계의 중론이다. 러셋(Bruce Russett)과 오닐(John Oneal)의 연구는 1816년~2001년 사이의 모든 국가 간 갈등을 분석했고, 민주적인 양자관계가 비민주적인 국가들보다 전쟁을 할 가능성이 훨씬 적다는 것을 발견했다. 1816년부터 1980년까지 모든 국제분쟁을 분석한 스몰(Melvin Small)과 싱어(J. David Singer)의 연구를 포함한 다른 연구에서도 민주주의 국가들이 협상과 외교를 통해 갈등을 평화적으로 해결할 가능성이 더 높다는 것을 발견했으며 슐츠(Kenneth Schultz)도 비슷한 연구결과를 내놓았다.[16]

그렇다고 모든 학자들이 무비판적으로 민주평화론의 논리를 받아들인 것은 아니다. 대표적으로 맨스필드(Edward Mansfield)와 스나이더(Jack Snyder)는 1816년~1992년 사이의 국가 간 분쟁을 분석했는데, 이들은 성숙하고 안정된 민주주의 국가들로 가득 찬 세상이 더 평화로울 것 같지만 국가들이 하루 아침에 그렇게 될 수는 없는 것이라고 의문을 제기하며 민주적 과정이 완전한 통제를 유지하지 못하고 실패할 수 있는 어려운 과도기를 겪을 수 있다고 보았다. 이들은 비록 민주평화론 문헌이 안정된 민주주의 국가 간 갈등이 없다는 것에 초점을 맞추고 있지만, 민주주의를 향한 과도기에 있는 국가들도 이 패턴에 부합하는지를 파악하려고 했다. 맨스필드와 스나이더는 민주화 과정의 위험성을 고려할 때, 국가의 특수한 상황을 고려하지 않은 채 민주화 과정으로 몰아가는 것은 잘못된 것이라고 지적한다. 실제로 평균적으로 민주화되고 있는 국가는 정권교체가 없는 국가들보다 전쟁할 가능성이 2/3 정도 더 높았으며, 민주화되고 있는 국가는 안정된 민주주의 국가들과 싸우는 것에 아무런 억제력도 보이지 않았다고 결론지었다.[17)]

파버(Henry Farber)와 고와(Joanne Gowa)는 민주평화의 개념을 대중적으로 수용함에도 불구하고 역사적 증거가 있는지, 구체적으로 민주정부의 존재와 그들 사이의 평화적인 관계 간 인과관계를 통계적으로 찾을 수 있는지를 추적하였는데, 역사를 1차 대전 이전, 1차 대전, 전간기, 2차 대전, 1980년대까지 총 다섯 시기로 구분하고 민주평화에 대한 증거는 2차 대전 이후에만 존재한다고 결론지었다.[18)]

민주평화론에 대한 비판은 방법론적인 면에서도 제기되었다. 우선, 민주평화현상은 독립변수인 민주주의와 종속변수인 전쟁·평화의 정의적 조작과 통계기법적 조작에 의해서만 유지될 수 있다는 비판이다.[19)] 미어샤이머(John Mearsheimer)는 지난 2세기 동안 민주주의 국가와 전쟁의 수가 적었기 때문에 민주평화현상은 통계적으로 유의하지 않다는 반론을 제기했다.

민주평화론은 사실이지만 민주평화현상을 초래한 변수는 민주주의의 공유가 아니라, 정치적 또는 인종적 유사성, 동맹관계, 경제적 상호 의존도 등 다른 변수에 의해서라는 주장도 있다.[20] 민주주의 국가 간의 분쟁이 전쟁으로 해결되지 않은 이유는 민주평화론의 이론적 경로 때문이 아니라 현실주의의 다양한 변수 때문이라는 것이다.[21]

민주평화론에 회의적인 시각을 가지고 있는 학자들도 민주평화현상, 즉 민주국가 간의 전쟁이 매우 드물었다는 사실 자체를 부정하지는 않는다. 하지만 민주평화현상이 통계적으로 견고하다고 하더라도 민주평화 현상을 설명할 수 있는 '이론'이 견고하다고 할 수는 없다. 민주평화 현상을 설명하려는 이론은 매우 다양하기 때문에 민주평화론을 옹호하는 학자들도 어떠한 인과적 경로를 거쳐 민주주의 정치제도의 공유가 국가 간의 전쟁을 예방하는지에 대해 서로 의견 일치를 보지 못하고 있다. 그리고 이러한 이론적 취약성은 민주평화론의 이념적 성향과 더불어 국내 학계에서 민주평화론의 적극적 수용을 저해하는 요인으로 작용하고 있다.

IV 문화와 외교정책

학계에서는 이미 오래전부터 정치문화가 국제정치에 미치는 영향을 연구 대상으로 여기긴 했으나, 냉전 시기에는 이데올로기의 영향력에 밀려 상대적으로 관심이 낮았다. 그러다가 냉전의 해체와 9·11 테러 등이 발생하면서 문화요소가 국제정치에 미치는 영향에 대한 관심이 높아지고 있다.

국가의 문화는 시간이 지나도 상대적으로 지속되는 가치, 규범, 전통과도 연결된다. 이러한 지속적인 문화적 특징은 외교정책의 변수가 된다. 어떤 국가의 문화는 개인주의적이고 또 다른 국가는 집단주의적일 수 있는데 이러한 문화기반가치는 외교정책에 영향을 미칠 수 있다.

문화는 외교정책이 수립되는 방식에도 영향을 미칠 수 있다. 예를 들어, 합의에 따른 정책결정이 표준인 문화에서는 정책을 만드는 데 더 오랜 시간이 걸릴 수 있다. 왜냐하면 많은 사람들과의 협의과정이 최종 결정만큼 중요할 수 있기 때문이다. 그러나 문화적 특수성이 외교정책에 영향을 미친다는 일반적인 인식에도 불구하고 그러한 개념은 측정하기 어렵다.

현실주의 이론에서는 국가의 외교정책결정을 설명할 때, 한 국가의 국제체제에서 자국의 힘을 고려하여 선택할 수 있는 수단을 통해 자국에 최선의 결과가 도출되도록 합리적인 행동을 한다고 본다. 즉, 개별 국가의 도덕적 판단이나 정책에 대한 선호는 중요하지 않고, 국제사회에서 그 국가의 위치와 영향력의 크기가 가장 중요한 변수가 된다는 것이다. 그러나 실제 현실에서 진행되는 외교정책의 선택과 결정은 훨씬 복잡한 과정을 통해 결정된다. 다시 말해, 한 나라의 외교정책과 그 수단은 국제사회에서의 위상과 힘의 크기 이외에도 정치체제와 경제 수준, 그리고 더욱 중요하게는 국민의 일반적 의식 형태를 반영한 종합적인 결과로써 결정된다.

이러한 현상은 미국, 소련, 중국 등의 외교정책결정 사례를 분석한 힐스만(Roger Hilsman)의 결론을 통해서도 잘 나타나고 있는데, 이것은 한 나라의 외교정책이 그 국가의 조직문화나 보편적인 가치관에 따라 크게 영향을 받는다는 것을 의미한다. 힐스만에게 문화는 개인의 사유 방식과 행동 방식, 문제해결 방식뿐만 아니라 조직구성 및 운영 방식, 정부구성 방식, 정치와 경제의 결합 방식, 외교정책의 우선순위 결정 등 각

방면에 영향을 미치며, 이에 따라 외교정책결정에도 매우 중요한 요인으로 작동한다는 것이다. 그는 역사적 경험, 가치관, 사회적 규범을 포함한 한 국가의 문화는 정부가 국제 문제를 인식하고 정책을 수립하는 방식을 형성하는 데 중요한 역할을 한다고 보았다.[22]

또한, 힐스만은 국가의 외교정책은 국가 목표 달성을 위한 이성적 판단보다는 정부관료기구의 성향에 따라 결정되거나 체계적인 의사수렴의 결과가 아닌 서로 무관한 요인들의 총체적 결합물로 나타난다고 보았다. 즉 외교부, 국방부, 정보기관과 같은 정부기관의 구조와 역학 관계가 외교정책에 큰 영향을 미친다고 보았는데, 이러한 조직 내 관료적 이해관계, 내부 권력투쟁, 표준절차가 정책개발 및 실행 방식을 결정한다는 것이다.

한 사회의 문화는 개인이 그 사회 성원이 되기 위해 반드시 받아들이고 알아야 하는 규칙으로 쉽게 바뀌지 않는 성질을 가지고 있다. 앤더슨(Benedict Anderson)은 민족을 '상상의 공동체(*Imagined Communities*)'라고 규정하면서 민족을 문화의 직접적 산물이라고 보기도 한다. 이것의 의미는 정치적인 측면에서 하나의 정책이 구성원의 가치관과 분리될 수 없다는 것이다.[23]

비교문화 측면에서, '이성적 판단'이라는 것도 문화가치의 영향에서 벗어날 수 없으므로 문화권이 다르면 이성에 대한 평가기준이 다를 수 있어 국제 문제를 이해하는 방식도 다르게 나타날 수 있다. 따라서, 이성과 비이성에 관한 판단도 문화가 다른 나라에서는 그 기준이 달라질 수 있다. 닌코비치(Frank Ninkovich)가 주장하듯이 미국 국무장관의 시각과 이란 대통령의 시각은 국가 이익과 별개로 다른 문화적 시각을 가질 수 있는 것이고, 20세기 미국의 주요 대외정책은 모두 미국식 문화 가치관을 벗어나지 않았다.[24] 결국 이성과 합리성이라는 것도 문화에 따라 기준을 달리하는 개념에 불과하며, 국가 이익에 관한 판단 역시 문화적 요인을 배제할 수 없는 것이다.

V 요약

- 외교정책은 국가의 제도적 틀, 국내 행위자, 경제상황, 역사와 문화 등 다양한 요인에 의해 영향을 받는다. 헌법과 정부구조는 정책결정의 기본 틀을 제공하며, 정당, 시민단체, 언론과 같은 다양한 행위자들이 여론형성과 정책결정과정에 기여한다. 경제상황은 외교적 우선순위와 국제적 협력 전략에 영향을 미치며, 국가의 역사와 문화는 정책방향과 우선순위를 설정하는 데 중요한 기준으로 작용한다.
- 정치체제는 외교정책 결정과정에 큰 영향을 미친다. 권위주의 체제에서는 정책결정자의 개인적 판단이 중시되고 신속한 결정이 가능하지만, 경직성과 비판 수용의 한계가 존재한다. 반면, 민주주의 체제에서는 다양한 행위자들이 정책과정에 참여하여 실패 가능성을 줄일 수 있으나, 정책결정과정이 상대적으로 느려질 수 있다.
- 민주평화론은 민주주의 국가 간 전쟁이 드문 이유를 타협과 평화 선호, 분쟁의 평화적 해결 노력으로 설명하지만, 동맹과 경제적 상호 의존 같은 요인을 간과했다는 비판을 받는다.
- 정부 형태도 외교정책에 영향을 미친다. 대통령제는 외교 권한이 대통령에게 집중되지만 입법부의 강한 견제를 받으며, 내각제는 총리가 비교적 자율성을 가지면서도 의회의 지지를 기반으로 정책을 추진한다. 미국과 캐나다의 사례를 보면 미국은 의회의 외교정책 견제가 강한 반면, 캐나다는 총리의 자율성이 상대적으로 높다는 것을 알 수 있다.

- 민주평화론 연구는 국민 여론과 개방성을 강조하는 제도적 해석과 평화적 문화와 민주적 규범을 중시하는 규범적 해석으로 나뉜다.
- 문화의 역할은 외교정책에 큰 영향을 미치며, 국가의 가치, 전통, 규범을 통해 정책 판단을 내린다. 그러나 국제 문제를 단순히 문화대결로 해석하는 접근은 위험성을 초래할 수 있다.

8장

외교정책 연구와 체제 수준 요인

Ⅰ. 개요

Ⅱ. 현실주의와 외교정책 연구

Ⅲ. 자유주의와 외교정책 연구

Ⅳ. 구성주의와 외교정책 연구

Ⅴ. 요약

8 장

외교정책 연구와 체제 수준 요인

I 개요

- 무정부적 국제체제에서 국가가 자조(self-help)를 통해 생존과 안보를 보장하려 한다는 현실주의의 기본 개념을 이해하고, 국가안보 우선주의와 자조의 역할을 탐구.
- 체제 수준 분석에서 극성(polarity)이 국가 외교정책에 미치는 영향을 분석하고, 단극, 양극, 다극체제에서 세력균형을 통해 국제체제가 어떻게 안정성을 유지하려 하는지 학습.
- 고전 현실주의에서 모겐소(Hans J. Morgenthau)의 힘의(권력) 정치론은 국제정치를 권력다툼의 장으로 보며, 자조 개념을 중심으로, 인간 본성과 외교정책의 상관관계를 탐구.
- 현실주의의 권력 중심적 시각이 국제정치의 구조와 행동에 미치는 영향을 분석하며, 힘이 추구가 국가 생존의 핵심 요소임을 학습.
- 신현실주의에서는 왈츠(Kenneth Waltz)의 이론을 바탕으로 국제체제의 구조적 특성이 국가 행동에 미치는 영향을 연구하며, 강대국과 약소국의 외교정책 차이를 분석.

- 방어 현실주의와 공격 현실주의를 비교하여, 국가가 안보를 위해 힘의 증대를 제한하거나 팽창을 추구하는 이유를 평가.
- 신고전 현실주의에서는 국제체제의 구조적 제약과 국내 정치적 요인의 상호작용이 외교정책형성에 어떻게 영향을 미치는지 설명하며, 국내적 요소와 국제적 제약 간 균형을 통해 외교정책의 복잡성을 이해.
- 현실주의를 자유주의와 구성주의와 비교하여, 현실주의적 접근법의 강점과 한계를 평가.
- 현실주의가 구조적 제약과 국가 간 갈등을 설명하는 데 유용하지만, 자유주의의 협력적 시각이나 구성주의의 관념적 요인 분석이 현실주의의 한계를 보완할 수 있음을 탐구.

II 현실주의와 외교정책 연구

이 장에서는 현실주의, 자유주의, 구성주의가 외교정책 연구에 어떻게 활용되는지 살펴본다. 안보문제와 관련된 외교정책을 분석할 때, 국가 행위자들 간의 불가피한 이해 충돌을 강조하는 현실주의 접근방식이 적절하다. 반면, 다자간의 협력 문제와 관련된 분석을 할 경우, 상호이해와 공동의 이익을 강조하는 자유주의 접근방식이 이용될 가능성이 높다. 연구자가 어떤 주제와 이슈를 분석하는지에 따라, 또는 어떤 분석 수준으로 분석하는지에 따라 적절한 이론이 선택될 것이다.

일반적으로 한 국가의 외교정책에 나타나는 광범위한 변화를 설명할 때 체제 수준(system-level) 분석이 사용된다. 체제 수준의 분석에서는 체제 내 개별 국가의 지위에 따라 국가 목표가 정해진다고 가정한다.

즉, 체제 수준의 구조적 요인은 행위자가 활동하는 환경을 구성하며 행위자에게 제약을 가한다. 국제체제의 극성(polarity)에 의해서도 국가의 외교정책은 영향을 받는다. 국제체제 유형은 국제정치에서 힘의 분배가 어떻게 나눠는가에 따라 단극체제, 양극체제, 다극체제 등으로 구분된다. 서로 다른 극성 구성은 강대국, 중견국, 약소국의 외교정책에 서로 다르게 영향을 미친다.

국가의 외교정책이 국제체제에 영향을 받는 것은 국제정치의 무정부성에서 기인한다. 무정부적 국제체제로 인해 국가는 자조(self-help)를 외교행동원칙으로 삼고 국가안보를 보장하는 외교를 추구하게 된다. 따라서 자국의 힘이 약하다고 여기면 자국의 안전을 도모하기 위해 다른 국가와의 동맹을 맺는데, 약소국일수록 그 경향이 두드러진다.

양극체제에서 국가들은 힘의 양극 상태를 균형적으로 만들기 위해 동맹을 맺는다. 반면, 다극체제에서는 국가가 여러 국가들과 동맹을 맺거나 동맹을 쉽게 변경할 수도 있기 때문에 국가의 전략적 움직임이 활발하다. 강대국은 전략 및 외교정책에 대한 관심을 많은 지역에 집중해야 하기 때문에 중견국과 약소국에게는 오히려 다양한 국가들과 동맹을 맺을 수 있는 기회가 생긴다. 그러나 양극체제는 2개의 주요 극만 존재하기 때문에 강대국의 외교정책과 관련한 요구에 중견국과 약소국이 저항할 수 있는 능력은 극히 제한적이고 동맹을 바꾸기도 매우 어렵다.

체제 수준 변수를 가장 중요하게 여기는 것이 바로 현실주의 국제정치 이론이다. 현실주의는 말 그대로 현실에 대한 관찰에서 이론을 추출한 것으로 적실성 있는 이론으로 평가되어 왔고, 오랜 시간 국제정치의 패러다임을 주도해 왔다. 현실주의는 자유주의의 주장과는 달리 실제 국제관계는 상호협력의 부재, 그리고 각종 불공평함과 부조리에 따른 국제체제의 불안정성으로 인해 전쟁의 위험이 항상 존재한다고 주장한다.

현실주의는 '국가는 단일하고, 이성적이며, 합리적인 행위자'라고 가정한다. 외교정책에 영향을 미치는 중요한 변수는 국제체제의 무정부상태에 있다고 본다. 무정부상태란 국제정치에서 어떠한 상위 권위체가 없는 상태를 말하며, 이런 상황에서 현실주의는 국제체제의 영향과 개별 국가의 상대적인 힘에 따라 그 국가의 외교정책이 영향을 받는다고 여긴다. 정책 입안자들은 권력과 질서를 추구하는 이성적인 행위자이기 때문에, 그들의 심리적 성향을 파헤치거나 정부의 정책결정과정을 자세히 검토할 필요가 없다고 본다.[1)]

1. 모겐소와 고전 현실주의

고전 현실주의의 대표적 인물인 모겐소(Hans J. Morgenthau)는 외교정책 연구에 큰 영향을 미쳤는데 그의 주장은 크게 세 가지로 요약된다.[2)]

첫째, 모겐소는 인간본성이 본질적으로 이기적이며 이러한 특성은 선천적이고 불변적이라고 전제한다. 이기적 본성이 무정부상태의 국제체제와 결합하면 국가는 자국의 이익을 극대화하는 방향으로 외교정책을 추구한다는 것이다. 예컨대, 냉전기 미국과 소련이 상호 신뢰보다는 경쟁과 갈등을 선택하고 군사력과 동맹체계를 통해 상대를 견제하며 자국의 이익 확보에 집중한 것이 대표적인 사례이다.

둘째, 모겐소는 국제정치의 본질을 힘의 정치(power politics)로 정의하며, 국가가 힘을 추구하는 것은 국제체제의 무정부적 성격에서 기인한다고 주장한다. 이에 따라 국가는 생존을 주요 목표로 삼으며, 생존을 위한 필수적 수단으로 자조를 강조한다. 예를 들어, 1930년대 나치 독일은 타 국가의 안보 보장에 의존하지 않고 군사력을 스스로 증강하여 국가의 안보와 생존을 확보하려 했다. 이는 무정부상태에서 국가가 독자적 수단에 의존하여 생존을 추구한 사례로 해석할 수 있다.

셋째, 모겐소는 국가가 현재의 힘의 균형(세력 균형)을 유지하고자 할 때는 현상유지정책을 채택하는 반면, 기존 국제질서를 자국에 유리하게 재편하고자 할 때는 제국주의 정책을 추진한다고 주장한다. 역사적으로 19세기 말 영국은 자국에 유리한 세력균형상태를 유지하기 위해 현상유지정책을 선택한 반면, 동시기 독일은 자국의 국제적 위상을 확대하고 힘의 균형을 자국 중심으로 변화시키기 위해 공격적인 제국주의적 정책을 펼쳤다.

모겐소를 포함한 고전 현실주의(classical realism)는 국제정치에서 국가 권력의 본질과 그 행사 방법, 그리고 외교정책결정자들이 직면하는 현실적 문제에 초점을 맞추어 연구를 수행했다. 특히 역사적 사례에 대한 철저한 분석을 통해 국제정치의 지속적인 패턴을 규명하고자 하였으며, 귀납적 접근법을 통해 국제정치 및 외교정책 이론의 기초를 정립하였다. 대표적인 예로, 모겐소는 펠로폰네소스 전쟁, 나폴레옹 전쟁, 제1·2차 세계대전 등 주요 역사적 사건들의 분석을 통해 국가 간 권력투쟁의 본질을 밝히고 현실주의 이론의 토대를 마련하였다.

2. 신현실주의와 외교정책 연구

왈츠(Kenneth Waltz)는 구조 현실주의 학자로 무정부 상태의 국제체제에서 국가들은 안전을 스스로 확보해야 한다고 보았다. 체제 수준의 분석은 국가들로 하여금 특정한 방식으로 행동하도록 강요함으로써 외교정책을 설명하며 국제체제의 힘의 분포가 어떤 식으로 변했는지에 중점을 둔다. 힘의 분포에 따라 국익 극대화를 위해 특정한 외교정책을 따르도록 강제되기 때문이다.

모겐소의 고전 현실주의 이후 등장한 것이 왈츠의 신현실주의다. 모겐소와 왈츠 모두 국가의 행동이 힘에 의해 주도되며, 국가는 국가이익을 극대화하려고 한다고 강조한다. 모겐소가 국가이익의 극대화 전략에 더 많은 관심을 두었다면, 왈츠는 국제체제의 무정부적 구조와 이것이 개별 국가에 미치는 영향에 대해 연구에 집중하였다.

왈츠는 인간의 본성, 국가의 내부적 특성, 국제체제의 3가지 분석 수준을 구분하였고, 이 중 국제체제의 특징이 어떻게 국가 간 관계에 영향을 미치는지에 관심을 갖고 시간을 초월한 국제행위의 일반적인 양상을 설명하고자 했다. 왈츠에게 모겐소는 개인 수준에만 초점을 둔 이론가였다. 왈츠는 인간의 본성이 무엇인지를 경험적으로 입증할 수 없다고 주장하며 모겐소를 비판했다.

왈츠는 무정부적 국제체제에서 국가 간의 중요한 이해관계와 관련된 분쟁은 국제기구나 상위 기관에 호소하는 것이 아니라, 국가가 간접적으로 군사력을 사용해 위협하거나 직접적인 방법을 사용함으로써 해결된다고 주장한다.[3] 왈츠는 명확하게 중앙이 통제할 수 있는 권위를 가진 위계적인 체제로 바뀌는 것은 어렵다고 보았다.

왈츠에 따르면 국제체제의 안정성은 주로 국가 간 힘의 분포에 의해 결정된다. 국제체제 내에서 국가는 합리적인 행위자로 간주되며 생존을 최우선 목표로 삼고 자조를 통해 이를 달성한다. 이러한 힘의 분포는 각 국가의 군사력, 경제력 등 상대적 능력의 차이에 따라 결정된다.

국가들은 생존을 위해 최소한의 세력균형 유지, 나아가 최대한의 상대적 우위를 얻으려고 노력한다. 예컨대 냉전 시기 미국과 소련은 양극체제 속에서 내부균형(Internal Balancing)과 외부균형(External Balancing) 전략을 모두 적극적으로 활용했다. 미국은 국내 자원을 활용해 군사력을 대폭 증강하는 내부균형을 통해 소련의 위협에 대처했다. 동시에 나토와 같은 군사동맹을 형성해 외부균형을 구축하여 유럽에서 소련과의 세력균형을 유지하고자 했다. 소련 역시 바르샤바 조약기구를 결성하여 외부균형을 추구하는 동시에 군사력 증강을 통해 내부균형을 추구했다.

최근 미중 경쟁 또한 내부균형과 외부균형의 개념을 잘 보여 주는 사례이다. 중국은 군 현대화와 경제성장을 통해 내부균형을 추진하는 한편, 러시아나 일부 아프리카 국가들과의 전략적 협력을 통해 외부균형 전략을 병행하고 있다. 미국 역시 자국의 군사력과 기술 혁신을 강화하면서 동시에 일본, 호주, 인도 등과의 동맹체계를 확대하여 중국의 부상에 대응하고 있다.

중견국과 약소국 또한 이 같은 균형전략을 적극 활용한다. 한국과 같은 중견국은 독자적인 군사력 확충(내부균형)을 이루면서도 미국과 동맹을 맺어 외부균형을 추구하여 생존과 안보를 확보하려고 한다. 한편 약소국의 경우 군사력의 독자적 확장이 어렵기 때문에 주로 외부균형전략을 선택한다. 예컨대 발트 3국(에스토니아, 라트비아, 리투아니아)은 자체적인 군사력으로 러시아에 대응하기 어렵기 때문에 NATO 가입을 통해 외부균형전략을 적극 활용하여 생존을 보장받고 있다.

이처럼 내부균형과 외부균형전략은 강대국뿐 아니라 약소국까지 국제체제 내에서 자신의 생존과 안보를 확보하기 위한 대표적인 전략적 수단으로 활용된다.

3. 방어 현실주의(Defensive Realism)와 외교정책 연구

신현실주의는 국가가 자국의 국력을 어디까지 증진시키는가에 따라 방어 현실주의와 공격 현실주의로 나뉜다. 방어 현실주의에 의하면 국가는 주로 자국의 안보를 보장하는 것에 목표를 두며, 자국을 안전하게 유지할 수 있는 정도만큼 국방력을 유지하려고 한다. 방어 현실주의에 있어 생존은 '패권을 위한 욕구'가 아닌 '방어를 위한 안보 추구'가 주된 목적이 된다.

방어 현실주의자들은 국가가 자국의 안보를 보장하기 위해 세력균형을 유지하는 경향이 있다고 본다. 국가는 생존을 추구하고 강대국은 균형적인 동맹을 체결하거나, 방어 태세를 취함으로써 안보를 보장받으려 한다. 국가들의 우선적인 동기는 자국의 안보를 보장하는 것이며 힘(권력)은 그 목적으로만 사용되는 수단이라고 본다.

방어 현실주의에게 공격적인 확장은 세력균형을 무너뜨려 국가의 안보를 약화시킬 수 있다고 본다. 특히, 왈츠는 핵무기의 확산과 같은 기술의 발전이 한 국가가 다른 국가를 힘으로 정복하는 것을 불가능하게 했다고 본다. 이러한 방어 현실주의 논리는 국가가 국제체제에서 패권을 추구하지 않는 이유를 분석하는 데 도움이 된다.[4)]

방어 현실주의 학자에는 왈츠(Kenneth Waltz)를 비롯하여 월트(Stephen Walt), 저비스(Robert Jervis) 등이 있다. 특히 월트는 국가들이 국제체제 내에서 단순히 다른 국가의 힘 자체에 반응하는 것이 아니라, 그 힘이 실제로 자국의 안보에 얼마나 위협적으로 인식되는가에 따라 균형전략을 결정한다고 주장하였다. 그는 이를 '위협 균형(Balance of Threat)'이라 명명하였다.[5)]

월트의 주장에 따르면, 국가들은 단지 상대국의 군사력이나 경제력과 같은 객관적인 힘에 의해서만 움직이지 않고, 상대국이 가진 공격적 의도, 지리적 근접성, 공격적 군사력 보유 여부와 같은 요소들을 종합적으로 평가하여 위협을 인식하고 이에 따라 균형을 형성한다. 예컨대 냉전 시기 미국과 소련 사이의 경쟁은 단순히 양국이 강대국이라는 이유만으로 이루어진 것이 아니라, 서로에 대해 공격적인 의도를 인식했기 때문에 균형이 이루어진 사례였다. 미국과 서유럽 국가들은 소련이 동유럽으로 세력을 확대하는 모습을 보며 이를 자국에 대한 직접적 위협으로 평가했고, 그 결과 미국 주도의 나토를 결성하여 위협 균형을 추구하였다. 마찬가지로 소련도 미국이 주도하는 서방 진영의 확장을 위협으로 인식하여 동유럽 국가들을 바르샤바 조약기구로 묶어 미국의 위협에 대응했다.

또 다른 예로, 이란 핵개발과 중동 내 영향력 확대가 미국뿐 아니라 이스라엘, 사우디아라비아와 같은 주변 국가들에게 상당한 위협으로 인식되었으며, 그 결과 이들 국가 간 안보협력과 전략적 공조가 이루어졌다. 특히 사우디아라비아와 이스라엘은 역사적, 이념적 갈등 관계에도 불구하고 이란의 위협에 공동으로 대응하기 위한 전략적 협력을 강화하는 등 '위협에 따른 균형 형성'을 실천한 사례로 평가될 수 있다.

최근 동아시아 지역에서도 중국의 군사력 증강 및 남중국해에서의 공격적 행태가 일본과 필리핀, 베트남 등 주변국에게 위협으로 인식되었고, 이로 인해 미국과의 동맹을 통한 외부균형을 형성하는 추세가 나타났다. 이는 중국의 객관적 국력뿐 아니라 국가들이 중국의 행동을 위협으로 인식함으로써 균형행동을 취하게 된 구체적 사례이다.

4. 공격 현실주의(Offensive Realism)와 외교정책 연구

방어 현실주의와는 달리 공격 현실주의는 국제정치를 끝없는 힘의 경쟁으로 바라보는데, 미어샤이머(John Mearsheimer)에 의하면 국가들이 지역의 패권국가가 되기 위해 지속적으로 팽창한다고 본다. 미어샤이머의 공격 현실주의는 고전 현실주의와 신현실주의에서 발전한 이론으로 방어 현실주의와 대비된다.

공격 현실주의의 핵심 주장은 다음과 같이 요약할 수 있다. 첫째, 힘

(권력)의 극대화는 국가의 본능이다. 국가들은 단순히 균형을 유지하는 것이 아니라 공격적으로 힘을 확대하려 한다. 힘이 클수록 국가의 생존 가능성이 높아지기 때문에 강대국이 되려 한다고 본다.

둘째, 국제체제에서 평화는 일시적이며 국가 간의 보다 많은 힘을 얻으려는 경쟁은 영원히 지속되는 경향이 있다. 영원한 친구와 적은 존재하지 않으며 국가들은 필요에 따라 적과 동맹을 바꿀 수 있다고 본다.

셋째, 강대국 간의 충돌은 불가피하다. 새로운 강대국이 부상하면 기존 강대국과 충돌할 가능성이 높다.

넷째, 세계에서의 패권은 어렵더라도 최소한 자신이 속한 지역에서 가장 강력한 국가가 되고자 한다. 미어샤이머는 세계에서의 패권이 어려운 이유를 다음의 네 가지 때문이라고 주장한다.

① 핵무기의 억제능력 하락 때문이다. 핵보유국이 증가하면서 한 국가가 핵무기를 독점하는 것은 불가능하기 때문에 이러한 현상이 나타난다고 보았다.

② 지정학적 제약 때문이다. 태평양, 대서양 등의 해양과 같은 지리적 장벽으로 인해 세계에서의 패권을 추구하는 것은 힘들다고 보았다.

③ 다극체제의 등장 때문이다. 특정 국가가 너무 강해지면 다른 강대국들이 연합하여 견제하려고 하기 때문에 단일 패권국이 등장하기 어렵다.

④ 제국적 지배의 한계 때문이다. 설령 한 국가가 압도적인 힘을 가져도, 전 세계를 직접 통제하려면 엄청난 비용이 든다. 이러한 비용 문제로 인해 기존 패권국은 헤게모니를 유지하는 데 어려움을 겪을 수 있다.

미어샤이머의 공격 현실주의에 따르면, 국제체제에서 국가들은 자신의 안보와 생존을 보장하기 위해 최대한 많은 힘을 확보하려고 한다. 이는 단순히 현상을 유지하는 것만으로는 충분하지 않으며, 오히려 자국의 상대적 힘을 주변 국가들에 비해 지속적으로 증가시키려는 경향을 보인다. 다시 말해, 국가는 자국에 유리한 힘의 분포를 만들어 내기 위해 적극적으로 패권(hegemony)을 추구한다는 것이다.

이러한 미어샤이머의 주장은 현대 미·중 관계에서 명확히 드러난다. 그는 중국이 아시아에서 패권을 추구하는 것은 국가가 힘을 극대화하려는 자연스러운 현상이며, 이는 필연적으로 미국과 충돌할 수밖에 없다고 분석한다. 예를 들어, 중국의 남중국해 인공섬 건설과 군사시설 확장, 그리고 '일대일로(Belt and Road Initiative)' 프로젝트는 아시아 지역 내 중국의 영향력을 확대하기 위한 제국적 패권정책의 일환으로 볼 수 있다. 미국 입장에서 이러한 중국의 전략은 아·태 지역의 세력 균형을 근본적으로 변화시키고 자국의 안보 이익에 직접적인 위협으로 다가온다.

또 다른 예로, 미어샤이머는 특히 중국과 대만 문제를 통해 자신의 주장을 구체화한다. 중국은 대만을 자국의 영토로 간주하고, 필요하다면 무력을 동원해서라도 통일을 이루려는 명확한 의지를 나타내고 있다. 이 경우, 중국의 군사적 역량 증대는 자국 안보를 위한 내부균형의 형태로 나타나며, 동시에 미국과의 직접적 군사 충돌 위험을 증가시킨다. 미국 입장에서도 대만은 단순한 외교적 협력국이 아니라 아·태 지역에서 중국 견제를 위한 전략적 요충지이다. 이에 따라 미국은 대만에 군사적·경제적 지원을 제공하여 중국의 패권 추구를 저지하려는 외교정책을 적극적으로 펼친다.

미어샤이머의 주장은 역사적 사례로도 뒷받침된다. 예컨대, 20세기 초 독일의 적극적 팽창주의와 영국 및 프랑스의 대응전략, 그리고 냉전 시기 소련의 동유럽 장악 시도와 미국의 봉쇄정책 모두가 국가가 힘의 극대화를 통해 안보를 보장하려고 했던 사례로 해석할 수 있다. 즉, 공격현실주의는 과거뿐 아니라 현재의 사례에서도 국가들이 힘의 분포를 변화시키기 위해 끊임없이 권력을 확장하고 그 과정에서 필연적인 갈등과 충돌이 발생한다고 분석한다.

5. 신고전 현실주의(Neoclassical Realism)와 외교정책 연구

앞에서 살펴보았듯이, 왈츠의 '신현실주의'는 국가를 합리적이고, 기능적으로 일원화된 행위자라고 전제한 상태에서 모든 국가가 국제체제의 무정부성과 힘의 추구라는 절대적인 요인에 따라 행동한다고 주장한다. 신현실주의는 국내적 요인을 고려하지 않고 국제체제의 구조와 변화를 주된 독립변수로 설정한다. 하지만 각국의 외교정책을 살펴보면, 국내적 요인들인 정치, 경제적 변수가 중요하다는 것을 알 수 있다.

국가 내부에서는 정치 지도자, 관료, 정치인, 이익집단 등 복수의 행위자들이 외교정책결정 및 이행과정에 다차원적으로 관여한다. 예를 들어, 미국의 외교정책은 대통령의 결정뿐만 아니라 의회의 승인, 다양한 이익집단의 로비활동, 그리고 외교관과 관료들의 자문에 의해 형성된다. 이는 외교정책이 단순히 국제체제의 압력에만 반응하는 것이 아니라, 국가 내부의 복잡한 상호작용과 조정을 통해 만들어진다는 것을 보여준다. 외교정책 연구에서 국내 요인을 도입해 새롭게 분석하려는 시도가 생겨났는데, 이것이 신고전 현실주의(Neoclassical Realism)다.

신고전 현실주의는 국제체제의 무정부성과 힘의 배분이 여전히 중요한 요인임을 인정하면서도, 각국의 외교정책은 국제체제의 압력뿐만 아니라 국내 정치 요인, 경제적 요인, 그리고 지도자의 인식과 같은 다양한 요소에 의해 복잡하게 형성된다고 강조한다. 국가는 단순히 체제에 반응하는 수동적인 존재가 아니라, 능동적으로 체제에 대응하고 이를 변화시키는 주체적 행위자이다. 자카리아(Fareed Zakria)는 체제적인 분석은 이론의 간결함에 유용하지만, 국내정치 해석은 구체적이어서 국제

정치의 논리로 해석할 수 없는 사건, 현상, 정책을 설명할 때 더욱 유용하다고 강조하였다.[6]

탈리아페로(Jeffrey W. Taliaferro), 로벨(Steven Lobell), 립스만(Norrin Ripsman)은 외교정책을 이해하기 위한 이론적 틀로서 신고전 현실주의에 대한 포괄적인 개요를 제공하고 국가들이 국제 위협과 기회를 어떻게 평가하는지, 그리고 국내 행위자들이 외교정책결정에 어떤 영향을 미치는지를 조사하였다. 이들은 세력균형이나 위협균형과 같은 이론들이 국가가 다른 전략보다 특정 전략을 선택하는 이유를 완전히 설명하지 못한다고 주장한다.[7]

이들은 위협에 대한 국가들의 인식이 국제적인 힘의 분포와 국내 정치적 고려사항에 의해 형성된다고 설명한다. 그리고 국가의 지도자들이 체계적 명령이 분명한 경우에도 항상 올바르게 인식하지 않으며, 국제체제 자체가 항상 위협과 기회에 대한 명확한 신호를 제시하는 것도, 정책결정자들이 항상 체계적 명령에 합리적으로 대응하는 것도 아니라고 강조한다.

신고전 현실주의는 개별 국가의 내부적 특성과 국가와 사회 간의 복잡한 관계를 고려하여 국가의 행위를 설명한다는 점에서 고전 현실주의와 같은 입장이다. 또한 국제체제의 무정부적 특징, 그로 인한 타국의 의도에 대한 불확실성과 잠재적 위협, 자조적 환경과 안보 딜레마, 국제체제의 제약에 대한 신현실주의의 통찰력을 받아들인다. 스웰러(Randall L. Schweller)는 이러한 신고전 현실주의의 특징을 세 가지로 요약하였다.[8]

첫째, 신현실주의가 오직 국제체제의 힘의 분배만을 국가 행위에 직접적으로 영향을 미치는 독립변수로 보았던 반면, 신고전 현실주의는 이에 더하여 단위 수준(unit-level)의 요인들을 이들 사이에 작용하는 매개변수로 설정한다. 이러한 매개변수에는 국가 수준의 요인과 개인 수준의 요인이 모두 포함되는데, 구체적으로 정치인의 인식, 정치, 군사적 제도의 동원 능력, 국내 행위자와 이익단체의 영향력 등이 포함된다.

둘째, 신현실주의가 국제체제의 무정부성으로 인해 생기는 국가의 반복되는 패턴을 설명하는 것에 반해, 신고전 현실주의는 비슷한 외부적 제약에 직면한 다양한 국가에서 나타나는 외교정책의 변형 등을 종속변수로써 설명한다. 신고전 현실주의는 체제의 '무정부성' 때문에 국가들은 자원을 추출하고 동원하는 개인의 능력, 엘리트의 결속 정도 등에 따라 달라진다는 점에 주목한다.[9]

셋째, 신고전 현실주의자들은 국가가 반드시 단일 행위자로서 기능하는 것이 아니라고 본다. 국제적 위협에 대한 엘리트들의 합의 혹은 의견 불일치, 리더십 내에서의 지속적인 내부적 분열, 사회적 응집력 등은 국제체제 압력에 대응하는 국가의 능력을 방해한다고 보았다.

신고전 현실주의는 고전 현실주의와 신현실주의가 설명하지 못하는 부분을 보완하며 외교정책을 분석한다는 점에서 의의가 있다. 특히, 동일한 국제체제하에서 힘의 배분이 유사한 구조적 위치에 있는 국가들이 다르게 행동하는 현상, 혹은 동일한 국제체제하의 동일한 국가가 시기에 따라 다른 행위를 보이는 현상 등은 국제체제의 요인만으로는 설명이 어려운데, 신고전 현실주의는 이러한 단점을 극복하려고 하였다.[10]

신고전 현실주의는 국제체제와 국가 수준을 연결하여 더 많은 현상들을 설명하고자 했지만, 다른 이론들처럼 적용 가능한 사례가 한정적이라는 한계점을 갖고 있다. 신고전 현실주의는 여러 가지 국내 요인들이 외교정책에 영향을 미친다고 주장하는데, 어떤 국내 요인이 가장 영향력이 있으며 혹은 가장 영향력이 없는 요인인지, 그리고 국내 요인들 간의 관계에 대해 자세한 설명을 하지 못하고 있다. 또한 다양한 국내 요인들을 매개변수로써 고려하고 있기 때문에, 외교정책 분석에 있어서 이론의 일관성이 손상될 여지가 있다.

III 자유주의와 외교정책 연구

자유주의가 외교정책 연구에 어떻게 적용되는가를 알기 위해서는 먼저 자유주의에 대해 이해할 필요가 있다. 학자들에 따라 다양한 주장과 해석이 존재하지만 대개 자유주의의 특징은 아래의 다섯 가지로 요약된다.

첫째, 자유주의는 개인의 선택과 권리를 강조하는 특징을 보인다. 개인의 권리에 대한 존중은 다른 국가와 그 국가의 국민에 대한 존중과 평화적인 외교정책으로 나타나는데, 인간 이성에 대한 신뢰를 근간으로 하며 전쟁이 아닌 평화가 자연상태라고 여기고 갈등을 관리할 수 있다고 믿는다.[11)]

둘째, 자유주의는 현실주의자들과 달리 사회의 집단이나 조직이 외교정책에서 중요한 역할을 한다고 믿는다. 정부 차원에 의해 행해지는 국제관계에 개인, 집단, 사회 간의 관계가 중대한 영향을 미치며 그 결과를 달라지게 할 수 있다고 본다.[12)]

셋째, 자유주의는 국제정치에서 자유무역, 자본 이동, 다자간 협상 등에 초점을 두면서 국가 간 관계를 상호 의존적으로 이해하며, 국제협력을 통해 상호 이익을 추구하는 것을 강조한다.[13)]

넷째, 현실주의자가 전쟁이란 인간의 사악한 본성에서 비롯되는 것이라고 보는 데 반해, 자유주의자들은 전쟁이란 인간성에서 유래되는 것이 아니라 불완전한 정치제도에 그 원인이 있다고 보고, 현 제도의 미비점을 보완하거나 새로운 제도의 수립을 통해 세계질서와 평화가 가능

하다고 보았다.[14)]

다섯째, 자유주의는 제도와 국제조직의 중요성에 대해 강조한다. 자유주의자들은 단기적으로 레짐과 같은 조직이 국가의 주권과 자율성을 희생시킬 수 있지만 장기적으로 안정성과 효율성을 제공한다고 믿는다.[15)]

자유주의의 계보는 크게 하스(Ernst Haas)의 기능주의 → 코헤인(Robert Keohane)과 나이(Joseph Nye)의 복합 상호의존론 → 코헤인의 제도주의적 자유주의 → 모라브칙(Andrew Moravcsik)의 '정부간주의'로 진화했다. 이 중 기능주의와 정부간주의는 유럽통합의 과정을 잘 설명하고 있다. 이 장에서는 코헤인과 나이의 복합 상호의존론과 코헤인의 제도주의적 자유주의, 모라브칙의 정부간주의가 외교정책 연구에 어떤 논리를 제공하는지를 살펴보겠다.

1. 복합 상호의존론(Complex Interdependence)

왈츠를 포함한 현실주의 이론은 무정부적 국제체제에서 국가들이 상대적인 힘과 군사적 능력에 따라 행동하며, 국가 간의 물리적 근접성과 상호작용 빈도가 증가할수록 갈등과 분쟁 가능성도 함께 높아진다고 가정한다. 역사적으로도 지리적으로 인접한 국가들 간에는 분쟁이 빈번하게 발생해왔다. 예컨대, 유럽에서 독일과 프랑스는 19세기부터 20세기 중반까지 지리적 근접성과 경쟁적 관계로 인해 지속적인 군사적 충돌을 겪었다. 이와 같은 현상은 20세기 초 아시아에서도 일본과 중국 간 갈등, 인도와 파키스탄 간의 지속된 긴장과 분쟁 등으로 나타났다.

그러나 1970년대 이후 국가 간 관계는 점차 변화하기 시작했다. 국제경제 및 무역체제가 개방되고 세계화가 가속화되면서 국가 간 상호 의존이 강화되었기 때문이다. 코헤인(Robert Keohane)과 나이(Joseph Nye)는 이 같은 현상을 복합 상호의존론(complex interdependence theory)을 통해 체계적으로 설명하였다. 복합 상호의존론은 국가 간 관계가 단순한 군사적 대립이나 경쟁에서 벗어나 경제적, 사회적, 환경적 이슈 등 다양한 분야에서 상호 연결성이 깊어지고 있음을 강조한다.

국제관계에서 상호 의존성은 두 행위자(일반적으로 국가뿐만 아니라 비국가 행위자)가 서로에게 의존하는 상황을 의미한다. 이러한 의존성은 경제, 사회 또는 기타 영역의 상호 연결성에서 비롯된다.

코헤인(Robert Keohane)과 나이(Joseph Nye)는 상호 의존성 개념에서 민감성 상호 의존성(Sensitivity Interdependence)과 취약성 상호 의존성(Vulnerability Interdependence)라는 두 가지 중요한 차원을 구분하였다.

민감성 상호 의존성은 한 행위자가 다른 행위자로부터 비롯된 변화나 정책에 의해 영향을 받는 정도와 속도를 의미한다. 이는 한 행위자가 다른 행위자의 사건에 대해 단기적인 영향과 즉각적인 반응을 보이는 것에 중점을 둔다.

한 행위자의 변화가 다른 행위자에게 얼마나 큰 영향을 미치는지와 관련해서 민감도가 높다는 것은 작은 변화에도 상당한 영향을 미칠 수 있음을 의미한다. 예를 들어 상품, 서비스, 자본, 정보 등 행위자 간의 상호작용의 흐름과 이러한 흐름이 변화에 의해 얼마나 빨리 중단되거나 변경되는지를 강조한다.

민감도는 두 행위자 모두 서로의 변화에 똑같이 영향을 받는 대칭일 수도 있고 한 행위자가 다른 행위자의 변화에 더 민감한 상황인 비대칭일 수도 있다. 예를 들어 주요 산유국이 감산을 결정하면 석유 수입에 크게 의존하는 국가들은 즉각적인 가격 인상과 잠재적인 에너지 부족을 경험하게 되어 에너지 부문에서 높은 민감도의 상호 의존성을 보이게 된다. 또한 한 국가가 다른 국가의 상품에 관세를 부과하면 수출국은 매출 감소와 잠재적인 경제적 손실을 통해 빠르게 영향을 받아 무역 관계의 상호 의존성에 민감하게 반응할 것이다. 결국 민감도가 높은 행위자는 상호 의존적인 파트너로부터 즉각적인 영향을 받을 수 있기 때문에 정책 선택에 더 제약을 받을 수 있다.

반대로 취약성 상호 의존성은 행위자가 다른 행위자에서 발생하는 변화에 쉽게 또는 빠르게 적응하지 못하거나 상호 의존적인 관계를 쉽게 대체할 수 없을 때 발생하는 비용을 의미한다. 이는 장기적인 의미와 상호 의존 구조를 변경하는 것이 어렵다는 것에 초점을 맞춘다. 행위자가 정책을 변경하거나 상호 의존성의 부정적인 영향을 완화하기 위해 대체 파트너를 찾는 것이 얼마나 비용이 들고 어려운지를 보여 준다. 행위자가 상호 의존적인 파트너로부터 받는 재화, 서비스, 자본 또는 기타 혜택에 대해 쉽게 대체할 수 있는지 여부를 고려한다.

취약성 상호 의존성은 종종 비대칭적이다. 한 행위자가 다른 행위자보다 관계에서 훨씬 더 취약할 수 있다. 예를 들어 중요한 광물이나 기술을 거의 전적으로 한 외국에 의존하는 국가는 대체 자원을 빠르게 찾는 것이 비용이 많이 들거나 불가능할 수 있기 때문에 매우 취약하다. 또한 특정 파트너로부터 부품을 공급받는 고도로 통합된 제조 공정을 가진 국가는 공급망이 중단되면 다른 곳에 재구축하는 데 상당한 시간과 투자가 필요하기 때문에 취약할 수 있다.

높은 취약성은 관계에서 덜 취약한 행위자에게 힘으로 작용할 수 있다. 이는 상대방의 의존성을 지렛대로 사용할 수 있기 때문이다. 결국 취약한 행위자의 안보와 자율성에 대한 장기적인 전략적 우려로 이어질 수 있다. 취약한 행위자들은 다각화, 수입 대체 또는 국내 역량 개발을 통해 시간이 지남에 따라 의존도를 줄이려고 한다.

복합 상호의존론은 또한 국가들이 군사력뿐만 아니라 무역, 금융, 환경

등 비군사적 영역에서의 협력을 중요하게 여기고, 다자주의 및 국제제도의 역할을 중시한다고 강조한다. 대표적인 사례로, 유럽 국가들이 20세기 초 반복된 군사적 충돌 이후, 전쟁 방지와 평화 유지를 위해 유럽석탄철강공동체(ECSC)를 결성한 뒤 유럽연합(EU)으로 발전시킨 것이 있다. 이는 경제적 상호 의존이 국가들 간 협력을 증진시키고 분쟁 가능성을 현저히 낮추는 데 기여했다는 대표적 사례이다.

이러한 복합 상호의존론의 발전은 이후 코헤인의 제도주의적 자유주의(Institutional Liberalism)로 확장되었다. 제도주의적 자유주의에서는 국제기구의 중요성을 강조하며, 국제기구들이 국가 간 협력과 분쟁 관리에 중요한 역할을 수행한다고 본다. 예컨대 유엔과 세계무역기구(WTO)는 국가들이 갈등을 평화적으로 해결할 수 있도록 제도적 장치를 제공하며 국제정치에서 분쟁 가능성을 감소시키는 역할을 하고 있다.

2. 신자유주의와 제도주의적 자유주의

신현실주의와 제도주의적 자유주의 간에는 차이점과 공통점이 존재한다. 첫째, 코헤인은 국가 행위자들로 구성된 무정부적 체제에서 힘과 부의 분배가 국가 행동에 강력한 영향력을 행사한다는 현실주의의 입장에 동의한다. 그러나 무정부상태와 안보 딜레마가 필연적으로 국가를 분쟁으로 이끄는 것은 아니라고 주장한다.

둘째, 코헤인은 국가가 합리적인 행위자이고 국가 간의 관계에서 힘이 중요한 요소라는 데 동의한다. 단지, 현실주의가 국가 간 상대적 힘을 중시하는 것과 달리 절대적 힘도 중요하다고 보는 것이 다르다.

셋째, 신현실주의 못지않게 코헤인의 제도주의적 자유주의도 국제 협력이 쉽지 않다는 점을 인정한다. 신현실주의가 무정부적 국제체제에서 경쟁국과의 힘의 불균형이 자국의 안보를 위협한다고 보기 때문에 국가 간의 협력 가능성이 낮다고 보는 반면, 제도주의적 자유주의는 국제관계에서 국제기구와 규범이 국가들의 협력을 가능하게 한다고 본다.

이와 같이 신현실주의가 갈등의 불가피성과 협력의 어려움에 방점을 두었다면, 코헤인의 제도주의적 자유주의는 협력을 이끌어 내기 위한 방법을 모색한다는 것이 차이점이다. 우선, 코헤인은 초국가적 관계라는 개념을 도입하여 유일한 분석 단위인 국가의 중심성을 약화시켰다. 코헤인에게 국가가 단일 행위자라 할지라도 국가 이외의 행위자가 존재한다고 본다.

또한, 코헤인의 제도주의적 자유주의는 협력을 촉진하는 데 있어 국제기구의 역할을 강조한다. 여기서 국제기구란 2개 이상의 국가 또는 국제 행위자들이 공동의 목표를 달성하기 위해 설립한 조직을 의미하는데, 국제기구는 국제평화와 안보 유지, 경제 및 무역협력 촉진, 환경 보호 및 지속 가능성 증진 등의 역할을 하며 그 유형에는 '유엔'과 '세계무역기구'와 같은 정부 간 국제기구와 '국제적십자사'나 '국경없는 의사회'와 같은 비정부 기구가 있다.

코헤인은 제도와 조직의 필요성을 강조하기 위해 크레이즈너(Stephen Krasner)의 레짐(Regime) 개념을 발전시켰다. 크레이즈너는 레짐을 '특정 이슈의 영역 내에서 행위자들의 기대가 수렴하는 일련의 직간접적인 원칙, 규범, 규칙, 정책결정과정'이라고 규정했는데, 레짐은 협력을 제도화함으로써 거래비용을 줄이고 향후 이루어질 합의에 대한 비용도 함께 축소시킨다고 강조했다.[16]

신현실주의자들에게 레짐은 다르게 해석된다. 이들은 국제체제의 힘 분배의 결과 중 하나이며, 패권국이 자신의 안보와 경제적 이익을 위해 레짐을 만들었다고 주장한다. 또한 레짐은 강대국의 행동을 제어할 권한과 힘이 없기 때문에 세계은행, IMF, NPT 등은 미국의 전략에 필요한 도구에 불과하다고 본다.

반면, 코헤인은 이러한 국제기구 혹은 제도가 국가 간의 협력을 촉진할 수 있다고 본다. 국가 간의 전쟁과 충돌을 막기 위해서는 국제사회에서 평화를 조성할 수 있는 메커니즘과 제도를 만들어야 하며, 이러한 국제적 환경을 조성하고 유지하기 위한 활동은 외교정책으로 나타난다고 보았다. 심지어 패권국가의 영향력 없이도 협력할 수 있다는 점을 강조하였다.[17)]

구체적으로 코헤인에게 레짐은 하나의 제도와 조직과 같다. 여러 형태의 국제적인 합의, 제도, 조직 등에 의해 레짐이 형성된다. 이러한 제도는 국가 행동에 이득을 부여해 협력을 촉진함으로써 앞에서 이미 살펴보았듯이 죄수의 딜레마 게임과 유사한 상황에서도 협력을 이끌어 내 성과를 거둘 수 있다. 즉, 만약 두 죄수가 소통할 수 있다면 당연히 자백하기보다는 묵비권을 선택할 것이다. 레짐을 통해 국가들의 규정 준수를 모니터링하고 이탈을 방지할 수 있다고 본다.[18)]

레짐의 또 다른 기능은 국가의 협력을 이끌어 내기 위해 미래의 그림자를 길게 만든다. 즉, 협력의 기간을 오래 지속할 수 있다. '단판'인 PD 게임에서 두 행위자의 지배적인 전략은 '자백'이지만 행위자들이 레짐 내에서 '반복되는' 게임을 하게 된다면 자백은 더 이상 매력적인 선택이 아니다. 반복된 협력을 통해 얻을 수 있는 미래의 이익이 자백으로 인한 일회성 이익보다 클 경우, 단기적 이익을 포기하고 장기적 전략으로 협력전략을 선택하게 된다는 것이다.

3. 모라브칙(Andrew Moravcsik)의 '자유주의 정부간주의'

모라브칙(Andrew Moravcsik)의 자유주의 정부간주의(Liberal Inter govern-mentalism)는 국가 간 협력을 설명하는 이론으로, 특히 유럽 통합 과정에서 각 나라가 어떤 목표와 관심사를 가지고 있는지가 협력방식에 영향을 미친다고 강조한다. 이는 국제기구나 초국가적 행위자보다 국가가 유럽 통합 과정의 핵심 주체이며, 협상의 결과는 개별 국가가 가진 구체적이고 합리적인 선호에 의해 좌우된다고 본다.19)

모라브칙의 주장은 다음과 같이 요약할 수 있다. 첫째, 자유주의 정부간주의는 국제협력을 이끄는 가장 중요한 요소로서 각 국가가 가진 구체적 국내 선호에 초점을 맞춘다. 각 국가는 국내의 경제적 필요, 정치적 압력 및 여론 등에 따라 명확한 국가 선호(state preference)를 형성하고, 이를 기초로 협상에 임한다. 예컨대, 1992년 마스트리히트 조약 체결 당시 독일은 자국 경제의 안정과 통화 안정성 확보라는 국내 선호에 따라 유럽 단일통화(유로화)의 도입을 적극 추진하였다. 프랑스 역시 국내 정치적 요인과 경제적 이익을 고려하여 단일통화체제 구축에 적극 참여했다. 이 과정에서 양국의 국내 선호가 유럽 통합의 구체적인 형태와 방향을 결정하는 데 핵심적 역할을 수행했다.

둘째, 모라브칙에 따르면 국가 선호의 결정과정은 무역 이익, 금융시장 안정성 등 경제적 요인뿐 아니라, 선거전략과 정당이념, 정치적 여론과 같은 국내 정치적 요인에 의해서도 형성된다. 예컨대 1992년 마스트리히트 조약 비준과정에서 덴마크와 프랑스 국민들은 국민투표를 통해 강력한 정치적 의견을 제시했고, 이러한 국내 여론은 각국 정부의 협상전략과 국가 선호 결정에 큰 영향을 미쳤다. 또한 영국이 브렉시트(Brexit)를 결정하는 과정에서도 국내의 정치적 압력과 국민 여론이 국제

협력을 결정하는 국가 선호 형성 과정에서 결정적인 요인으로 작용했다.

셋째, 자유주의 정부간주의에 따르면 국가들이 유럽 통합과 같은 국제협력 과정에 참여하는 동기는 문화적 정체성이나 정치적 이상주의에 기반한 것이 아니라, 명확한 경제적 이익과 실질적인 혜택을 확보하려는 목적에서 비롯된다. 예를 들어 독일은 유럽 공동시장과 단일통화체제의 도입을 통해 경제적 안정성과 수출시장 확대라는 명백한 실질적 이익을 기대했고, 프랑스는 독일과의 협력을 통해 유럽 내 정치적 주도권과 경제적 이익을 모두 확보하고자 했다. 즉, 이 국가들은 경제적 이익 극대화라는 현실적이고 구체적인 목적 아래 유럽 통합과정에 적극 참여했다.

넷째, 모라브칙은 국제기구가 독립적 행위자가 아니라 국가들이 외교협상을 통해 합의한 내용을 효율적으로 이행하기 위한 도구로서 기능한다고 강조한다. 예컨대 유럽연합 집행위원회(European Commission)는 회원국 간 협상결과를 실행하고 규정 준수를 감독하며 국가 간 신뢰를 증진시키는 제도적 장치로서 활용된다. 유럽중앙은행(ECB)의 역할 역시 유럽 국가들이 합의한 통화정책을 실행하고 신뢰성을 높이기 위한 도구로서 이해할 수 있다.

다섯째, 자유주의 정부간주의는 유럽 통합의 정책결정과정에서 정부간 외교와 협상의 중요성을 강조한다. 각국 정부가 협상과 타협을 통해 국가 간 이해관계를 조율하여 합의를 도출하고 통합의 방향을 결정한다는 것이다. 기능주의자들이 유럽연합 집행위원회 같은 초국가적 기관의 역할을 중요하게 평가하는 것과 달리, 모라브칙의 접근법은 국가 정부 간 협상이 유럽 통합을 실질적으로 주도한다고 강조한다. 예를 들어 유럽연합의 확대 협상이나 경제위기 당시 독일과 프랑스 정부 간 외교적 협상과 타협이 유럽의 주요 정책을 결정하는 과정에서 핵심적 역할을 했다.

결론적으로, 모라브칙의 자유주의 정부간주의는 유럽 통합을 비롯한 국제협력과정에서 국가 선호와 정부 간 협상의 중요성을 구체적인 역사적 사례를 통해 설득력 있게 설명한다. 다만 일각에서는 모라브칙의 이론이 시민사회 조직, 비정부기구(NGO), 다국적 기업 등 국가 이외의 행위자들이 가진 영향력과 역할을 충분히 반영하지 못했다는 비판도 제기되고 있다. 그럼에도 불구하고, 모라브칙의 이론은 국제관계에서 국가가 중심적 행위자로서 협력을 주도한다는 점에서 국제관계이론의 발전에 중요한 기여를 하였다.

IV 구성주의와 외교정책 연구

구성주의는 1980년대 후반 및 1990년대 초반에 이르러 주목받기 시작한 국제관계이론이다. 냉전이 끝난 후, 새로운 국제질서와 다양한 비국가 행위자의 등장, 그리고 인권, 환경, 국제 테러 등 국제 문제들이 부각되었음에도 불구하고 현실주의나 자유주의와 같은 기존 이론들이 이러한 변화를 충분히 설명하지 못하게 되었다. 이때 구성주의는 이러한 변화를 설명하는 새로운 분석 틀로 부상하게 되었다.

구성주의는 (신)현실주의와 (신)자유주의가 공유하는 주요 가정인 국가 행위자 중심의 연구와 국제정치의 무정부상태를 주어진 것으로 받아들이는 것에 대해 의문을 제기한다. 또한, 물질적인 요인 이외에 관념적인 요인이 국제정치에 중요한 변화를 준다는 점을 지적하였고, 방법론적으로 구성주의는 실증주의 연구에만 몰입하는 것에 대해 우려를 제기하였다.

엘만(Colin Elman)과 같은 학자는 국제체제의 무정부적 성격과 국가의 상대적 힘과 이익을 강조하는 신현실주의 이론은 외교정책결정의 복잡성과 가변성을 설명하지 못한다고 지적하였다. 엘만은 신현실주의 주장의 내부 논리가 하나의 결정적인 행동 예측을 생성하지 못했고 냉전 종식과 같은 역사적 사건을 적절히 설명하지 못했으며, 미래 국제관계에 대한 예측력이 부족한 것처럼 구성주의와 자유주의와 같은 다른 이론적 틀이 외교정책 행태에 대해 더 미묘하고 정확한 설명을 제공할 수 있다고 주장한다.[20)]

구성주의의 특징은 다음과 같이 요약될 수 있다. 첫째, 구성주의자들은 국제정치를 규범, 규칙, 법률과 같은 관념적 요소들이 포함된 사회적 구조로 본다.[21)] '사회적'이란 용어는 물질적인 것과 반대되는 사회적인 것에 큰 가치를 부여함을 의미하며, '구성된다'는 말은 개인, 국가, 비국가 행위자 등 다양한 행위자들과 광범위한 환경 구조 간의 상호작용을 통해 '세상이 구성된다'는 것을 의미한다. 이와 같이 구성주의자들은 국제정치를 '사회적인 맥락'을 통해 이해하려고 노력한다.[22)]

둘째, 구성주의는 정체성과 이익을 주어진 것으로 간주하는 신현실주의자와 달리, 행위자들의 정체성과 이익은 행위자와 구조 간 상호작용을 통해 형성되고 영향을 받는 것으로 여긴다. 구성주의는 그 용어가 암시하듯이, 세계를 영구적으로 건설 중인 프로젝트로 이해한다. 이는 단순히 존재하는 것에 대한 사고가 아니라, 세상을 계속해서 창출하고 있는 과정으로 본다.[23)] 즉, 현실은 고정된 것이 아니라 변화할 수 있으며, 행위자들의 상호작용과 그 과정에서 새로운 현실이 만들어진다고 여긴다. 이러한 관점은 현실주의자들이 주어진 사회적 상황이나 구조가 상대적으로 안정되어 있다고 보는 것과는 대조적인 경향을 보인다.[24)]

셋째, 구성주의는 다양한 행위자에 대한 분석을 포함한다. 행위자는 국가일 수도 있지만 개인이나 집단뿐만 아니라 사회 운동, 기업, 국제

조직, 비정부 옹호 단체 또는 계층을 포함하는 비국가 행위자일 수도 있다. 국가가 비국가 행위자에 유사하게 영향을 미칠 수 있는 것처럼 그러한 모든 비국가 행위자는 국제 규범, 정체성 및 국가의 행동을 만드는 데 영향을 미칠 가능성이 있다.[25]

넷째, 구성주의자들은 인과적인 이론화를 위한 실증주의적 전제를 비판한다. 구성주의는 인간의 주관성을 참작할 때, 완전한 객관성이란 어렵다고 인식한다. 우리가 알고 있다고 생각하는 것은 인간의 주관성에서 비롯되며, 우리 주변의 자연 현상을 관찰하는 것과 사회적 세계의 일부분으로서 그 세계를 관찰하는 것은 매우 다르다고 생각한다. 결국, 자연과학의 인식론적 및 방법론적 기준을 국제관계나 여타 사회과학 연구에 직접 적용할 수 있다는 생각에 대해 매우 회의적이다.

이와 관련하여, 구성주의 학자들은 외교정책이 단순히 객관적인 조건에 대한 대응이 아니라 언어, 기호, 내러티브를 통해 사회적으로 구성된다는 입장이다. 즉, 정책입안자들이 이슈에 대해 이야기하고 어떤 식으로 틀을 잡아 나가는가에 따라 정책결정이 상당히 달라질 수 있다고 본다. 이와 관련해, 리보우(Ned Lebow)는 『국가안보의 문화(*The Culture of National Security*)』라는 연구에서 구성주의는 문화와 이념이 다른 이유로 행위자들에 대한 합리화를 제공하는 것 이상의 역할을 한다고 주장하였다.[26]

구성주의는 1980년대 말 등장한 이래로 지금까지 다양한 학자들에 의해 연구되고 있다. 구성주의는 초기 구성주의와 최근 구성주의 또는 전통적인 구성주의와 비판적 구성주의 등으로 분류하고 있는데, 이는 학자마다 추구하는 인식론과 방법론에 따라 다양한 구성주의가 존재하기 때문이다.[27] 예를 들어, 과학적인 구성주의 연구가 가능하다는 웬트(Alexander Wendt)와 같은 학자가 있는 반면, 오누프(Nicholas Onuf)와 크라토크빌(Friedrich Kratochwil)처럼 탈실증주의 견해를 밝히는 학자들도

있다.[28]

구성주의를 북미지역 구성주의와 유럽 구성주의로 분류할 수도 있다. 북미의 구성주의자들은 실증주의자들로서, 종종 전통적인 구성주의자로 표현되기도 한다. 이들은 연역적 메커니즘을 중심으로 행위자와 규범, 이익, 정체성 간의 인과관계에 관심을 갖는다. 예를 들어, 북미 구성주의는 국제제도가 정한 규범이나 합의가 개인이나 국가 행위자의 행위에 영향을 미치는지 아닌지 등에 관심을 갖거나 어떤 요인이 국가의 정체성이나 행위 등을 바꾸는 원인이 되는가를 밝히려는 실증주의 연구를 목표로 한다.

반면 유럽 구성주의는 탈실증주의적이고, 해석적인 것에 초점을 둔다. 유럽의 해석주의 구성주의자들은 국가의 정체성이나 행위의 변화를 가능하게 하는 전후 사정과 언어적인 구조에 초점을 두고 연구한다. 방법론적으로 이들은 귀납적 접근법을 활용하며 언어적 기술의 다양성을 가지고 국가정체성의 맥락을 설명함과 동시에 이를 재구성하려고 시도한다.[29]

구성주의는 외교정책 연구에 다양하게 적용된다. 구성주의가 에이전트와 구조, 국가와 체제 간의 끊임없는 상호작용을 강조하는 것에서 알 수 있듯이 다양한 분석 수준에서 연구된다. 예를 들어, 구성주의자들은 외교정책 결정과정에서 관료의 역할에 주목한다. 정부의 수많은 부서에서 외교정책 형성에 중심적인 역할을 수행하는 관료들의 임무는 국가이익을 극대화하기 위해 일하는 것이지만, 실질적으로는 자기 조직의 이익을 추구하기도 한다. 구성주의자들은 이런 점에 주목하면서 국가이익 이외에 더 나아가 관료의 희망과 이익은 어디에서 왔는지, 그 기원에 대해서 관심을 기울인다.[30]

전통적인 외교정책 연구에서 정책결정이 합리적이라고 가정하는 것과는 달리, 구성주의자들은 행위자들이 논쟁과 설득을 통해 상대방의 요구를 알아내고, 자기 자신과 상대방의 이익을 정의함으로써 외교정책을 결정하게 된다는 점을 강조한다. 구성주의자에게 정책결정자들의 이익과 선호는 고정된 것이 아니고 언제든 재정의될 수 있는 것이기 때문이다.

또한, 구성주의 연구자들은 외교정책 연구를 할 때, 여러 가지 분석 수준을 포괄하는 접근법이 필요하다고 강조한다. 이들은 국제와 국내로 분석 수준을 나누는 것에 반대하면서, 두 가지 분석 수준을 동시적으로 발전시키는 것을 의미하는 교차수준(cross-level)의 분석, 다원화된(multi-level) 분석을 주장한다.

구성주의가 외교정책 연구에 갖는 한계도 분명히 있다. 우선 구성주의적 외교정책 연구는 무엇을 어떻게 적용할 것인지에 대해 불분명하다. 행위자마다 인식하는 사회적 맥락은 모두 다른데, 이를 어떻게 모델화할 것인지에 대해서 아직 답을 내놓고 있지 못하고 있다. 외교정책 연구에 있어서 국가 간의 권력 관계는 중요한 변수인데 이에 대해 구성주의자들은 별다른 설명을 내놓지 않는다.

21세기 들어서 구성주의는 가장 활발하게 연구되고 있는 국제관계이론 중 하나이다. 현실주의와 자유주의 같은 주류 국제관계이론에서 간과하거나 중요하지 않다고 여겨졌던 영역을 조명하는 데 나름 공헌하였다. 그러나 인식론적, 방법론적 다양성으로 인해 누구도 '이것이 구성주의 연구이다'라고 말하는 것은 쉽지 않다. 이러한 상황이 지속되는 한, 다양한 형태의 구성주의 연구는 계속될 것으로 보인다.

V 요약

- 외교정책 연구는 현실주의, 자유주의, 구성주의라는 이론적 틀을 기반으로 전개되며, 각 이론은 특정 상황과 이슈에 따라 활용된다. 현실주의는 국가의 생존과 안보를 중심으로 한 힘의 추구를 강조하며, 안보 문제에서 주로 사용된다. 자유주의는 국제 협력과 평화적 해결을 중시하며 다자 협력과 상호의존성을 다루는 데 적합하다. 구성주의는 정체성과 이익이 고정되지 않고 상호작용 속에서 형성된다고 보고, 관념적 요인과 사회적 구조의 중요성을 강조한다.
- 체제 수준 분석은 국가 간 힘의 분배와 극성이 외교정책에 미치는 영향을 중점적으로 다루며, 단극체제는 지배적 국가가 질서를 주도하는 반면, 양극체제는 두 주요 세력이 세력 균형을 이루는 형태로 안정성을 제공한다. 다극체제는 여러 강대국 간 상호작용이 복잡해지며 다양한 외교적 전략이 요구된다. 이러한 체제적 특징은 국가들의 외교정책 방향을 규정하는 중요한 요소로 작용한다.
- 국제체제의 무정부성은 국가들로 하여금 스스로 안보를 확보하려는 자조(self-help)를 추구하도록 만들며, 동맹정책은 이를 보완하는 핵심적인 수단으로 기능한다. 안보와 생존이라는 현실주의의 기본 전제는 이러한 무정부적 특성을 설명하는 데 중요한 역할을 한다.
- 현실주의는 외교정책 연구의 중심 이론으로, 고전 현실주의는 인간 본성에 기인한 힘의 추구와 세력 균형을 강조하며, 모겐소는 국가의 생존과 이익 극대화가 주요 목표라고 주장한다. 신현실주의는 국제체제의 구조와 힘의 분포가 국가 행동에 미치는 영향을 분석하며, 왈츠는 체제적 제약 속에서 국가들이 세력균형전략을 채택한다고 본다.
- 현실주의의 세부 분류에서는 방어 현실주의와 공격 현실주의로 나뉘며, 방어

현실주의는 안보 보장을 위한 정도의 제한적인 힘의 증대를 강조하는 반면, 공격 현실주의는 상대적 힘의 극대화와 지역 패권 추구를 목표로 한다. 신고전 현실주의는 국제체제의 압력과 국내 정치, 경제 요인의 상호작용을 분석하며, 외교정책의 복잡성을 설명하는 통합적 접근법을 제시한다. 그러나 국내 요인 간 관계 설명 부족과 사례 적용의 한계가 지적된다.

- 자유주의는 국제 협력과 평화적 해결을 중시하며, 복합 상호의존론과 제도주의적 자유주의를 통해 국제기구와 제도가 협력 촉진에서 중요한 역할을 한다고 본다.
- 자유주의 정부간주의는 국제체제에서 국가 간 협력의 중요성을 강조하고 유럽 통합과정을 주도하는 데 국가 선호(state preference)의 역할에 초점을 맞추는 이론이다.
- 구성주의는 정체성과 이익이 행위자 간 상호작용을 통해 형성된다는 점을 강조하며, 관념적 요인과 사회적 구조를 부각하지만, 국가 간 힘의 관계에 대한 설명이 부족하고 인식 차이를 모델화하는 데 어려움이 있다.

9장

외교정책 연구의 미래

9 장

외교정책 연구의 미래

이 책은 외교정책 연구의 이론적 전통과 최근 발전양상을 체계적으로 검토하며, 외교정책 결정과정의 복합성을 다각도로 분석하였다. 각 장의 핵심 내용을 다음과 같이 요약할 수 있다.

제1장은 외교정책 연구의 발전과정을 다루었다. 초기 연구는 주로 외교사와 외교관의 회고록, 역사적 사례 연구에 기반하여 특정 국가의 외교정책이 어떻게 형성되었는지 서술하는 데 집중하였다. 1950년대 이후 국제정치학의 학문적 분화와 행태주의 접근법의 확산과 더불어 외교정책 연구는 경험적 자료와 과학적 방법론을 활용하는 실증적 분석으로 전환되었다.

스나이더(Richard C. Snyder)와 로제나우(James N. Rosenau)는 정책결정과정에서 개인 지도자와 소규모 집단이 수행하는 역할에 주목하면서, 국가를 단일한 합리적 행위자로 간주하던 기존 시각을 비판하였다. 이들은 국가라는 추상적 단위보다 인간 결정자의 심리와 인지과정이 정책 선택에 어떠한 영향을 미치는지에 대한 연구를 촉진하였다.

브레처(Michael Brecher)는 외교정책결정자의 심리적 환경과 그들이 지닌 엘리트 이미지가 국제정치상황을 어떻게 왜곡하여 정책결과에 영향을 미치는지를 구체적으로 분석하였다. 로제나우가 제시한 다수준 분석(multi-level analysis)은 개인, 조직, 국가, 국제체제라는 복합적 분석 틀을 제공하여 이후 외교정책 연구의 주요 접근법으로 자리 잡았다. 최근에는 양적 데이터와 질적 사례 연구를 결합한 혼합 방법론이 활성화되고, 특정 상황과 행위자를 결합하여 정책선택의 과정을 보다 정밀하게 추적하려는 연구가 강화되는 경향을 보이고 있다.

제2장은 외교정책 결정과정에서 합리성 개념의 적용과 그 한계를 검토하였다. 전통적으로 정책결정자는 이득과 손실을 비교하여 자신의 국가 이익에 가장 부합하는 최적의 선택을 한다는 기대효용 이론에 입각해 설명되어 왔다. 그러나 현실적으로 정책결정자는 제한된 정보, 불확실한 상황, 시간적 압박 속에서 판단해야 하며, 감정이나 인지적 편향에 영향받기도 한다. 이에 시몬(Herbert Simon)의 '제한된 합리성'은 정책결정자가 모든 대안을 완벽히 검토하기보다는, 일정 수준에서 만족할 만한 대안을 선택한다는 점을 강조하였다.

또한 사이버네틱 모델은 정책결정자가 복잡한 상황에서 모든 정보를 검토하는 대신, 일부 핵심 목표와 정보를 중심으로 단순화된 정책결정을 내린다고 설명하였다. 카네만(Daniel Kahneman)과 트버스키(Amos Tversky)의 전망 이론은 정책결정자가 이익상황에서는 위험을 회피하고, 손실상황에서는 위험을 감수하는 경향이 있다는 점을 밝혀냈다. 최근에는 폴리휴리스틱 모델이 주목받고 있는데, 이는 정책결정자가 정치적 생존에 위협이 되는 선택지를 우선적으로 배제하고, 그 후 남은 대안들 중에서 합리성을 고려해 최종 선택을 내린다는 점에서 이론적 융합의 성격을 지닌다.

제3장은 합리적 행위자 모델의 한계를 보완하기 위해 개인 수준의 연구인 인지심리학적 접근 방법의 주요 내용을 살펴보았다. 국가를 일관

된 합리적 행위자로 상정했던 전통적 접근과 달리, 정책결정자는 지각, 신념, 경험, 감정과 같은 심리적 요인에 의해 영향을 받는다. 특히, 결정자가 정보 부족과 불확실성 속에서 상황을 해석할 때 자주 발생하는 오인(misperception)은 정책실패의 중요한 요인으로 지목된다. 예컨대 냉전 시기 미국이 소련의 행동을 공격적 의도로만 해석했던 거울 이미지(mirror image)는 양국 간 군비경쟁을 심화하였다. 부시(George H. W. Bush)가 후세인의 쿠웨이트 침공을 히틀러의 팽창주의와 동일시한 사례는 지도자의 과거 경험과 신념이 외교정책 판단에 큰 영향을 미칠 수 있음을 보여 준다. 또한, 2003년 이라크 전쟁 당시 대량살상무기에 대한 과장된 위협 인식은 심리적 편향과 정보왜곡이 정책결정에 미치는 위험성을 보여 주는 대표적 사례다.

제4장은 외교정책 결정과정에서 개인 요인과 조직 요인이 상호작용하는 방식을 체계적으로 분석하였다. 개인 요인으로는 정책결정자의 성격, 신념체계, 리더십 스타일이 핵심적이며, 특히 위기상황에서 단독 지도자의 직관적 판단이 정책형성에 직접적으로 영향을 미치는 경향이 두드러진다. 반면, 조직 요인은 관료제 내 표준운영절차(SOP, Standard Operating Procedures), 정보 흐름의 경직성, 부서 간 경쟁과 같은 구조적 요인으로 나타나며, 이는 정책결정과정의 경로 의존성을 강화하는 역할을 한다. 앨리슨(Graham Allison)의 조직과정 모델은 정책이 조직의 관성적 절차와 습관적 대응에 의해 결정되는 경향을 강조하며, 이를 통해 정책결정이 개인적 합리성과는 별개의 조직적 논리에 의해 좌우될 수 있음을 시사한다. 최근에는 글로벌화와 디지털 기술의 발전이 정책결정의 속도를 가속화하고 정보접근 방식을 변화시키며, 개인과 조직의 경계뿐만 아니라 국내정치와 외교정책의 경계를 점차 모호하게 만들고 있다.

또한 4장에서는 정책결정과정에서 개별 지도자의 역할뿐만 아니라 단일 집단 혹은 복수의 자치그룹 간 상호작용이 정책형성에 미치는 영향을 분석하였다. 재니스(Irving Janis)의 '집단사고' 개념은 동질성이 높은 집단에서 비판적 의견이 억압되고, 과도한 자신감과 도덕적 우월감이 정책실패로 이어질 가능성이 높음을 경고한다. '피그스만 침공(Bay of Pigs Invasion)' 사례는 이러한 집단사고의 대표적인 예시로, 정책결정자들이 내집단 동조압력으로 인해 대안적 사고를 배제한 결과 심각한 정책실패로 귀결되었음을 보여 준다. 한편, '정부(관료)정치 모델'은 정책결정이 부처 간 권한 경쟁과 정치적 타협의 산물임을 강조하며, 쿠바 미사일 위기 사례에서 국방부와 국무부 간 갈등이 정책결정과정에 어떻게 반영되었는지를 분석하는 데 중요한 시사점을 제공한다. 이러한 분석을 바탕으로, 본 연구는 외교정책결정이 단순히 합리적 선택의 결과가 아니라, 다양한 행위자 간 상호작용과 조직적 요인에 의해 복합적으로 형성됨을 규명한다.

제5장은 국가 속성과 외교정책의 관계를 다루었다. 강대국, 중견국, 약소국 외교의 공통점과 차이점에 대해 설명했다. 강대국은 군사력과 경제력을 외교적 수단으로 활용해 국제질서형성에 적극 개입하는 경향이 있다. 미국의 봉쇄정책이 대표적이다. 반면, 중견국은 다자외교와 국제기구를 활용해 분쟁 중재와 조정자 역할을 수행하며, 한국, 캐나다, 노르웨이가 이러한 접근을 보여 준다. 약소국은 생존전략으로 중립정책, 동맹 균형, 피난처 추구 정책 등을 채택하며, 스위스의 중립 정책이나 동남아 국가들의 헤징(hedging) 전략이 이에 해당한다.

제6장은 국내 요인이 외교정책에 미치는 영향을 분석하였다. 여론과 언론은 정책에 정당성을 부여하거나 결정자를 압박하며, 미국의 베트남전 반전 여론이 정책변화를 이끌었던 사례가 이를 보여 준다. 투 레벨 게임은 국내정치 협상과 국제 협상이 얽혀 정책에 영향을 주는 과정을

설명한다. 이외에도 시민단체와 압력단체가 외교정책에 미치는 영향에 대해서도 분석하였다.

제7장은 외교정책결정에 영향을 미치는 내적 요인(제도, 행위자, 경제상황, 역사 및 문화)이 국가별 외교정책의 차이를 어떻게 형성하는지를 분석하였다. 특히, 민주평화론의 핵심 가설인 민주주의 국가 간 전쟁부재 현상의 배경을 고찰하며, 이를 설명하는 권력 분립, 정책결정의 투명성과 같은 제도적 요인과 민주주의적 가치 공유, 평화적 갈등 해결 기제와 같은 규범적 요인의 차이를 비교·평가하였다. 또한, 민주평화론과 현실주의 이론이 외교정책과 국제질서를 해석하는 방식에서 어떻게 대조되는지를 논의하고, 양 이론 간의 개념적 긴장과 정책적 함의를 검토하였다. 이를 실증적으로 분석하기 위해 미국의 대외정책 사례를 중심으로 민주평화론이 실제 정책결정과정에서 어떻게 작동하는지를 평가하며, 그 적용 가능성과 한계를 비판적으로 검토하였다.

제8장은 체제 수준 요인을 중심으로 외교정책과 국제체제의 관계를 설명하였다. 외교정책 연구는 오랫동안 자유주의, 현실주의 같은 국제관계이론을 통해서 이루어졌다. 자유주의 이론에 영향을 받아 외교정책을 연구하는 학자들은 기본적으로 인간의 본성이 선하다는 가정을 전제로 한다. 이러한 가정을 토대로, 전쟁을 막고 평화를 증진시키기 위해서는 국제사회 내에 협력을 통한 제도나 레짐 등의 메커니즘을 형성해야 한다고 보았다. 반면, 현실주의는 제2차 세계대전 직후 자유주의가 설명하지 못하는 부분을 보완하며 외교정책 연구에서 중요한 역할을 수행해왔는데, 국제정치의 지배적인 패러다임으로 등장했다. 현실주의는 실제 국제관계는 상호협력의 부재 그리고 각종 불공평함과 부조리가 나타나 국제체제가 불안정해지고 이로 인해 전쟁의 위험이 항상 존재한다고 주장한다.

초기 현실주의의 대표 학자인 모겐소(Hans J. Morgenthau)는 인간의 본성이 이기적이며, 이는 선천적이고 불변한다고 가정했는데, 인간의 이기적 본성이 무정부적인 국제체제와 만날 때, 국가는 국익을 극대화하는 외교정책을 추구하게 되며 이는 힘을 획득하려는 투쟁의 형태로 나타난다고 보았다. 모겐소에 이어 신현실주의가 등장했는데, 왈츠(Kenneth Waltz)는 국제체제의 영향력이 너무나 크기 때문에 내부적인 차이에도 불구하고 각 국가들의 반응은 동일하다고 전제한다. 국가들의 대외 행위를 각 국가의 내부적 특성에 따른 개별적인 것으로 살펴본 것이 아니라, 국가를 하나의 블랙박스로 두고 국제체제적 변수만을 대외 행위의 분석 수준으로 다룬 것이다.

신현실주의는 크게 방어 현실주의와 공격 현실주의로 구분되는데, 왈츠를 비롯한 '방어 현실주의'는 민족주의 같은 강한 집단의 정체성이 다른 집단을 정복하고 예속시키기 어렵게 만들기 때문에 전쟁을 일으킬 가능성은 더 낮아진다고 주장한다. 반면, '공격 현실주의'는 무정부적 국제체제에서의 갈등상황을 더욱 강조한다. 공격 현실주의는 상위의 권위체가 존재하지 않는 한, 국가들은 아무리 평화적인 조건이 있다 하더라도 그것이 미래에 지속될 것이라 믿지 않는다고 주장한다. 이어 등장한 신고전 현실주의는 동일한 국제체제하에서 힘의 배분이 유사한 구조적 위치에 있는 국가들이 다르게 행동하는 현상을 설명한다는 점에 의미가 있다.

이와 같이, 본서는 외교정책 연구가 개인, 조직, 집단, 국가, 국제체제라는 복합적 수준에서 이루어지며, 다양한 이론적 접근이 상호 보완적으로 활용될 때 비로소 정책결정과정의 복잡성을 온전히 이해할 수 있음을 강조하였다. 이러한 통합적 접근은 외교정책 연구가 앞으로 나아가야 할 방향에 중요한 시사점을 제공한다. 특히 21세기 외교환경이 정보통신기술의 발전과 비국가 행위자의 부상, 문화·경제적 외교수단 확대 등으로 과거와 근본적으로 달라진 상황에서, 외교정책 연구는 변화하는 현실을 보다 세밀하게 포착할 수 있는 이론적 도구와 분석 틀을 확장해 나아가야 한다. 이러한 인식 속에서, 향후 외교정책 연구와 국제관계이론 분야에서의 연구는 다음과 같은 여섯 가지의 방향에서 심화될 필요가 있다. 이는 기존의 국가 중심적 접근이 지닌 한계를 보완하고, 외교정책결정의 복합성과 역동성을 보다 정교하게 설명하기 위한 학문적 과제이기도 하다.

첫째, 행위자 중심(actor-specific) 접근법의 중요성은 앞으로 더욱 강조될 것이다. 허드슨(Valerie Hudson)이 지적했듯이, 외교정책결정의 최종 주체는 국가가 아니라 인간이다. 전통적으로 국제관계이론은 국가를 단일한 합리적 행위자로 가정해왔다. 그러나 외교정책은 궁극적으로 개인적 신념과 경험, 심리적 편향을 지닌 인간결정자에 의해 만들어진다. 행위자 일반 이론이 국가를 정책결정의 단일 단위로 간주했다면, 행위자 중심접근은 국가정책이 특정 지도자나 집단의 가치관, 감정, 인지과정에 의해 크게 좌우될 수 있음을 보여 준다. 향후 연구는 이러한 개인적 특성이 정책결정에 미치는 영향을 보다 정밀하게 측정하고 비교하는 방향으로 나아가야 한다. 특히, 권위주의 체제와 민주주의 체제에서 지도자의 재량권이 정책결과에 미치는 차이와 특정 리더십 스타일이 정책 일관성 및 변동성에 끼치는 영향을 규명하는 연구는 정책변화의 원인을 밝히는 데 중요한 단서를 제공할 것이다.[31]

둘째, 다층적 분석(cross-level integration)과 이론적 통합의 과제는 여전히 외교정책 연구의 핵심 도전으로 남아 있다. 외교정책 결정과정은 개인, 집단, 국가, 국제체제라는 다양한 수준에서 발생하며, 각 수준의 요인은 상호적으로 얽혀 정책결과를 만들어 낸다. 로제나우(James N.

Rosenau)의 다수준 분석, 브레처(Michael Brecher)의 환경 분석, 윌켄펠드(Jonathan Wilkenfeld)의 정량적 통합 모델은 이러한 복합성을 포착하려는 초기 시도였다. 그럼에도 불구하고 여전히 대부분의 연구는 특정 수준에 치우쳐 있으며, 각 수준의 요인들이 실제 정책결정과정에서 어떻게 맞물려 작동하는지는 충분히 밝혀지지 않았다. 향후 연구는 예컨대 개인 지도자의 신념이 국내 정치제도 및 국제환경과 상호작용하면서 어떠한 경로를 통해 정책으로 구체화되는지를 추적하는 데 집중할 필요가 있다. 이를 위해 사례 연구와 비교 연구를 결합한 통합적 접근이 요구된다.[32)]

셋째, 행위자와 구조 간 상호작용의 역동성에 대한 보다 정교한 분석이 필요하다. 칼스네스(Walter Carlsnaes)가 강조했듯이, 외교정책결정은 행위자의 의도와 구조적 제약이 결합하여 이루어진다. 그럼에도 기존 연구는 대체로 구조적 요인에 초점을 맞춘 현실주의와 개인적 요인을 중시한 심리학적 접근이 분리되어 발전해 왔다. 그러나 실제 정책결정과정에서는 행위자가 구조적 압력을 무조건 수용하지 않으며, 때로는 기존의 제약을 돌파하는 정책혁신을 이루기도 한다. 반대로 구조적으로 안정된 상황에서도 오인이나 편향으로 인해 위기가 발생하기도 한다. 앞으로의 연구는 구체적인 사례를 통해 구조와 행위자가 상호작용하는 과정과 그 결과를 보다 세밀하게 분석함으로써, 양자의 관계를 이분법적으로 구분하기보다 상호 보완적이며 유동적인 것으로 파악하는 접근이 요구된다.[33)]

넷째, 정책결정자의 심리적 요인과 문화적 요인이 정책형성에 미치는 영향에 대한 연구는 더욱 확대될 것이다. 과거 리테스(Nathan Leites)와 조지(Alexander George)가 제시한 운영 코드(operational code)와 신념체계 분석은 정책결정자의 개인적 경험과 가치관이 정책 판단에 미치는 영향을 밝히는 데 기여해 왔다. 최근 들어 감정(emotion), 스트레스 상황에서의 정책결정 패턴, 인격 특성과 같은 보다 구체적인 심리적 요소에 대한 관심이 높아지고 있다. 이러한 흐름은 단순히 개인의 성격적 특성에 국한되지 않고, 특정 문화적 맥락에서 정책결정자가 갖는 집단 정체성이나 역사적 경험이 외교정책결정에 미치는 영향까지 포괄하고 있다. 따라서 향후 연구는 위기상황에서 지도자의 공포나 분노와 같은 감정이 정책결정에 구체적으로 어떤 영향을 미쳤는지, 문화적 요인이 특정 국가의 외교정책 노선을 장기적으로 어떻게 규정해 왔는지에 대한 비교사례 연구가 보다 활발해질 것으로 보인다.

다섯째, 외교정책연구와 비교정치, 공공정책 연구와의 학제적 융합은 앞으로 더욱 긴밀해질 것이다. 외교정책 결정과정은 본질적으로 국내 정치와 분리될 수 없으며, 정당정치, 의회와 행정부 사이의 관계, 관료 조직의 이해관계 등 국내의 정치적 요인이 외교정책결정에 상당한 영향을 미친다. 예컨대 미국에서는 분점정부(divided government)가 대통령의 대외정책에 제약 요인으로 작용하며, 유럽연합에서는 초국가적 기구와 회원국 정부 간 조정이 정책결정의 핵심 변수로 떠오르고 있다. 향후 연구는 외교정책 결정과정을 국내 정치의 연장선상에서 분석하면서, 정책결정자들이 국내적 이해관계와 외부 환경 속에서 어떻게 선택을 조율해 나아가는지에 대한 통합적 시각을 강화해야 할 것이다.[34)]

여섯째, 데이터 활용과 방법론의 혁신이 필수적이다. 외교정책 결정과정의 비공개성은 연구자들이 당면한 오랜 과제였다. 그러나 최근 들어 외교문서 해제, 지도자 발언 분석, 소셜미디어 빅데이터, 인공지능의 한 분야인 자연어 처리(NLP) 기술 등이 외교정책 연구에 새로운 가능성을 열고 있다. 앞으로는 전통적 사례연구의 깊이를 유지하면서도, 이러한 정량적 데이터와 컴퓨터 보조 분석기법을 결합하여 정책결정자의 언

어적 표현, 감정상태, 정책의 시그널 등을 보다 체계적으로 분석하는 연구가 활발해질 것이다.[35)]

결론적으로, 향후 외교정책 연구는 인간 행위자의 역할을 중심에 두되, 개인·국가·국제체제라는 다층적 요인들이 결합하여 정책이 형성되는 과정을 통합적으로 분석하는 방향으로 나아가야 한다. 이는 국가 중심적 접근이 설명하지 못했던 정책변화의 역동성을 포착하는 데 기여할 뿐만 아니라, 외교정책결정의 책임성과 투명성을 제고하여 국제정치에 대한 보다 균형 잡힌 이해를 제공할 것이다.

21세기의 외교와 외교정책은 과거와는 비교할 수 없을 정도로 복잡하고 다층적인 국제정치환경에 놓여 있다. 정보통신기술과 교통의 발달은 국가 간 상호 의존을 심화시키는 동시에 비정부 기구, 기업, 언론, 소셜 미디어 등 비국가 행위자들이 외교의 핵심 주체로 부상하게 만들었다. 군사·안보 중심의 전통적 외교 방식은 점차 경제, 사회, 문화적 협력과 소프트파워가 강조되는 방향으로 전환되고 있으며, 문화외교, 공공외교, 디지털 외교, 사이버 외교와 같은 새로운 외교형태가 확대되고 있다.

국제 레짐을 통한 협력과 정보·디지털 권력의 중요성이 커지면서 외교정책 결정과정은 더욱 복잡해지고, 정책결정자들은 다원적 이해관계와 국내외 구조적 요인 속에서 균형을 찾아야 하는 어려움에 직면해 있다. 이러한 변화 속에서 외교정책 연구 역시 단일 이론이나 국가 중심적 시각에 머물러서는 현실을 제대로 설명할 수 없다. 개인, 조직, 국가, 국제체제라는 다층적 요인이 상호작용하는 복합적 정책결정과정을 통합적으로 분석하는 연구가 요구되며, 미국 중심의 이론적 틀을 넘어 다양한 국가와 지역의 경험을 반영하는 시각이 필요하다. 여전히 외교정책 연구에서는 서로 다른 이론들이 공존하고 있지만, 앞으로는 이론 간 대화를 통해 보다 종합적이고 융합적인 분석 틀을 모색해야 한다. 궁극적으로 외교정책 연구는 급변하는 국제정치환경 속에서 국가들이 보다 효과적이고 책임 있는 정책결정을 내릴 수 있도록 이론적 토대를 제공하는 데 기여해야 한다.

미주

1장

1) Harold Nicolson, Diplomacy, Oxford University Press, p. 4
2) Hedley Bull, *The Anarchical Society: A Study of Order in World Politics*, Macmillan, 1977, p. 178
3) Kenneth Thompson, *Masters of International Thought*, Louisiana State University Press, 1980, pp. 529-530.
4) Walter Carlsnaes, "The Concept of Foreign Policy Actions in Comparative Analysis," *Cooperation and Conflict*, Vol. 15, No. 1, 1980, pp. 3-20.
5) Steve Smith, Amelia Hadfield, and Tim Dunne eds. *Foreign Policy: Theories, Actors, Cases*. 4th ed., Oxford University Press, 2017, p. 3.
6) Derek Beach, *Analyzing Foreign Policy,* Macmillan Education UK, 2012., p. 2.
7) George Modelski, *A Theory of Foreign Policy*, Pall Mall-Press. 1962, p. 6.
8) K. J. Holsti, I*nternational Politics. A Framework for Analysis*, 4th ed., Prentice Hall. 1983, p. 19.
9) Patrick J. McGowan, "Introduction" in *Sage International Yearbook of Foreign Policy Studies,* Vol. 1, Sage Publications, 1973, pp. 11-12.
10) Jonathan Wilkenfeld, et. al, *Foreign Policy Behavior: The Interstate Behavior Analysis Model,* Sage Publications, 1980, p. 22.
11) Bruce Russet and Harvey Starr, *World Politics: The Menu for Choice*, 2nd ed., Freeman and Company, 1985, p.191.
12) Beach, op.cit., ch. 1.
13) Joseph Grieco, John Ikenberry, and Michael Mastanduno. *Introduction to International Relations: Enduring Questions and Contemporary Perspectives*. Palgrave Macmillan Education, 2015., p. 107.
14) Beach, op.cit., p. 3.

15) Brian White, "Analyzing Foreign Policy Problems and Approaches," in Michael Clarke and Brian White, eds. *Understanding Foreign Policy*, Edward Elgar, 1989, pp. 1-26.

16) William Wallace, "Establishing the Boundaries," in James Barber & Michael Smith eds., *The Nature of Foreign Policy: A Reader*, The Open University Press, 1974, pp. 12-17.

17) David Campbell, *Writing Security: United States Foreign Policy and the Politics of Identity*, University of Minnesota Press, 1998.

18) Grieco, Ikenberry, Mastanduno. op.cit., pp. 109-111.

19) Ibid, p. 123.

20) Walter Carlsnaes, "Actors, Structures, and Foreign Policy Analysis," in Steve Smith, Amelia Hadfield, and Tim Dunne. *Foreign Policy Theories, Actors, Cases: Theories, Actors, Cases*. Oxford University Press, 2017, p. 115.

21) Ibid, p. 34.

22) Jeffrey S. Lantis and Ryan Beasley, "Comparative Foreign Policy Analysis, https://oxfordre.com/politics/display/10.1093/acrefore/9780190228637.001.0001/acrefore-9780190228637-e-398

23) Morton Kaplan, *System, and Process in International Politics*, John Wiley, 1957; Charles McClelland, *Theory and International System*, Macmillan, 1966; Richard Rosecrance, "Bipolarity, Multipolarity, and the Future", *Journal of Conflict Resolution*, 10, 1966, pp. 314-327.

24) Valerie M. Hudson, "Foreign Policy Analysis: Actor-Specific Theory and the Ground of International Relations," *Foreign Policy Analysis*, No.1, 2005, pp. 13-14.

25) Steve Smith, "Theories of Foreign Policy: An Historical Overview," *Review of International Studies*, 12(1), 1986, pp. 13-29.

26) Ibid.

27) Brian White, "Analyzing Foreign Policy: Problems and Approaches," in M. Clarke and B. White eds., *Understanding Foreign Policy*, Edward Elgar, pp. 1-26.

28) Charles F. Hermann, Charles Kegley, and James Rosenau eds, *New Directions in the Study of Foreign Policy*, Allen and Unwin, 1987, pp. 13-32.

29) Harold Sprout & Margaret Sprout, "Environmental Factors in the Study of International Politics," *Journal of Conflict Resolution*, Vol. 1, No. 4, 1957, pp. 309-328.

30) Ibid.

31) Valerie M. Hudson, Benjamin S. Day, *Foreign Policy Analysis: Classic and Contemporary Theory*, 3rd ed, Roman & Littlefield, 2020, p. 196.

32) "R.I.S. Interview with Jim Rosenau," *Review of International Studies*, 26, 2000, pp. 465-475.

33) Karen Mingst, "Uncovering the Missing Links: Linkage Actors and Their Strategies in Foreign Policy Analysis," in Laura Neack, Jeanne A.K. Hey, Patrick J. Haney, *Foreign Policy Analysis: Continuity and Change in Its Second Generation*, Prentice Hall, 1995, pp. 229-242.

34) James N. Rosenau, *The Scientific Study of Foreign Policy*, Sage, 1980, pp. 115-169.

35) James N. Rosenau, "Pre-Theories and Theories of Foreign Policy," in R. Barry Farrell ed., *Approaches to Comparative and International Politics*, Northwestern University Press, 1966, pp. 27-92.

36) J. David Singer, "The level-of-analysis problem in international relations," *World Politics*, 14.1, 1961, pp. 77-92.

37) Kenneth Waltz, *Man, the State, and War: A Theoretical Analysis*, Columbia University Press, 2018.

38) Peter Gurevitch, "The Second Image Reversed: The International Sources of Domestic Politics," *International Organization,* 32(4), pp. 881-912.

39) Robert Putnam, "Diplomacy and Domestic Politics: The Logic of Two-Level Games," *International Organization*, 42(3), 1999, pp. 427-460.

40) Philip A. Schrodt, "Event Data in Foreign Policy Analysis," in Laura Neack, Jeanne A. K. Hey, Patrick J. Haney. *Foreign Policy Analysis: Continuity and Change in Its Second Generation*, Prentice Hall, 1995,

pp. 145–166; Charles Kegley, "The Generation and Use of Events Data," in C.W. Kegley et al., *International Events and the Comparative Analysis of Foreign Policy*, South Carolina: the University of South Carolina Press, 1975, p. 91–105.

41) Charles F. Hermann, Charles W. Kegley Jr., and James N. Rosenau eds, *New Directions in the Study of Foreign Policy*, Allen & Unwin, 1987.

42) Kaarbo and Thies, op.cit., pp. 2–3.

43) James N. Rosenau, "Toward the Study of National–International Linkages" In James N. Rosenau ed., *Linkage Politics: Essays on the Convergence of National and International Systems*, Free Press, 1969.

44) Valerie M. Hudson, Foreign Policy Analysis: Actor–Specific Theory and the Ground of International Relations," *Foreign Policy Analysis*, No.1, 2005, p. 2.

45) Hudson and Day, op.cit., p. 191.

2장

1) Greg Cashman, *What Causes War: An Introduction to Theories of International Conflict*, Lexington Books, 1993, pp. 77–78.

2) Jean–Frederic Morin & Jonathan Paquin, *Foreign Policy Analysis: A Toolbox*, Palgrave Macmillan, 2018, p. 219.

3) Herbert Simon, "Bounded Rationality in Social Science: Today and Tomorrow," *Mind & Society* 1, no. 1, 2000, pp. 25–39.

4) Kent D. Wall, "A Model of Decision Making under Bounded Rationality," *Journal of Economic Behavior and Organization* 20, no. 3, 1993, pp. 331–52.

5) Morin & Paquin, op.cit., pp. 233–234.

6) Ibid.

7) Derek Beach, *Analyzing Foreign Policy,* Macmillan Education UK, 2012, p.103.

8) Ibid., p. 104.

9) John Stennbrunner, "Beyond Rational Deterrence: the Struggle for New Conceptions," *World Politics,* Vol. XXVIII, No. 2(Jan. 1976), pp. 223-245; Donald R. Kinder and Janet A Weiss, "In Lieu of Rationality," *Journal of Conflict Resolution*, No. 22, 1978, pp. 707-725.

10) Beach, op.cit., pp. 104-105.

11) Morin & Paquin, op.cit., pp. 237-242.

12) Alex Mintz, Nehemia Geva, Steven B. Redd, and Amy Carnes, "The Effect of Dynamic and Static Choice Sets on Political Decision Making: An Analysis Using the Decision Board Platform," *The American Political Science Review* 91, no.3, 1997. pp. 553-566.

13) Alex Mintz and Nehemia Geva, "The Poliheuristic Theory of Foreign Policy Decision Making" in Geva and Mintz, ed, *Decision-Making on War and Peace: The Cognitive-Rational Debate*, Lynne Rienner, 1992, pp. 4-10.

14) Alex Mintz, "The Decision to Attack Iraq: A Non-compensatory Theory of Decision Making," *Journal of Conflict Resolution*, Vol. 37, 1993, pp. 595-598.

15) Derek Beach, op.cit., pp. 120-121.

16) Alex Mintz, "The 'Noncompensatory Principle' of Coalition Formation," *Journal of Theoretical Politics,* Vol. 7, No. 3, 1995, p. 604.

17) Beach, op.cit., pp. 119-121.

3장

1) Jonathan Mercer, "Rationality and Psychology in International Politics," *International Organization*, 59.1, 2005, pp. 77-106; Helen Milner, *Interests, Institutions, and Information: Domestic Politics and International Relations,* Princeton University Press, 1997.

2) Richard C. Snyder, et al., *Decision-Making as an Approach to the Study of International Politics*, Palgrave Macmillan, 2002.

3) David Patrick Houghton, "Reinvigorating the Study of Foreign Policy Decision Making: Toward a Constructivist Approach," *Foreign Policy*

Analysis, Vol. 3, No. 1, 2007, pp. 24-45.

4) Valerie M. Hudson, "Foreign Policy Analysis: Actor-Specific Theory and the Ground of International Relations," *Foreign Policy Analysis* 1, no. 1, 2005, p. 10.

5) Jean-Frederic Morin & Jonathan Paquin, *Foreign Policy Analysis: A Toolbox*, Palgrave Macmillan, 2018, pp. 70-71.

6) Christian Lebiere & John R. Anderson, "Cognitive Constraints on Decision Making under Uncertainty," https://doi.org/10.3389/fpsyg.2011.00305.

7) Ole R. Holsti, "Cognitive Dynamics and Images of the Enemy," *Journal of International Affairs*, Vol. 21, No. 1, 1967, pp. 16-39.

8) Janice Stein, "An Agenda for Political Psychology: Alexander George as Architect, Engineer and Community-Builder," *Political Psychology*, Vol. 15, No. 1, 1994, pp. 1-15.

9) Jean-Frederic Morin & Jonathan Paquin, op.cit., pp. 77-78.

10) Laura Neack, *Studying Foreign Policy Comparatively: Cases and Analysis,* 4th ed, Rowman & Littlefield, pp. 39-42.

11) Jerel A. Rosati, "A Cognitive Approach to the Study of Foreign Policy" in Laura Neack, Jeanne A, K. Hey, Patrick J. Haney, *Foreign Policy Analysis: Continuity and Change in Its Second Generation*, Prentice Hall, 1995, pp. 49-70.

12) Robert Jervis, 1988. "War and Misperception," *Journal of Interdisciplinary History* 18 (4), pp. 675-700.

13) Grieco, Joseph M., G. John Ikenberry, and Michael Mastanduno, *Introduction to International Relations: Enduring Questions and Contemporary Perspectives*, Palgrave Macmillan Education, 2015, p. 113.

14) Milton Rokeach, *The Nature of Human Values*, Free press, 1973, pp. 215-216.

15) Robert Jervis, "Understanding Beliefs," *Political Psychology*, Vol. 27, No. 5, 2006, pp. 641-663.

16) Ole R. Holsti, "Cognitive Dynamics and Images of the Enemy," *Journal of International Affairs*, Vol. 21, No. 1, 1967, pp. 16-39.

17) Grieco, Ikenberry, Mastanduno. op.cit., p. 113.

18) Janice Gross Stein, "Political Learning by Doing: Gorbachev as Uncommitted and Motivated Lerner," *International Organization*, vol. 48(2), 1994, pp. 155-183.

19) Morin & op.cit., pp. 78-79; Marijke Breuning, *Foreign Policy Analysis: A Comparative Introduction*, Palgrave Macmillan, 2007, p. 42.

20) Laura Neack, op.cit., p. 45.

21) Stephen Walker, "The Motivational Foundations of Political Belief Systems: A Re-analysis of the Operational Code Construct," *International Studies Quarterly*, 27.2, 1983, pp. 179-202.

22) Jonathan Renshon, "Stability and Change in Belief Systems: The Operational Code of George W. Bush," *The Journal of Conflict Resolution*, Vol. 52, No. 6, pp. 820-849.

23) Valerie M. Hudson, "The History and Evolution of Foreign Policy Analysis" in Steve Smith, Amelia Hadfield, and Tim Dunne, *Foreign Policy: Theories, Actors, Cases*, Oxford University Press, 2017, p. 24.

24) Robert Jervis, "Signaling and Perception: Drawing Inferences and Projecting Images," *Political Psychology*, 2002, pp. 293-312.

25) Morin & Paquin, op.cit., pp. 88-89.

26) Steve Smith, Amelia Hadfield, and Tim Dunne, *Foreign Policy: Theories, Actors, Cases*, Oxford University Press, 2017, p. 20.

27) Breuning, op.cit., pp. 39-40.

28) Smith, Hadfield, Dunne, op.cit., p. 72.

29) Juliet Kaarbo and Cameron G. Thies, eds, *The Oxford Handbook of Foreign Policy Analysis*, Oxford University Press, 22 Feb, 2024, p. 346.

30) Herbert A. Simon, *Reason in Human Affairs*, Stanford, CA: Stanford University Press, 1983, Chapter 3, "Emotion and Cognition," pp. 40-60.

31) Margaret G. Hermann, "Explaining Foreign Policy Behavior Using the Personal Characteristics of Political Leaders," *International Studies Quarterly*, Vol. 24, No. 1, 1980, pp. 7-46.

4장

1) Margaret G. Hermann and Charles F. Hermann, "Who Makes Foreign Policy Decisions and How: An Empirical Inquiry," *International Studies Quarterly*, Vol. 33, No. 4 (Dec. 1989), pp. 361-387.

2) Laura Neack, *Studying Foreign Policy Comparatively: Cases and Analysis*, 4th ed, Rowman & Littlefield, pp. 57-59.

3) Ibid.

4) Richard N. Lebow, ed., *Richard Ned Lebow: Key Texts in Political Psychology and International Relations Theory*, 2016, pp. 3-24.

5) David Welch, Painful Choices: *A Theory of Foreign Policy Change,* Princeton University Press, 2005.

6) Joe D. Hagan, "Domestic Political Systems and War Proneness," *Mershon International Studies Review*, Vol. 38, No. 2, 1994, pp. 183-207.

7) Ibid.

8) Paul't Hart, "Irving L. Janis' Victims of Groupthink," *Political Psychology* Vol. 12, No. 2 (Jun. 1991), pp. 247-278.

9) Laura Neack, op.cit., pp. 71-72.

10) Margaret G. Hermann, op.cit.

11) Joseph Grieco, John Ikenberry, and Michael Mastanduno, *Introduction to International Relations: Enduring Questions and Contemporary Perspectives,* Palgrave Macmillan Education, 2015, p. 144.

12) Valerie M. Hudson, "Foreign Policy Analysis: Actor-Specific Theory and the Ground of International Relations," *Foreign Policy Analysis*, 2005, pp. 1-30.

13) Jean-Frederic Morin & Jonathan Paquin, *Foreign Policy Analysis: A Toolbox*, Palgrave Macmillan, 2018, pp. 103-105; Marijke Breuning, *Foreign Policy Analysis: A Comparative Introduction*, Palgrave Macmillan, 2007, pp. 89-90.

14) Irving L. Janis, "Groupthink," *Psychology Today Magazine*, 1971, pp. 85-90.

15) Gregory Moorhead, R. Ference, Christopher Neck, "Group Decision Fiascoes Continue: Space Shuttle Challenger and a Revised Groupthink Framework," *Human Relations*, 44(6).

16) Dan Caldwell, "Bureaucratic Foreign Policy Making," *American Behavioral Scientist*, 21(1), pp. 87-110; Ranan D. Kuperman and Binnur Ozkececi Taner, "Making Research on Foreign Policy Decision Making More Dynamic," *International Studies Review* Vol. 8, No. 3, 2006, pp. 537-554.

17) Stephen D. Krasner, "Are Bureaucracies Important?" *Foreign Policy* No. 7, 1972, pp. 159-179; Robert J. Art, "Bureaucratic Politics and American Foreign Policy: A Critique," *Policy Sciences*, Vol. 4, No. 4, 1973, pp. 467-490; Amos Perlmutter, "The Presidential Political Center and Foreign Policy: A Critique of the Revisionist and Bureaucratic Political Orientations," *World Politics*, Vol. 27, No. 1, 1974, pp. 87-106.

5장

1) K. J. Holsti, "National Role Conceptions in the Study of Foreign Policy," *International Studies Quarterly*, 14(3), 1970, pp. 233-309.

2) Derek Beach, *Analyzing Foreign Policy*, Palgrave Macmillan, 2012, p. 79.

3) Joseph Grieco, G. John Ikenberry, and Michael Mastanduno. *Introduction to International Relations: Enduring Questions and Contemporary Perspectives*, Houndmills, Basingstoke, Hampshire: Palgrave Macmillan Education, 2015, p. 114.

4) Laura Neack, *Studying Foreign Policy Comparatively: Cases and Analysis*, 4th ed, Rowman & Littlefield, 1995, pp. 154-155.

5) Jeanne A. K. Hey, "Foreign Policy in Dependent States" in Laura Neak, Jeanne A. K. Hey, Patrick J. Haney, *Foreign Policy Analysis: Continuity and Change in Its Second Generation*, Prentice Hall, 1995, pp. 202-206.

6) Diana Panke and Baldur Thorhallsoon, "Foreign Policy of Small States" in Juliet Kaarbo and Cameron G. Thies, eds, *The Oxford Handbook of Foreign Policy Analysis*, Oxford University Press, 2024, pp. 501-518.

7) Ibid., pp. 504-505.

8) Ibid.

9) Ibid., p. 506.

10) Jeanne Hey, op.cit., pp. 211-212.

11) Bruce Moon, "The Foreign Policy of the Dependent State," *International Studies Quarterly*, 27(3), 1983, pp. 315-340.

6장

1) Joseph Grieco, G. John Ikenberry, and Michael Mastanduno, *Introduction to International Relations: Enduring Questions and Contemporary Perspectives*, Houndmills, Basingstoke, Hampshire: Palgrave Macmillan Education, 2015, p. 114.

2) Derek Beach, *Analyzing Foreign Policy,* Macmillan Education UK, 2012, p. 13.

3) Robert D. Putnam, "Diplomacy and Domestic Politics: The Logic of Two-Level Games," *International Organization,* Vol. 42, No. 3, 1988, pp. 427-460.

4) Joe Hagan, "Domestic Political Explanations in the Analysis of Foreign Policy" in Neack, Laura, Hey, Jeanne A. Haney, Patrick, *Continuity and Change in Its Second Generation*, 1995, pp. 117-143.

5) William Davis, "Swords into plowshares: The effect of pacifist public opinion on foreign policy in Western democracies," *Cooperation and Conflict*, Vol. 47, No. 3, 2012, pp. 309-330.

6) Walter Lippmann, *Essays in the Public Philosophy*, Boston: Little, Brown, 1955.

7) Hans J. Morgenthau, *Politics among Nations: The Struggle for Power and Peace*, 7th edition, McGraw-Hill Education, 2005.

8) Juliet Kaarbo and Cameron G. Thies, eds, *The Oxford Handbook of Foreign Policy Analysis,* Oxford University Press, 22 Feb, 2024, p. 251.

9) Ole R. Holsti, "Public Opinion and Foreign Policy: Challenges to the

Almond-Lippmann Consensus Mershon Series: Research Programs and Debates," *International Studies Quarterly* Vol. 36, No. 4, 1992, pp. 439-466; Jeffrey W. Knopf, "How Rational is 'The Rational Public'?" *Journal of Conflict Resolution* 42 (5), 1998, pp. 544-571.

10) Kaarbo and Thies, op.cit., p. 251.

11) Philip J. Powlick, "The Sources of Public Opinion for American Foreign Policy Officials," *International Studies Quarterly* Vol. 39, No. 4, 1995, pp. 427-451.

12) James D. Fearom, "Domestic Political Audiences and the Escalation of International Disputes," *American Political Science Review*, Vol. 88, No 3, Sep. 1994, pp. 577-592.

13) Grieco, Ikenberry, Mastanduno, op.cit., p. 120.

14) Sarah Oates, "Framing Fear: Findings from a Study of Election News and Terrorist Threat in Russia," *Europe-Asia Studies* 58 (2), 2006, pp. 281-290.

15) Stuart N. Soroka, "Media, Public Opinion and Foreign Policy," *International Journal of Press/Politics* 8 (3), 2003, pp. 27-48.

16) Donald L. Jordan and Benjamin I. Page, "Shaping Foreign Policy Opinions: The Role of TV News," *Journal of Conflict Resolution* 36 (2), 1992, pp. 227-241.

17) Grieco, Ikenberry, op.cit., p. 120.

18) Wojtek Mackiewicz Wolfe, *Winning the War of Words: Selling the War on Terror from Afghanistan to Iraq*, Praeger Security International, 2008.

19) Michael J. Hiscox, "Through a Glass and Darkly: Attitudes toward International Trade and the Curious Effects of Issue Framing," *International Organization*, Vol. 60, No. 3 (Summer, 2006), pp. 755-780.

20) Baum and Groeling, op.cit.

21) John Mearsheimer & Stephen Walt, *The Israel Lobby and U.S. Foreign Policy*, Penguin UK, 2008.

22) Grieco, Ikenberry, Mastanduno, op.cit., p. 121.

23) Ibid.

24) Grieco, Joseph M., G. John Ikenberry, and Michael Mastanduno, op.cit., p. 123.

25) Jean-Frederic Morin, "The Two-Level Game of Transnational Networks: The Case of the Access to Medicines Campaign," *International Interactions*, 36, 2010, pp. 309-334.

26) Susan K. Sell & Aseem Prakash, "Using Ideas Strategically: The Contest between Business and NGO Networks in Intellectual Property Rights," *International Studies Quarterly* Vol. 48, No. 1 (Mar., 2004), pp. 143-175.

27) Martha Finnemore & Kathryn Sikkink, "International Norm Dynamics and Political Change," *International Organization*, Vol. 52, No. 4(Autumn, 1998), pp. 887-917.

28) Mahmood Ahmad, "US Think Tanks and the Politics of Expertise: Role, Value and Impact," *The Political Quarterly*, Vol 79, Issue 4, 2008, pp. 529-555.

29) Jørgen Jensehaugen, "Blueprint for Arab-Israeli Peace? President Carter and the Brookings Report," *Diplomacy & Statecraft* 25 (3), 2014, pp. 492-508.

30) M. J. Peterson, "Whalers, Cetologists, Environmentalists, and the International Management of Whaling," *International Organization*, Vol. 46, No. 1, (Winter, 1992), pp. 147-186.

7장

1) Kathryn Harrison, "The Road not Taken: Climate Change Policy in Canada and the United States," *Global Environmental Politics* 7 (4), 2007, pp. 92-117.

2) David Leblang & Steve Chan, "Explaining Wars Fought by Established Democracies: Do Institutional Constraints Matter?" *Political Research Quarterly* Vol. 56, No. 4, 2003, pp. 385-400.

3) Melvin Small & J. David Singer. "The War Proneness of Democratic Regimes, 1816-1965," *Jerusalem Journal of International Relations* 1,

1976, pp. 50-69.

4) Michael Doyle, 1983. "Kant, Liberal Legacies, and Foreign Affairs," *Philosophy and Public Affairs* 12(3), pp. 205-235; Michael Doyle, "Liberalism and World Politics," *The American Political Science Review*, 80(4), 1986, pp. 1151-1169; Rudolph Rummel, "Libertarianism and International Violence," *Journal of Conflict Resolution* 27, 1983, pp. 27-72.

5) Bruce Russett, *Grasping the Democratic Peace: Principles for Post-Cold War*, Princeton University Press, 1993.

6) Michael W. Doyle, "Liberalism and World Politics," *The American Political Science Review* 80, no. 4, 1986, pp. 1156-1157.

7) Bruce Russett, *Grasping the Democratic Peace: Principles for Post-Cold War World*, Princeton University Press, pp. 35-40.

8) Michael W. Doyle, "Kant, Liberal Legacies, and Foreign Affairs, Part 1," *Philosophy & Public Affairs* 12, no. 3 (Summer 1983), pp. 213-217.

9) Zeev Maoz & Bruce Russett. "Normative and Structural Causes of Democratic Peace, 1946-1986," *The American Political Science Review* 87, 1993, pp. 624-38.

10) Ibid.

11) John Owen, "How Liberalism Produces Democratic Peace," *International Security* 19, 1994, pp. 87-129.

12) William Dixon, "Democracy and the Peaceful Settlement of International Conflict," *American Political Science Review* 88, 1994, pp. 14-32.

13) Steve Chan, "In Search of Democratic Peace: Problems and Promise," *Mershon International Studies Review* 41, 1997, pp. 59-91.

14) James L Ray, *Democracy and International Conflict*, University of South Carolina Press, 1995.

15) Russett & Starr, op.cit.

16) Kenneth Schultz, "Domestic Opposition and Signaling in International Crises," *American Political Science Review*, Vol. 92, No. 4, 1998, pp. 829-844.

17) Edward D. Mansfield and Jack Snyder, "Democratization and the Danger

of War," *International Security*, Vol. 20, No. 1, 1995, pp. 5-38.

18) Henry S. Farber and Joanne Gowa, "Polities and Peace," *International Security*, Vol. 20, No. 2, 1995, pp. 123-146.

19) David E. Spiro, "Give Democratic Peace a Chance? The Insignificance of the Liberal Peace," *International Security* 19(2), 1994, pp. 50-86; Ioanne Gowa, *Ballots and Bullets: The Elusive Democratic Peace,* Princeton University Press, 1999; Thomas Schwartz & Skinner Kiron, "The Myth of the Democratic Peace," *Orbis Foreign Policy Research Institute*, 46(1), 2002, p. 159.

20) Sebastian Rosato, "The Flawed Logic of Democratic Peace Theory," *American Political Science Review* 97, 2003, pp. 585-602.

21) Christopher Layne, "Kant or Cant: The Myth of the Democratic Peace," *International Security* 19, 1994, pp. 5-49.

22) Roger Hilsman, *The Politics of Policy Making in Defense and Foreign Affairs: Conceptual Models and Bureaucratic Politics*, Prentice-Hall, 1987.

23) Benedict Anderson, *Imagined Communities: Reflections on the Origin and Spread of Nationalism*, verso, 1991.

24) Frank A. Ninkovich, "Culture in U.S Foreign Policy Since 1900," in Jongsuk Chay ed., *Culture and International Relations*, New York, 1990, p. 103.

8장

1) Anders Wivel, "Foreign Policy Analysis and Realism" in Juliet Kaarbo and Cameron G. Thies, eds, *The Oxford Handbook of Foreign Policy Analysis,* Oxford University Press, 2024, pp. 97-114.

2) Hans J. Morgenthau, "Political Power: A Realist Theory of International Politics" in John A. Vawquez, *Classics of International Relations*, 2nd ed., Prentice Hall, 1990, pp. 31-35.

3) Derek Beach, *Analyzing Foreign Policy,* Macmillan Education UK, 2012., p. 18.

4) William C. Wohlforth, "Realism and Foreign Policy" in Steve Smith, Amelia Hadfield, and Tim Dunne, *Foreign Policy Theories, Actors, Cases: Theories, Actors, Cases,* Oxford University Press, 2017, p. 40.
5) Stephen M. Walt, "Alliance Formation and the Balance of World Power," *International Security*, Vol. 9, No. 4 (Spring, 1985), pp. 3-43.
6) Fareed Zakaria, "Realism and Domestic Politics," *International Security* 17, 1992, pp. 177-198.
7) Jeffrey W. Taliaferro, Steven E. Lobell, and Norrin M. Ripsman, "Introduction: Neoclassical Realism. The State, and Foreign Policy," in *Neoclassical Realism, The State, and Foreign Policy*, Cambridge University Press, 2012, pp. 1-41.
8) Gideon Rose, "Neoclassical Realism and Theories of Foreign Policy," *World Politics*, 51, 1998, pp. 144-172.
9) Valerie M. Hudson, Benjamin S. Day, *Foreign Policy Analysis: Classic and Contemporary Theory*, 3rd ed, Roman & Littlefield, 2020, p. 211.
10) Rainer Baumann, Volker Rittberger and Wolfgang Wagner, "Neorealist Foreign Policy Theory" in Volker Rittberger ed, *German Foreign Policy Since Unification: Theories and Case Studies*, Manchester University Press, 2001, pp. 37-67.
11) Michael W. Doyle, "Liberalism and Foreign Policy" in Steve Smith, Amelia Hadfield, and Tim Dunne, *Foreign Policy Theories, Actors, Cases: Theories, Actors, Cases,* Oxford University Press, 2017, p. 54.
12) Georg Sorensen, Jorgen Moller, Robert Jackson, *Introduction to Inte rnational Relations: Theories and Approaches*, 8th Edition, Oxford University Press, 2022, p. 259.
13) Amalia Hadfield, "Foreign Policy Analysis and Liberalism" in Juliet Kaarbo and Cameron G. Thies, eds, *The Oxford Handbook of Foreign Policy Analysis,* Oxford University Press, 2024, p. 30.
14) Doyle, op.cit., p. 68.
15) Robert Keohane, *After Hegemony: Cooperation and Discord in the World Political Economy*, Princeton University Press, 1984.
16) Stephen D. Krasner, "Structural Causes and Regime Consequences:

Regimes as Intervening Variables," *International Organization*, Vol. 36, No. 2 (Spring, 1982), pp. 185-205.

17) Ibid.

18) Robert Axelrod & Robert O. Keohane, "Achieving Cooperation under Anarchy: Strategies and Institutions," *World Politics*, Vol. 38, No. 1 (Oct. 1985), pp. 226-254.

19) Andrew Moravcsik & Frank Schimmelfennig, "Liberal intergovernmentalism" In Antje Wiener, Thomas Diez, eds, *European integration theory*, 2nd ed., Oxford University Press, 2009, pp. 67-87.

20) Colin Elman, "Horses for Courses: Why not Neorealist Theories of Foreign Policy," *Security Studies*, Vol. 6, 2007, pp. 7-53.

21) Alexander Wendt, "Collective Identity Formation and International State," *American Political Science Review*, 88(2), 1994, pp. 384-396.

22) Nicholas Onuf, *World of Our Making: Rules and Rule in Social Theory and International Relations*, University of South Carolina Press, 1989, pp. 35-65.

23) Trine Flockhart, "Constructivism and Foreign Policy" in Steve Smith, Amelia Hadfield, and Tim Dunne, *Foreign Policy Theories, Actors, Cases: Theories, Actors, Cases,* Oxford University Press, 2017, pp. 84-89.

24) Amit Julka, "Culture, Identity, and Foreign Policy" in Juliet Kaarbo and Cameron G. Thies, op.cit., p. 198.

25) Michael N. Barnett & Martha Finnemore, "The Politics, Power, and Pathologies of International Organizations," *International Organization*, 1999, pp. 699-732.

26) Paul A. Kowert and J. Samuel Barkin, "Foreign Policy Analysis and Constructivism" in Juliet Kaarbo and Cameron G. Thies, op.cit., p. 67.

27) Friedrich Kratochwil & Hannes Peltonen, "Constructivism," https://www.researchgate.net/publication/362791643_Constructivism 2022, p. 13.

28) Emanuel Adler, "Seizing the Middle Ground: Constructivism in World Politics," *European Journal of International Relations*, 1997, vol. 3, Issue 3, p. 335.

29) Ted Hopf, *Social Construction of Foreign Policy: Identities and Foreign Policies, Moscow, 1955 and 1999*, Cornell University Press, 2002.

30) Trine Flockhart, "Constructivism and Foreign Policy" in Steve Smith, Amelia Hadfield, and Tim Dunne eds, *Foreign Policy: Theories, Actors, Cases*, Oxford University Press, 2012, pp. 78-93.

31) Valerie M. Hudson, "Foreign Policy Analysis: Actor-Specific Theory and the Ground of International Relations," Foreign Policy Analysis, No.1, 2005, pp. 1-30.

32) Ibid.

33) Walter Carlsnaes, "Actors, Structures, and Foreign Policy Analysis," in *Foreign Policy: Theories, Actors, Cases*, edited by Steve Smith, Amel: a Hadfield, and Tim Dunne, Oxford University Press, 2008, pp. 85-100.

34) Peter Gourevitch, "The Second Image Revensed: The International Sources of Domestic Politics," *International Organization*, 32, No. 4, 1978, pp. 881-912.

35) Allison Carnegie, "Secency in International Relations and Foreign Policy," *Annual Review of Political Science*, Vol 24, pp. 213-233.

색인

| ㅂ

| ㅅ

| ㅈ

| ㅊ

| ㅋ

ㅌ

ㅍ

ㅎ

김일수(金佚洙)

학력

Miami University 정치학박사(Ph.D)

Eastern Kentucky University 정치학석사(MA)

Eastern Kentucky University 정치학사(BA)

주요 경력

충북대학교 정치외교학과 교수 (현)

충청북도 선거관리위원회 방송토론위원회 위원장 (현)

충북대학교 사회과학대학 교수회장

충북대학교 사회과학대학 학장

충북대학교 국제교류 본부장

충북대학교 신문방송사 주간

폴란드 Yagiellonian University 강의교수

미국 Youngstown State University 강의교수

중국 연변대학교 국제정치학과 객좌교수

충북대학교 사회과학대학 부학장

민주평통 자문위원

통일부 정책자문위원

충북대학교 정치외교학과 부교수

대구한의대학교 정치행정학부 부교수, 조교수

경남대학교 극동문제연구소 객원연구위원

학회

한국국제정치학회 부회장

한국동북아학회 부회장

한국평화학회 부회장

한국세계지역학회 부회장

충청국제정치학회 회장

연구 업적

저서: 『미국의 대한반도정책: 이론과 실제』, 충북대학교 출판부, 2014 외 14권의 공저·공역

논문: "Clinton, Korea, and Presidential Diplomacy," *World Affairs*, 1999, "A Comparative Analysis of President Clinton and Bush's Handling of the North Korean Nuclear Weapons Program: Power and Strategy," *Pacific Focus*, 2004 외 80여 편의 영문, 국문 논문

상훈

2023년 근정포장

외교정책론

초판발행 2025년 6월 15일

지은이 김일수
펴낸이 안종만 · 안상준

편 집 박세연
기획/마케팅 김한유
표지디자인 BEN STORY
제 작 고철민 · 김원표

펴낸곳 (주) 박영사
서울특별시 금천구 가산디지털2로 53, 210호(가산동, 한라시그마밸리)
등록 1959. 3. 11. 제300-1959-1호(倫)
전 화 02)733-6771
f a x 02)736-4818
e-mail pys@pybook.co.kr
homepage www.pybook.co.kr
ISBN 979-11-303-2332-9 93340

정 가 23,000원